药品监管执法实务

国家药品监督管理局高级研修学院　组织编写

中国健康传媒集团
中国医药科技出版社

内容提要

　　本书旨在为药品监管人员提供理论与实践相结合的指导性参考，帮助执法人员提升法治思维和执法效能。全书包含8章内容，从药品监管法规体系出发，结合典型案例剖析，涵盖了药品生产、经营、使用全链条的执法要点和技巧，系统讲解了药品抽检、药品行政处罚等关键环节的具体操作，结合实际需要编写了药品网络销售监督检查、药品投诉举报处置、危害药品安全犯罪与行刑衔接内容；同时将药品监管主要法律、法规、规章目录作为附录，供监管人员查阅学习。

图书在版编目（CIP）数据

药品监管执法实务 / 国家药品监督管理局高级研修学院组织编写 . --北京：中国医药科技出版社，2025.4. --ISBN 978-7-5214-5237-2

Ⅰ. D922.16

中国国家版本馆 CIP 数据核字第 202576M7W0 号

美术编辑　陈君杞
版式设计　南博文化

出版　**中国健康传媒集团** | 中国医药科技出版社
地址　北京市海淀区文慧园北路甲 22 号
邮编　100082
电话　发行：010-62227427　邮购：010-62236938
网址　www.cmstp.com
规格　787 × 1092mm $^1/_{16}$
印张　11
字数　258千字
版次　2025年4月第1版
印次　2025年4月第1次印刷
印刷　北京侨友印刷有限公司
经销　全国各地新华书店
书号　ISBN 978-7-5214-5237-2
定价　**39.00 元**

版权所有　盗版必究

举报电话：010-62228771

本社图书如存在印装质量问题请与本社联系调换

获取新书信息、投稿、为图书纠错，请扫码联系我们。

在健康中国战略深入实施、全球医药产业格局加速重构的历史进程中，药品监管工作正肩负着保障民生福祉与推动产业升级的双重使命。近年来，国家药监局以习近平新时代中国特色社会主义思想为指导，认真落实"四个最严"要求，统筹高质量发展和高水平安全，加强药品全生命周期质量监管，坚持深化审评审批制度改革，持续完善监管法规体系，加快推动制药行业的转型升级，为我国从制药大国向制药强国跨越提供了强有力的监管支撑。药品监管执法队伍通过专业化执法，筑牢药品安全底线，助推药品产业高线，奠定了药品监管能力现代化的基础。

根据国家药监局部署，在政策法规司、药品监管司指导下，国家药监局高级研修学院组织河北、山西、内蒙古、吉林、黑龙江、上海、江苏、浙江、江西、山东、陕西等地监管系统内具备丰富执法经验的专家编写了本书。本书旨在为药品监管人员提供药品监管执法理论与实践相结合的指导性参考，帮助执法人员准确解读法律、法规，应对监管执法难题。全书共8章，从药品监管法规体系出发，结合典型案例剖析，涵盖了药品生产、经营、使用全链条的执法要点和技巧，系统讲解了药品抽检、药品行政处罚等关键环节的具体操作，结合实际需要编写了药品网络销售监督检查、药品投诉举报处置、危害药品安全犯罪与行刑衔接内容；同时将药品监管主要法律、法规、规章目录作为附录，供监管人员查阅学习。在体例上，通过"学习导航""问题""知识链接""案例"等栏目，力求提升教材的可读性与学习的实效性。此外，本书将行政许可事项清单、行政处罚文书格式范本等内容以二维码形式置于相应章节，便于读者阅读和后期更新。

本书的顺利出版汇集了很多人的努力和辛勤付出，具体编写分工如下：第一章由国家药监局高级研修学院教授罗杰、黑龙江省药监局原二级巡视员冷朝阳编写；第二章由江苏省药监局徐州检查分局姜小鹏、常州检查分局陈龙编写；第三章由陕西省药监局副局长宋健、河北省市场监管局法规处原处长杨占新、江西省景德镇市市场监管局王张明编写；第四章由浙江省药监局药品安全总监张海军编写；第五章由山西省药监局执法监督与应急管理处处长常银生编写；第六章由吉林省药监局督查指导处处长王一涵编写；第七章由山东省药监局政策法规处原一级调研员张宗利、河北省市场监管局法规处原处长杨占新、上海市药监局药品注册处处长汤奥博编写；第八章由原内蒙古自治区食药监局食品安全总监王月明编写。本书由罗杰、张宗利、王月明等同志统稿，李晶、王怡薇、吴丹、耿珊、徐汉元、王博、张永秉等同志参与。

　　本书在编写过程中，参考了相关论著，在此一并致谢！感谢所有编者为本书付出的努力以及编者所在单位的大力支持！由于编者学识能力有限，书中难免存在疏漏和不足之处，敬请广大读者批评指正，以便日臻完善。

编　者
2025年1月

第一章　药品监管执法概述

✏️ 学习导航

1. 掌握药品监管相关法律、法规、规章及主要规范性文件。
2. 熟悉药品检查管辖与分类、检查程序及检查结果的处理。
3. 了解药品领域相关行政许可。

随着《中华人民共和国药品管理法》（以下简称《药品管理法》）、《中华人民共和国疫苗管理法》（以下简称《疫苗管理法》）、《医疗器械监督管理条例》《化妆品监督管理条例》以及一系列部门规章、规范性文件的制修订，药品监管执法工作的依据日趋健全、完善。精准掌握药品监管主要依据，熟悉了解药品行政许可事项，正确运用药品检查方法手段，是做好药品监管执法工作的前提和基础，也是基层药品监管人员应当具备的基本技能。

第一节　药品监管法规体系

❓ 问题

药品监管执法有哪些法律、法规、规章依据？《药品管理法》修订后，国家药品监督管理局（以下简称国家药监局）制定了哪些规范性文件？国家药监局组织制定了哪些技术指导原则？

一、法律

法律是由全国人民代表大会或全国人大常委会制定，由国家主席签署主席令予以公布，并由国家强制力保证实施的行为规则总和或行为规范体系。我国的法律体系主要由七个法律部门构成：宪法及宪法相关法、行政法、民法商法、经济法、社会法、刑法、诉讼与非诉讼程序法。

行政法是调整国家行政机关与行政管理相对人之间因行政管理活动而产生的社会关系的法律规范的总称，它是公法的主要组成部分。药品监管相关法律属于行政法。

（一）专业法律

1.《药品管理法》

2019年12月1日起施行的《药品管理法》是我国药品监管的基本法律依据，共155条，分为总则、药品研制和注册、药品上市许可持有人、药品生产、药品经营、医疗机构药事管理、药品上市后管理、药品价格和广告、药品储备和供应、监督管理、法律责任和附则12章。主要内容包括：明确将"保护和促进公众健康"作为药品管理的立法宗旨；确定了药品管理的基本原则，即风险管理、全程管控、社会共治，并与之相适应，建立了一系列的监管制度和监管机制，采取恰当监管方式，着力推进药品监管的现代化；确立了药品上市许可持有人制度、药品全程追溯制度、药物警戒制度、附条件审批制度、优先审批制度等一系列制度；严格药品研制管理，强化上市后监管，加强药品供应保障；强化药品监管体系和监管能力建设，建立职业化、专业化的检查员队伍；完善了药品安全责任制度，坚持重典治乱，处罚到人，严惩重处各种违法行为，充分体现了药品监管"四个最严"的要求。

2.《疫苗管理法》

《疫苗管理法》是为了加强疫苗管理，保证疫苗质量和供应，规范预防接种，促进疫苗行业发展，保障公众健康，维护公共卫生安全制定的法律。《疫苗管理法》于2019年12月1日起施行，共100条，分为总则、疫苗研制和注册、疫苗生产和批签发、疫苗流通、预防接种、异常反应监测和处理、疫苗上市后管理、保障措施、监督管理、法律责任、附则11章。该法是在《药品管理法》的基础上，针对疫苗特点制定的特别法，对疫苗的研制、生产、流通、预防接种全过程提出了最严格的监管要求。

3.《中华人民共和国中医药法》

《中华人民共和国中医药法》（以下简称《中医药法》）是为了继承和弘扬中医药，保障和促进中医药事业发展，保护人民健康制定的法律。中医药，是包括汉族和少数民族医药在内的我国各民族医药的统称，反映中华民族对生命、健康和疾病的认识，是具有悠久历史传统和独特理论及技术方法的医药学体系。2017年7月1日起施行的《中医药法》共63条，分为总则、中医药服务、中药保护与发展、中医药人才培养、中医药科学研究、中医药传承与文化传播、保障措施、法律责任、附则9章。

4.《中华人民共和国基本医疗卫生与健康促进法》

《中华人民共和国基本医疗卫生与健康促进法》（以下简称《基本医疗卫生与健康促进法》）是为了发展医疗卫生与健康事业，保障公民享有基本医疗卫生服务，提高公民健康水平，推进健康中国建设制定的法律。国家实施健康中国战略，普及健康生活，优化健康服务，完善健康保障，建设健康环境，发展健康产业，提升公民全生命周期健康水平。该法2020年6月1日起施行，共110条，分为总则、基本医疗卫生服务、医疗卫生机构、医疗卫生人员、药品供应保障、健康促进、资金保障、监督管理、法律责任、附则10章。

5.《中华人民共和国禁毒法》

《中华人民共和国禁毒法》（以下简称《禁毒法》）是为了预防和惩治毒品违法犯罪行为，保护公民身心健康，维护社会秩序制定的法律。禁毒是全社会的共同责任。国家机关、社会团体、企业事业单位以及其他组织和公民，应当依照本法和有关法律的规定，履行禁毒职责或者义务。该法2008年6月1日起施行，共71条，分为总则、禁毒宣传教育、毒品管制、戒毒措施、禁毒国际合作、法律责任、附则7章。

（二）综合法律

1.《中华人民共和国行政许可法》

《中华人民共和国行政许可法》（以下简称《行政许可法》）是为了规范行政许可的设定和实施，保护公民、法人和其他组织的合法权益，维护公共利益和社会秩序，保障和监督行政机关有效实施行政管理制定的法律。该法2004年7月1日起施行，共83条，分为总则、行政许可的设定、行政许可的实施机关、行政许可的实施程序、行政许可的费用、监督检查、法律责任、附则8章。

2.《中华人民共和国行政处罚法》

《中华人民共和国行政处罚法》（以下简称《行政处罚法》）是为了规范行政处罚的设定和实施，保障和监督行政机关有效实施行政管理，维护公共利益和社会秩序，保护公民、法人或者其他组织的合法权益制定的法律。该法2021年7月15日起施行，共86条，分为总则、行政处罚的种类和设定、行政处罚的实施机关、行政处罚的管辖和适用、行政处罚的决定、行政处罚的执行、法律责任、附则8章。

> **案例**
>
> **惠民施尔明医学视光科技有限公司未经许可经营第三类医疗器械案**
>
> **案件事实：** 2023年6月14日，山东省滨州市惠民县市场监管局对惠民施尔明医学视光科技有限公司进行日常检查。经查，当事人未取得医疗器械经营许可证，销售第三类医疗器械"硬性角膜接触镜护理液"和"透气角膜接触镜润滑液"，涉案货值金额76044元，违法所得76044元。
>
> **违法行为违反的法律条文：**《医疗器械监督管理条例》第四十二条第一款。
>
> **案件处理：** 2023年8月17日，惠民县市场监管局依据《医疗器械监督管理条例》第八十一条第一款第三项规定，对当事人处以没收违法所得76044元、罚款1140660元的行政处罚。
>
> 来源：国家药监局公布8起医疗器械违法案件典型案例信息（2024-01-08）

3.《中华人民共和国行政强制法》

《中华人民共和国行政强制法》（以下简称《行政强制法》）是为了规范行政强制的设定和实施，保障和监督行政机关依法履行职责，维护公共利益和社会秩序，保护公民、法人和其他组织的合法权益制定的法律。该法2012年1月1日起施行，共71条，分为总则、行政强制的种类和设定、行政强制措施实施程序、行政机关强制执行程序、申请人民法院强制执行、法律责任、附则7章。

4.《中华人民共和国行政复议法》

《中华人民共和国行政复议法》（以下简称《行政复议法》）是为了防止和纠正违法的

或者不当的行政行为，保护公民、法人和其他组织的合法权益，监督和保障行政机关依法行使职权，发挥行政复议化解行政争议的主渠道作用，推进法治政府建设制定的法律。该法2024年1月1日起施行，共90条，分为总则、行政复议申请、行政复议受理、行政复议审理、行政复议决定、法律责任、附则7章。

> ### 案例
>
> #### 某酒店不服市场监管局行政处罚申请行政复议案
>
> **案件事实：** 依据《中华人民共和国市场主体登记管理条例实施细则》（以下简称《市场主体登记管理条例实施细则》）要求，申请人某酒店应当于2023年1月1日至6月30日报送2022年度企业报告并向社会公示，国家企业信用信息公示系统和申请人营业执照均提示申请人应在法定期限内报送并公示年度报告。由于申请人未在规定的时间内报送并公示2022年度报告，被申请人内蒙古自治区某市场监管局将其列入经营异常名录，并先后下达了询问通知书和行政处罚告知书，而其在案涉行政处罚决定作出前始终未进行年度报告，之后，市场监管局作出罚款8000元并责令改正的案涉行政处罚决定。申请人不服该决定，向市人民政府申请行政复议。
>
> **违法行为违反的法律条文：**《市场主体登记管理条例实施细则》第六十三条第一款。
>
> **案件处理：** 本案中，申请人系初次违法，违法行为单一，危害后果轻微，综合判定申请人违法行为轻微，虽然具有主观过错且明显不符合"及时改正"的构成要件，不属于不予行政处罚的情形，但可以从轻处罚。被申请人依据《市场主体登记管理条例实施细则》第七十条"市场主体未按照法律、行政法规规定的期限公示或者报送年度报告的，由登记机关列入经营异常名录，可以处1万元以下的罚款"及《内蒙古自治区市场监督管理行政处罚裁量权基准》中，对上述行为"从轻情形可以处0.3万元以下罚款，从重情形可以处0.7万元以上1万元以下罚款，一般情形可以处0.3万元以上0.7万元以下罚款"的规定，作出罚款8000元的处罚决定，违反了过罚相当原则，缺乏适当性。行政复议机关遂作出变更原行政行为的决定，将罚款数额变更为3000元。
>
> *来源：司法部发布贯彻实施新修订的行政复议法典型案例（2024-06-12）*

5.《中华人民共和国行政诉讼法》

《中华人民共和国行政诉讼法》（以下简称《行政诉讼法》）是为了保证人民法院公正、及时审理行政案件，解决行政争议，保护公民、法人和其他组织的合法权益，监督行政机关依法行使职权制定的法律。该法1990年10月1日起施行，共103条，分为总则、受案范围、管辖、诉讼参加人、证据、起诉和受理、审理和判决、执行、涉外行政诉讼、附则10章。

案例

某药业有限公司诉原广东省食品药品监管局、原国家食品药品监管总局行政处罚及行政复议案

案件事实： 原中山市食药监局根据原国家食品药品监管总局（以下简称总局）的线索通告，于2012年4月对某药业有限公司库存的使用浙江省新昌县某胶丸厂等企业生产的空心胶囊所产胶囊剂药品进行查封和现场抽样并检验，发现5个品种共7个批次胶囊剂药品检验项目中铬含量超过国家标准。原中山市食药监局责令某药业有限公司提供从胶囊生产企业购进药用空心胶囊的供货方资料、销售流向统计表等资料，但该公司仅提供了部分药品销售流向表，未提供完整会计账册，且提供的药品销售情况与事实不符。后原中山市食药监局以某药业有限公司生产的部分药品铬含量超标，属劣药，且该公司存在拒绝、逃避监督检查和隐匿有关证据材料等从重处罚情节为由，决定给予其没收劣药、没收违法所得并罚款的行政处罚，该处罚已由人民法院生效判决予以确认。后原中山市食药监局认为某药业有限公司生产劣药情节严重，向原广东省食药监局提请吊销某药业有限公司的药品生产许可证。原广东省食药监局经听证、集体讨论等程序，于2015年6月8日给予某药业有限公司吊销药品生产许可证的行政处罚。某药业有限公司不服，向总局申请行政复议。总局经行政复议维持了该行政处罚。某药业有限公司仍不服，提起本案行政诉讼，请求撤销行政处罚决定和行政复议决定。

案件处理： 某药业有限公司存在生产销售劣药的违法行为，且在原中山市食药监局查处该公司生产销售劣药过程中，存在拒绝、逃避检查等行为，依据《中华人民共和国药品管理法实施条例》（以下简称《药品管理法实施条例》）第七十三条第六项，《药品管理法》第七十四条（原《药品管理法》条文，案发时适用）的规定在法定幅度内从重处罚。法院经审理认为，原广东省食药监局作出吊销药品生产许可证的行政处罚于法有据，总局作出的行政复议决定亦无程序违法之处。一审法院于2016年11月判决驳回某药业有限公司的诉讼请求。二审法院于2017年3月判决驳回上诉，维持一审判决。某药业有限公司仍不服，向最高人民法院申请再审。最高人民法院于2018年7月裁定驳回其再审申请。

来源： 最高人民法院发布药品安全典型案例（2022-04-28）

6.《中华人民共和国国家赔偿法》

《中华人民共和国国家赔偿法》（以下简称《国家赔偿法》）是为了保障公民、法人和其他组织享有依法取得国家赔偿的权利，促进国家机关依法行使职权制定的法律。该法1995年1月1日起施行，共42条，分为总则、行政赔偿、刑事赔偿、赔偿方式和计算标准、其他规定、附则6章。

二、行政法规

行政法规由国务院组织起草，经国务院常务会议或全体会议审议，由总理签署国务院令公布。行政法规的法律效力仅低于宪法和法律。

1.《药品管理法实施条例》

《药品管理法实施条例》是根据《药品管理法》制定的行政法规。该条例2002年9月15日起施行，共80条，分为总则、药品生产企业管理、药品经营企业管理、医疗机构的药剂管理、药品管理、药品包装的管理、药品价格和广告的管理、药品监督、法律责任、附则10章。

2.《医疗器械监督管理条例》

《医疗器械监督管理条例》是为了保证医疗器械的安全、有效，保障人体健康和生命安全，促进医疗器械产业发展制定的行政法规。该条例2021年6月1日起施行，共107条，分为总则、医疗器械产品注册与备案、医疗器械生产、医疗器械经营与使用、不良事件的处理与医疗器械的召回、监督检查、法律责任、附则8章。

3.《化妆品监督管理条例》

《化妆品监督管理条例》是为了规范化妆品生产经营活动，加强化妆品监督管理，保证化妆品质量安全，保障消费者健康，促进化妆品产业健康发展制定的行政法规。该条例2021年1月1日起施行的，共80条，分为总则、原料与产品、生产经营、监督管理、法律责任、附则6章。

另外还有《麻醉药品和精神药品管理条例》《医疗用毒性药品管理办法》《放射性药品管理办法》《易制毒化学品管理条例》《反兴奋剂条例》《血液制品管理条例》等。

三、部门规章

部门规章是由国务院各组成部门以及具有行政管理职能的直属机构，根据法律和国务院的行政法规、决定、命令，在本部门权限内依照法定程序制定，由部门首长签署命令予以公布。

现行涉及药品监管的部门规章主要有《药品注册管理办法》《药品生产监督管理办法》《生物制品批签发管理办法》《药品经营和使用质量监督管理办法》《药品网络销售监督管理办法》《医疗器械注册与备案管理办法》《体外诊断试剂注册与备案管理办法》《医疗器械生产监督管理办法》《医疗器械经营监督管理办法》《化妆品注册备案管理办法》《化妆品生产经营监督管理办法》《牙膏监督管理办法》《市场监督管理行政许可程序暂行规定》《市场监督管理行政处罚程序规定》《市场监督管理行政处罚听证办法》《市场监督管理投诉举报处理暂行办法》。

需说明的是，相关地方性法规、地方政府规章也是药品监管执法的依据，如《山东省药品使用条例》《杭州市医疗机构药品使用质量监督管理办法》。地方性法规、地方政府规章只能在本行政区域内适用，并且适用时不能与上位法抵触。

四、规范性文件

规范性文件，是国家行政机关为执行法律、法规和规章，对社会实施管理，依据法定权限和法定程序发布的规范。规范性文件包括行政措施、公告、决定、命令等，对所管辖的行政区域的公民、法人和其他组织行为具有普遍约束力，在一定时间内相对稳定、能够反复适用。

《药品管理法》《疫苗管理法》《医疗器械监督管理条例》《化妆品监督管理条例》制修订后，国家药监局制定了一系列配套规范性文件，目前共有药品类规范性文件100余件，医疗器械类规范性文件60余件，化妆品类规范性文件30余件。这些规范性文件主要以通知、公告、通告等形式公开发布，如《国家药监局关于印发药品监督管理行政处罚裁量适用规则的通知》（国药监法〔2024〕11号）、《国家药监局关于进一步做好药品经营监督管理有关工作的公告》（2024年第48号）、《国家药监局关于发布禁止委托生产医疗器械目录的通告》（2022年第17号）等。

五、技术指导原则

技术指导原则是由国家药监局组织起草制定的与药品有关的各种技术规范、指导原则、技术指南和要求等，对药品研制、生产、经营、使用等行为进行指导。

在法律、法规、规章及规范性文件的基础上，国家药监局制定了大量配套的技术指导原则，目前共有药品类技术指导原则300余件，医疗器械类技术指导原则500余件，化妆品类技术指导原则20余件。这些技术指导原则主要以通知、公告、通告等形式公开发布，如《国家药监局关于印发〈药物警戒检查指导原则〉的通知》（国药监药管〔2022〕17号）、《国家药监局关于发布药品委托生产质量协议指南（2020年版）的公告》（2020年第107号）、《国家药监局关于发布化妆品注册备案资料提交技术指南（试行）的通告》（2021年第26号）等。

第二节　药品行政许可

> ### ⑦ 问题
>
> 　　药品监管有哪些行政许可事项？国家、省、市（地）、县（区、市）对药品行政许可事权是如何划分的？设定和实施药品行政许可的依据是什么？

药品行政许可是药品监管部门对药品品种上市、药品生产、药品经营等事项进行事前监管的重要且有效的手段。由于药品研制、生产、经营和使用各环节都可能影响到药品质量且与人身健康和生命安全密切相关，因此法律、法规在不同环节都设定了必要的行政许可事项。依据《国务院关于修改和废止部分行政法规的决定》（国务院令第797号）、《国务院办公厅关于公布〈法律、行政法规、国务院决定设定的行政许可事项清单

（2023年版）〉的通知》（国办发〔2023〕5号）、《国家药监局综合司关于做好有关改革试点经验推广落实工作的通知》（药监综法函〔2025〕37号），目前，全国药品监管系统共有行政许可事项47项（含药品、医疗器械、化妆品）。其中国家药监局行政许可事项14项，国家药监局和省级药品监管部门共同行政许可事项5项，省级药品监管部门行政许可事项21项，省级、设区的市级、县级药品监管部门共同行政许可事项2项，设区的市级药品监管部门行政许可事项5项。按品类划分，全国共有药品行政许可事项39项，其中国家药监局行政许可事项10项，国家药监局和省级药品监管部门共同行政许可事项4项，省级药品监管部门行政许可事项19项，省级、设区的市级、县级药品监管部门共同行政许可事项2项，设区的市级药品监管部门行政许可事项4项；全国共有医疗器械行政许可事项5项，其中国家药监局行政许可事项2项，国家药监局和省级药品监管部门共同行政许可事项1项，省级药品监管部门行政许可事项1项，设区的市级药品监管部门行政许可事项1项；全国共有化妆品行政许可事项3项，其中国家药监局行政许可事项2项，省级药品监管部门行政许可事项1项。

知识链接

法律、行政法规、国务院决定设定的药品行政许可事项清单

扫描二维码获取详细清单

一、产品注册

（一）药品注册

依据《药品管理法》规定，在中国境内上市的药品，应当经国务院药品监管部门批准，取得药品注册证书；但是，未实施审批管理的中药材和中药饮片除外。实施审批管理的中药材、中药饮片品种目录由国务院药品监管部门会同国务院中医药主管部门制定。

依据《药品注册管理办法》规定，批准药品上市，发给药品注册证书。药品注册证书载明药品批准文号、持有人、生产企业等信息。非处方药的药品注册证书还应当注明非处方药类别。经核准的药品生产工艺、质量标准、说明书和标签作为药品注册证书的附件一并发给申请人，必要时还应当附药品上市后研究要求。

医疗机构配制的制剂，应当经所在地省、自治区、直辖市人民政府药品监管部门批准；但是，法律对配制中药制剂另有规定的除外。《中医药法》规定，医疗机构配制的中药制剂品种，应当依法取得制剂批准文号。但是，仅应用传统工艺配制的中药制剂品种，向医疗机构所在地省、自治区、直辖市人民政府药品监管部门备案后即可配制，不需要取得制剂批准文号。

依据《药品管理法》规定，医疗机构因临床急需进口少量药品的，经国务院药品监管部门或者国务院授权的省、自治区、直辖市人民政府批准，可以进口。进口的药品应当在指定医疗机构内用于特定医疗目的。

（二）医疗器械注册与备案

依据《医疗器械监督管理条例》规定，第一类医疗器械实行产品备案管理，第二类、第三类医疗器械实行产品注册管理。

1. 境内医疗器械注册与备案

境内第一类医疗器械备案，备案人向设区的市级药品监管部门提交备案资料。备案人向负责药品监管的部门提交符合《医疗器械监督管理条例》规定的备案资料后即完成备案。境内第二类医疗器械由省、自治区、直辖市药品监管部门审查，批准后发给医疗器械注册证。境内第三类医疗器械由国务院药品监管部门审查，批准后发给医疗器械注册证。

2. 进口医疗器械注册与备案

进口第一类医疗器械备案，备案人向国务院药品监管部门提交符合《医疗器械监督管理条例》规定的备案资料后即完成备案。进口第二类、第三类医疗器械由国务院药品监管部门审查，批准后发给医疗器械注册证。

（三）化妆品注册与备案

依据《化妆品监督管理条例》规定，化妆品分为特殊化妆品和普通化妆品。国家对特殊化妆品实行注册管理，对普通化妆品实行备案管理。化妆品原料分为新原料和已使用的原料。国家对风险程度较高的化妆品新原料实行注册管理，对其他化妆品新原料实行备案管理。

在我国境内首次使用于化妆品的天然或者人工原料为化妆品新原料。具有防腐、防晒、着色、染发、祛斑美白功能的化妆品新原料，经国务院药品监管部门注册后方可使用；其他化妆品新原料应当在使用前向国务院药品监管部门备案。化妆品新原料备案人通过国务院药品监管部门在线政务服务平台提交《化妆品监督管理条例》规定的备案资料后即完成备案。

用于染发、烫发、祛斑美白、防晒、防脱发的化妆品以及宣称新功效的化妆品为特殊化妆品。特殊化妆品以外的化妆品为普通化妆品。特殊化妆品经国务院药品监管部门注册后方可生产、进口。国产普通化妆品应当在上市销售前向备案人所在地省、自治区、直辖市人民政府药品监管部门备案。进口普通化妆品应当在进口前向国务院药品监管部门备案。

二、生产经营许可

（一）药品生产经营许可

依据《药品管理法》规定，药品生产、经营活动实行许可管理。

1. 药品生产许可

从事药品生产活动，应当经所在地省、自治区、直辖市人民政府药品监管部门批准，取得药品生产许可证。无药品生产许可证的，不得生产药品。药品生产许可证应当标明有效期和生产范围，到期重新审查发证。

医疗机构配制制剂，应当经所在地省、自治区、直辖市人民政府药品监管部门批准，取得医疗机构制剂许可证。无医疗机构制剂许可证的，不得配制制剂。医疗机构制剂许可证应当标明有效期，到期重新审查发证。

2. 药品经营许可

从事药品批发活动，应当经所在地省、自治区、直辖市人民政府药品监管部门批准，取得药品经营许可证。从事药品零售活动，应当经所在地县级以上地方人民政府药品监管部门批准，取得药品经营许可证。药品零售连锁企业总部，应当经所在地省、自治区、直辖市人民政府药品监管部门批准，取得药品经营许可证；药品零售连锁企业门店，应当经所在地市县级药品监管部门批准，取得药品经营许可证。无药品经营许可证的，不得经营药品。药品经营许可证应当标明有效期和经营范围，到期重新审查发证。

（二）医疗器械生产经营许可与备案

依据《医疗器械监督管理条例》规定，从事第一类医疗器械生产，实行备案管理；从事第二类、第三类医疗器械生产，实行许可管理。从事第二类医疗器械经营，实行备案管理；从事第三类医疗器械经营，实行许可管理。

1. 医疗器械生产许可与备案

从事第一类医疗器械生产，向所在地设区的市级人民政府负责药品监管的部门备案，在提交符合《医疗器械监督管理条例》规定条件的有关资料后即完成备案。

从事第二类、第三类医疗器械生产，向所在地省、自治区、直辖市人民政府药品监管部门申请生产许可并提交符合《医疗器械监督管理条例》规定条件的有关资料以及所生产医疗器械的注册证。省、自治区、直辖市药品监管部门应当按照国务院药品监管部门制定的医疗器械生产质量管理规范要求对申请资料进行核查，符合规定条件的，准予许可并发给医疗器械生产许可证。

2. 医疗器械经营企业许可与备案

从事第二类医疗器械经营，由经营企业向所在地设区的市级人民政府负责药品监管的部门备案并提交符合《医疗器械监督管理条例》规定条件的有关资料。对产品安全性、有效性不受流通过程影响的第二类医疗器械，可以免于经营备案。

从事第三类医疗器械经营，经营企业应当向所在地设区的市级人民政府负责药品监管的部门申请经营许可。受理经营许可申请的负责药品监管的部门应当对申请资料进行审查，必要时组织核查，符合规定条件的，准予许可并发给医疗器械经营许可证。

（三）化妆品生产许可

从事化妆品生产活动，应当向所在地省、自治区、直辖市人民政府药品监管部门提出申请，提交符合《化妆品监督管理条例》规定条件的证明资料，并对资料的真实性负责。省、自治区、直辖市人民政府药品监管部门应当审核申请资料，对申请人的生产场所现场核查，符合规定条件的，准予许可并发给化妆品生产许可证。

第三节　药品检查

？ 问题

药品检查管辖事权是如何划分的？根据检查性质和目的，药品检查分为哪几类？药品检查如何实施？药品检查结果如何处理？

药品检查是药品监管部门对药品生产、经营、使用环节相关单位遵守法律、法规，执行相关质量管理规范和药品标准等情况进行检查的行为。药品检查应当遵循依法、科学、公正的原则，加强源头治理，严格过程管理，围绕上市后药品的安全、有效和质量可控开展。

一、药品检查管辖与分类

（一）药品检查的管辖与分工协作

为贯彻《药品管理法》《疫苗管理法》，进一步规范药品检查行为，国家药监局组织制定了《药品检查管理办法（试行）》（国药监药管〔2021〕31号），2021年5月24日起实施（该办法部分条款在国药监药管〔2023〕26号文中进行了修订）。国家药监局主管全国药品检查管理工作。国家药监局食品药品审核查验中心负责承担疫苗、血液制品巡查；省级药品监管部门负责组织对本行政区域内药品上市许可持有人、药品生产企业、药品批发企业、药品零售连锁总部、药品网络交易第三方平台等相关检查；市县级药品监管部门负责开展对本行政区域内药品零售企业、使用单位的检查。

（二）药品检查的分类

根据检查性质和目的，药品检查分为许可检查、常规检查、有因检查、其他检查。

1. **许可检查**　是药品监管部门在开展药品生产经营许可申请审查过程中，对申请人是否具备从事药品生产经营活动条件开展的检查。

2. **常规检查**　是药品监管部门根据制定的年度检查计划，对药品上市许可持有人、药品生产企业、药品经营企业、药品使用单位遵守有关法律、法规、规章，执行相关质量管理规范以及有关标准情况开展的检查。

3. **有因检查**　是药品监管部门对药品上市许可持有人、药品生产企业、药品经营企业、药品使用单位可能存在的具体问题或者投诉举报等开展的针对性检查。主要包括以下情形：投诉举报或者其他来源的线索表明可能存在质量安全风险的；检验发现存在质量安全风险的；药品不良反应监测提示可能存在质量安全风险的；对申报资料真实性有疑问的；涉嫌严重违反相关质量管理规范要求的；企业有严重不守信记录的；企业频繁变更管理人员登记事项的；生物制品批签发中发现可能存在安全隐患的；检查发现存在特殊药品安全管理隐患的；特殊药品涉嫌流入非法渠道的；其他需要开展有因检查的情形。

4. **其他检查**　是指除许可检查、常规检查、有因检查外的检查。

二、药品检查主要内容与实施

（一）药品检查各个环节的主要内容

药品检查要落实全过程检查责任。药品监管部门应当对药品上市许可持有人、药品生产企业、药品经营企业和药物非临床安全性评价研究机构、药物临床试验机构等遵守药品生产质量管理规范、药品经营质量管理规范、药物非临床研究质量管理规范、药物临床试验质量管理规范等情况进行检查，监督其持续符合法定要求。必要时可以对为药品研制、生产、经营、使用提供产品或者服务的单位和个人进行延伸检查，有关单位和个人应当予以配合，不得拒绝和隐瞒。

（1）在药品研制注册环节，药品检查包括对申请人开展的药物非临床研究、药物临床试验、申报生产研制现场和生产现场开展的检查，以及必要时对药品注册申请所涉及的原料、辅料、直接接触药品的包装材料和容器等生产企业、供应商或者其他委托机构开展的延伸检查。

（2）在药品生产环节，药品检查包括药品生产许可的现场检查、药品生产质量管理规范实施情况的合规检查、日常检查、有因检查、专项检查、疫苗巡查，以及对中药提取物、中药材以及登记的辅料、直接接触药品的包装材料和容器等供应商或者生产商开展的延伸检查。

（3）在药品经营环节，药品检查包括许可检查、常规检查、有因检查和其他检查；按照药品监督检查相关规定，可采取飞行检查（不预先告知的检查）、延伸检查、联合检查以及出具协助调查函请相关同级药品监管部门协助调查、取证等方式。

（二）药品检查的实施

各级药品监管部门依法设置或者指定的药品检查机构，依据国家药品监管的法律、法规等开展相关的检查工作并出具药品检查综合评定报告书，负责职业化专业化检查员队伍的日常管理以及检查计划和任务的具体实施。

派出检查单位负责组建检查组实施检查。检查组一般由2名以上检查员组成，检查员应当具备与被检查品种相应的专业知识、培训经历或者从业经验。检查组实行组长负责制。必要时可以选派相关领域专家参加检查工作。

派出检查单位在实施检查前，应当根据检查任务制定检查方案。明确检查事项、时间和检查方式等。检查组应当严格按照检查方案实施检查。检查组到达被检查单位后，应当向被检查单位出示执法证明文件或者药品监管部门授权开展检查的证明文件。被检查单位在检查过程中应当及时提供检查所需的相关资料，检查员应当如实做好检查记录。

被检查单位对现场检查通报的情况有异议的，可以陈述申辩，检查组应当如实记录，并结合陈述申辩内容确定缺陷项目。

三、药品检查结果的处理

药品监管部门根据药品检查综合评定报告书及相关证据材料，作出相应处理。现场检查时发现缺陷有一定质量风险，经整改后综合评定结论为符合要求的，药品监管部门必要时依据风险采取告诫、约谈等风险控制措施。综合评定结论为不符合要求的，药品监管部门应当依法采取暂停生产、销售、使用、进口等风险控制措施，消除安全隐患。除首次申请相关许可证的情形外，药品监管部门应当依据《药品管理法》第一百二十六条等相关规定进行处理。药品监管部门应当将现场检查报告、整改报告、药品检查综合评定报告书及相关证据材料、风险控制措施相关资料等进行整理归档保存。

被检查单位拒绝、逃避监督检查，伪造、销毁、隐匿有关证据材料的，视为其产品可能存在安全隐患，药品监管部门应当依据《药品管理法》第九十九条的规定处理。被检查单位有下列情形之一的，应当视为拒绝、逃避监督检查，伪造、销毁、隐匿记录、数据、信息等相关资料：拒绝、限制检查员进入被检查场所或者区域，限制检查时间，或者检查结束时限制检查员离开的；无正当理由不如实提供或者延迟提供与检查相关的文件、记录、票据、凭证、电子数据等材料的；拒绝或者限制拍摄、复印、抽样等取证工作的；以声称工作人员不在或者冒名顶替应付检查、故意停止生产经营活动等方式欺骗、误导、逃避检查的；其他不配合检查的情形。

检查中发现被检查单位涉嫌违法的，执法人员应当立即开展相关调查、取证工作，检查组应当将发现的违法线索和处理建议立即通报负责该被检查单位监管工作的药品监管部门和派出检查单位。负责被检查单位监管工作的药品监管部门应当立即派出案件查办人员到达检查现场，交接与违法行为相关的实物、资料、票据、数据存储介质等证据材料，全面负责后续案件查办工作；对需要检验的，应当立即组织监督抽检，并将样品及有关资料等寄送至相关药品检验机构检验或者进行补充检验方法和项目的研究。涉嫌违法行为可能存在药品质量安全风险的，负责被检查单位监管工作的药品监管部门应当在接收证据材料后，进行风险评估，作出风险控制决定，责令被检查单位或者药品上市许可持有人对已上市药品采取相应风险控制措施。案件查办过程中发现被检查单位涉嫌犯罪的，药品监管部门应当按照相关规定，依法及时移送或通报公安机关。

第二章　药品生产监管

✏️ **学习导航**

1. 掌握药品生产环节主要禁止性、义务性规定及违反相关规定的法律责任。
2. 熟悉药品生产环节违法行为的处罚规定及主要违法行为稽查要点。
3. 了解药品生产监督检查主要检查内容和检查频次要求；了解药品生产环节稽查现场调查的方法、步骤和技巧。

药品生产环节是药品质量控制的源头，药品生产过程的复杂性，要求药品执法人员必须熟知涉及药品生产环节的法律、法规，药品生产的专业知识，掌握药品生产环节检查的技巧、方法和步骤。同时，药品生产环节违法行为发生后，个别生产企业可能存在恶意隐瞒有关事实、销毁有关证据、篡改有关记录等行为，使违法事实真相更难发现，这就需要执法人员掌握方法技巧，从药品生产环节各种记录、凭证、票据、设备、仪器等诸多因素中发现问题线索、还原事实真相，依法查处违法行为。

第一节　药品生产监管概述

一、药品生产监督检查主要内容

依据《药品管理法》《药品生产监督管理办法》有关规定，从事药品生产活动，应当遵守法律、法规、规章、标准和规范，保证全过程信息真实、准确、完整和可追溯。药品上市许可持有人、药品生产企业应当遵守《药品生产质量管理规范》（以下简称药品GMP），按照国家药品标准、经药品监管部门核准的药品注册标准和生产工艺进行生产，按照规定提交并持续更新场地管理文件，对质量体系运行过程进行风险评估和持续改进，保证药品生产全过程持续符合法定要求。生产、检验等记录应当完整准确，不得编造和篡改。

《药品生产监督管理办法》第五十三条规定，药品生产监督检查的主要内容包括：药品上市许可持有人、药品生产企业执行有关法律、法规及实施药品GMP、药物警戒质量管理规范以及有关技术规范等情况；药品生产活动是否与药品品种档案载明的相关内容一致；疫苗储存、运输管理规范执行情况；药品委托生产质量协议及委托协议；风险管理计划实施情况；变更管理情况。《药品检查管理办法（试行）》第四十条规定，常规检查包含以下内容：遵守药品管理法律、法规的合法性；执行相关药品质量管理规范和技术标准的规范性；药品生产、经营、使用资料和数据的真实性、完整性；药品上市许可持有人质量管理、风险防控能力；药品监督管理部门认为需要检查的其他内容。常规检查可以对某一环节或者依据检查方案规定的内容进行检查，必要时开展全面检查。

药品生产监督检查的实施应当以排查化解药品生产质量风险和隐患为目标，聚焦重点产品、重点环节、重点对象和重点区域。由于不同产品的用药途径、质量用途、药理毒理、生产工艺、理化性质等存在差异，对于质量和生产管理的控制措施要求也不同。由于受到检查资源配置限制，实际检查中不能对企业生产的所有产品进行全面检测，因此在检查过程中就需要选取有代表性的产品作为检查重点。代表性品种选择应综合考虑品种剂型风险、工艺复杂度、上市后变更、委托生产、共线生产、抽检情况、不良反应监测等因素。重点检查品种/剂型一般包括：疫苗、生物制品（细胞治疗产品、血液制品等）、无菌药品（中药注射剂、非最终灭菌注射剂等）、特殊管理药品（医疗用毒性药品、麻醉药品、精神药品、放射性药品、药品类易制毒化学品等）、中药饮片等。依据生产质量风险高低，还包括治疗窗窄的药品，高活性、高毒性、高致敏性药品，生产工艺较难控制的产品等。

（一）对药品GMP实施的检查

除对药品上市许可持有人、药品生产企业执行《药品管理法》《疫苗管理法》《药品管理法实施条例》《药品生产监督管理办法》《药品注册管理办法》等法律、法规、规章情况的检查外，药品生产监督检查主要是对药品GMP实施情况的检查。药品GMP是现今世界各国普遍采用的药品生产管理方式，是药品生产管理和质量控制的基本要求，旨在最大限度地降低药品生产过程中污染、交叉污染以及混淆、差错等风险，确保持续稳定地生产出符合预定用途和注册要求的药品，它对企业生产药品所需要的原材料、厂房、设备、卫生、人员培训和质量管理等均提出了明确要求。

现行药品GMP包括总则、质量管理、机构与人员、厂房与设施、设备、物料与产品、确认与验证、文件管理、生产管理、质量控制与质量保证、委托生产与委托检验、产品发运与召回、自检、附则，共14章、313条，于2011年3月1日起施行。另有无菌药品、原料药、生物制品、血液制品、中药制剂、放射性药品、中药饮片、医用氧、取样、计算机化系统、确认与验证、生化药品、临床试验用药品（试行）、药用辅料、药包材共15个附录，作为药品GMP的配套文件。

药品GMP实施各环节的关注重点一般包括：质量管理方面，重点关注质量管理体系建立及运行情况等；机构与人员方面，重点关注机构设置、人员配备、关键岗位人员和人员培训情况等；厂房设施方面，重点关注生产场地、生产车间和生产线、环境级别要求及监控、公用工程系统、仓储区布局及功能等；设备方面，重点关注设备是否满足生产需要、设备确认与验证、设备清洁、维护及校准情况等；物料与产品方面，重点关注主要物料及供应商审计情况，物料采购、取样、检验及放行情况，特殊物料储存、运输，不合格物料管理等；确认与验证方面，重点关注验证主计划、产品工艺验证、关键设备验证与确认、清洁验证、计算机化系统确认与验证（如涉及）、特殊物料储存和运输条件验证与确认（如涉及）、培养基模拟灌装试验（如涉及）、再确认和再验证等；文件管理方面，重点关注文件管理体系、文件内容与生产一致性、记录是否真实完整准确、电子数据管理等；生产管理方面，重点关注批号管理、工艺执行、生产操作、共线生产风险管理、防止污染混淆和差错的措施、无菌保证措施（如涉及）、关键工艺参数监控等；质量控制与质量保证方面，重点关注质量控制人员、质量控制设施设备、质量标准和关键质量属性、检验结果超标、产品放行、稳定性考察、偏差处理、变更控制、纠正预防措施、投诉不良反应、产品年度质量回顾情况等；委托生产与委托检验方面，重点关注委托管理的程序及执行情况等；产品发运与召回方面，重点关注发运与召回规程及执行情况、产品追溯情况等；自检方面，重点关注自检程序、组织形式及执行情况等。

（二）对药品生产工艺一致性的检查

对药品生产工艺一致性的检查重点一般包括：生产厂房、设施、关键生产设备与注册核准资料的一致性；原辅料和直接接触药品的包装材料和容器的质量标准、生产商/来源与注册核准资料的一致性；产品处方、生产批量、实际生产过程与经核准生产工艺的一致性；物料、中间产品/中间体和关键物料的质量标准与注册核准资料的一致性；与注册相关原始记录、原始图谱、原始数据的真实性、与注册核准资料的一致性，排查是否存在编造生产和检验记录和数据，无合理解释地弃用、隐匿记录和数据等问题。

（三）对中药生产的检查

1. 中药制剂生产监督检查

中药制剂的质量与中药材和中药饮片的质量、中药材前处理以及中药提取工艺密切相关，应当对中药材和中药饮片的质量以及中药材前处理、中药提取工艺严格控制。中药制剂生产监督检查应重点关注原料（中药材、中药饮片、中药提取物等）质量审核、生产活动控制、数据记录管理等方面，排查是否存在以下问题：生产全过程是否符合药品GMP要求；是否履行供应商审核责任，保证中药材等原料质量符合要求；是否合规采购和使用中药提取物；是否按照药品标准和生产工艺投料生产；是否存在违法添加指标成份、对照物质等；生产、检验数据和记录是否真实；生产工艺变更是否符合相关规定等。

中药提取和提取物是保证中药质量可控、安全有效的前提和物质基础。国家对生产和使用中药提取物实施备案管理。生产或使用在中成药国家药品标准处方项下载明且具有单独国家药品标准的中药提取物的企业，应按照《中药提取物备案管理实施细则》在省（区、市）药品监管部门备案。中药制剂生产企业应严格按照药品标准投料生产，并对中药提取物的质量负责。对属于备案管理的中药提取物，可自行提取，也可购买使用已备案的中药提取物；对不属于备案管理的中药提取物，应自行提取。备案的中药提取物生产企业应按照药品GMP要求组织生产，保证其产品质量。

2. 中药饮片生产监督检查

中药饮片生产监督检查重点关注：中药材质量，中药材是否符合药用标准，产地是否相对稳定；中药饮片标准，中药饮片是否执行国家药品标准，或省、自治区、直辖市药品监管部门制定的炮制规范或批准的标准；中药饮片炮制，中药饮片是否按标准或规范制定相应的工艺规程，是否按照品种工艺规程生产，中药饮片生产条件是否与生产许可范围相适应，是否外购中药饮片的中间产品或成品进行分包装或改换包装标签；人员履职能力，企业相关岗位人员是否具有中药炮制和质量控制的专业知识和实际操作技能，是否具备鉴别中药材和中药饮片真伪优劣的能力；诚实守信情况，是否有虚假、欺骗行为，是否有伪造批生产记录、检验记录以及关键人员冒名顶替或兼职等。

3. 中药配方颗粒监督检查

中药配方颗粒是由单味中药饮片经水提、分离、浓缩、干燥、制粒而成的颗粒，在中医药理论指导下，按照中医临床处方调配后，供患者冲服使用。中药配方颗粒的质量监管纳入中药饮片管理范畴。中药配方颗粒品种实施备案管理，在上市前由生产企业报所在地省级药品监管部门备案。中药配方颗粒应当按照备案的生产工艺进行生产，并符合国家药品标准。国家药品标准没有规定的，应当符合省级药品监管部门制定的标准。生产中药配方颗粒的中药生产企业应当取得药品生产许可证，并同时具有中药饮片和颗粒剂生产范围。中药饮片炮制、水提、分离、浓缩、干燥、制粒等中药配方颗粒的生产过程应当符合药品GMP要求。

（四）对药品委托生产的检查

依据《药品管理法》规定，国家对药品管理实行药品上市许可持有人制度。药品上市许可持有人是指取得药品注册证书的企业或者药品研制机构等。药品上市许可持有人依法对药品研制、生产、经营、使用全过程中药品的安全性、有效性和质量可控性负责，依法对药品的非临床研究、临床试验、生产经营、上市后研究、不良反应监测及报告与处理等承担责任。药品上市许可持有人可以自行生产药品，也可以委托药品生产企业生产。药品上市许可持有人应当具备质量管理、风险防控、责任赔偿等能力。国家药监局于2023年10月17日发布了《关于加强药品上市许可持有人委托生产监督管理工作的公告》（2023年第132号），对药品上市许可持有人委托生产药品的许可管理、质量管理和监督管理等作了进一步的要求。

同时，《国家药监局综合司关于印发药品上市许可持有人委托生产现场检查指南的通知》（药监综药管〔2023〕81号）要求对药品上市许可持有人的药品生产全过程、全生命周期质量管理情况加强监督检查，特别是对委托生产药品的情况加强监督检查。药品生产监督检查应加强对药品委托生产的检查，重点检查内容包括药品上市许可持有人组织机构建设及关键岗位人员设置情况，药品上市许可持有人对受托生产企业质量管理体系的定期审核等工作情况，质量协议规范性及履行情况，上市后变更控制体系建立情况、变更管理情况，共线生产风险评估和清洁验证情况，对委托生产品种发生重大偏差和检验结果超标调查处置情况，风险管理计划制定实施情况，药品追溯、年度报告、药物警戒、培训考核等工作开展情况，责任赔偿能力与产品的风险程度、市场规模和人身损害赔偿标准等因素匹配情况等。

（五）对特殊药品生产管理的检查

特殊药品是指在使用过程中相较于普通药品具有更高风险、需要特殊监管的药品类别。根据《药品管理法》，国家对麻醉药品、精神药品、医疗用毒性药品、放射性药品实行特殊管理。对特殊药品管理不善，可能导致药物滥用、流弊等严重后果，危害公众健康和社会安全。因此特殊药品安全管理是药品监管部门的重要职责。

《药品管理法》《麻醉药品和精神药品管理条例》《放射性药品管理办法》《医疗用毒性药品管理办法》等对麻醉药品、精神药品、医疗用毒性药品、放射性药品的研制、生产、经营和使用环节均进行了严格规定。在特殊药品生产环节，药品监管部门应结合特殊药品的许可要求、品种特点、管理级别等，对生产企业特殊药品生产安全管理实施严格监管，重点关注特殊药品生产安全管理体系、安全管理机构和人员配备、厂房设施设备是否能满足特殊药品安全生产和储存要求、生产检验过程防流弊管控措施、特殊药品运输管理等。

二、药品生产监督检查频次

《药品生产监督管理办法》第五十四条、五十五条规定，省、自治区、直辖市药品监管部门应当坚持风险管理、全程管控原则，根据风险研判情况，制定年度检查计划并开展监督检查，应当根据药品品种、剂型、管制类别等特点，结合国家药品安全总体情况、药品安全风险警示信息、重大药品安全事件及其调查处理信息等，以及既往检查、检验、不良反应监测、投诉举报等情况确定检查频次。对麻醉药品、第一类精神药品、药品类易制毒化学品生产企业每季度检查不少于一次；对疫苗、血液制品、放射性药品、医疗用毒性药品、无菌药品等高风险药品生产企业，每年不少于一次药品GMP符合性检查；对上述产品之外的药品生产企业，每年抽取一定比例开展监督检查，但应当在三年内对本行政区域内企业全部进行检查；对原料、辅料、直接接触药品的包装材料和容器等供应商、生产企业每年抽取一定比例开展监督检查，五年内对本行政区域内企业全部进行检查。省、自治区、直辖市药品监管部门可以结合本行政区域内药品生产监管工作实际情况，调整检查频次。

检查计划的制定应当依据《药品生产监督管理办法》第五十五条规定，对高风险药品生产企业每年至少开展1次药品GMP符合性检查；对其他药品生产企业和原料药生产企业每三年开展1次监督检查，每五年至少开展1次药品GMP符合性检查。药品监管部门可以结合本行政区域内药品生产监管工作实际情况和风险因素，增加检查频次。

第二节　药品生产环节常见违法行为及法律责任

⑦ 问题

执法人员在对某药品生产企业检查时发现，该企业生产的2个批次某口服药品使用的原料当时已过有效期，企业对该批原料及2个批次口服药品按国家标准进行了检验，各项检验指标均符合规定。这2个批次口服药品能否通过质量放行出厂销售，该企业是否涉嫌违法生产药品？

一、生产假药、劣药违法行为及法律责任

（一）生产假药违法行为及法律责任

《药品管理法》第九十八条规定，禁止生产（包括配制）、销售、使用假药、劣药。有下列情形之一的，为假药：药品所含成份与国家药品标准规定的成份不符；以非药品冒充药品或者以他种药品冒充此种药品；变质的药品；药品所标明的适应症或者功能主治超出规定范围。

《最高人民法院 最高人民检察院关于办理危害药品安全刑事案件适用法律若干问题的解释》（高检发释字〔2022〕1号）第六条规定，以生产、销售、提供假药、劣药为目的，合成、精制、提取、储存、加工炮制药品原料，或者在将药品原料、辅料、包装材料制成成品过程中，进行配料、混合、制剂、储存、包装的，应当认定为《中华人民共和国刑法》（以下简称《刑法》）第一百四十一条、第一百四十二条规定的"生产"。上述内容可以作为追究生产假药、劣药行政法律责任中"生产"行为的认定依据。

生产、销售假药的，依据《药品管理法》第一百一十六条和第一百一十八条规定处罚。

> 📋 **案例**
>
> ### 天津市博爱生物药业有限公司生产假药小败毒膏案
>
> **案件事实**：2020年7月，药品监管部门监测发现，天津市博爱生物药业有限公司生产的口服药小败毒膏出现聚集性不良反应信号。天津市药监局立即对涉案批次药品采取风险控制措施，并深入开展调查。经查，该公司在生产小败毒膏过程中，误将生产外用药的原料颠茄流浸膏用于该涉案批次小败毒膏生产，导致所含成份与国家药品标准规定不符。涉案批次药品共10980盒，货值金额91591.5元。调查中研判认为，现有证据不足以证明该公司具有生产假药的主观故意，由药品监管部门依法处理。
>
> **违法行为违反的法律条文**：《药品管理法》第九十八条第一款。
>
> **案件处理**：2021年7月，天津市药监局依据《药品管理法》第九十八条第二款第一项规定，认定涉案批次药品为假药；依据《药品管理法》第一百一十六条、第一百一十八条、第一百三十七条第四项等规定，处以该公司没收涉案药品、没收违法所得5625.5元、责令停产停业整顿、罚款300万元的行政处罚，处以该公司法定代表人没收违法行为发生期间自本单位所获收入1万元、罚款3万元、终身禁止从事药品生产经营活动的行政处罚。2022年2月，国家药监局依据《药品管理法》第一百一十六条规定，吊销该产品的药品批准证明文件。
>
> *来源：国家药监局公布5起药品安全专项整治典型案例（2022-04-20）*

（二）生产劣药违法行为及法律责任

《药品管理法》第九十八条规定，禁止生产（包括配制）、销售、使用假药、劣药。有下列情形之一的，为劣药：药品成份的含量不符合国家药品标准；被污染的药品；未标明或者更改有效期的药品；未注明或者更改产品批号的药品；超过有效期的药品；擅自添加防腐剂、辅料的药品；其他不符合药品标准的药品。违反这一规定的，应当承担法律责任。生产、销售劣药的，依据《药品管理法》第一百一十七条规定处罚。

考虑到中药饮片具有特殊性，对其相关法律责任作了专门规定。依据《药品管理法》第一百一十七条第二款的规定，生产、销售的中药饮片不符合药品标准，尚不影响安全性、有效性的，责令限期改正，给予警告；可以处10万元以上50万元以下的罚款。

依据《药品管理法》第一百一十八条的规定，对生产、销售劣药且情节严重的法定代表人、主要负责人、直接负责的主管人员和其他责任人员，还应当没收违法行为发生期间自本单位所获收入，并处所获收入30%以上3倍以下的罚款，终身禁止从事药品生产经营活动，并可以由公安机关处5日以上15日以下的拘留。对生产者专门用于生产假药、劣药的原料、辅料、包装材料、生产设备予以没收。

📋 案例

山东某制药有限公司生产销售劣药乳酶生片案

案件事实： 2022年8月，山东省药监局根据投诉举报线索，对山东某制药有限公司进行现场检查，并对该公司库存的2个批次乳酶生片进行现场抽样，经检验，抽样药品"含量测定"项不符合规定。经查，上述2个批次乳酶生片货值金额12.29万元，已销售产品金额3.75万元。

违法行为违反的法律条文： 《药品管理法》第九十八条第一款。

案件处理： 2023年1月，山东省药监局依据《药品管理法》第一百一十七条第一款规定，对该公司处以没收涉案药品、没收违法所得3.75万元、罚款135.22万元的行政处罚。

来源：国家药监局公布8起药品违法案件典型案例（2023-12-13）

二、违反药品证照相关规定的行为及法律责任

（一）未取得药品生产许可证生产药品

《药品管理法》第四十一条规定，从事药品生产活动，应当经所在地省、自治区、直辖市人民政府药品监管部门批准，取得药品生产许可证。无药品生产许可证的，不得生产药品。《药品生产监督管理办法》第六十八条规定，有下列情形之一的，依据《药品管理法》第一百一十五条规定处罚：药品上市许可持有人和药品生产企业变更

生产地址、生产范围应当经批准而未经批准的；药品生产许可证超过有效期限仍进行生产的。

未取得医疗机构制剂许可证配制制剂。《药品管理法》第七十四条规定，医疗机构配制制剂，应当经所在地省、自治区、直辖市人民政府药品监管部门批准，取得医疗机构制剂许可证。无医疗机构制剂许可证的，不得配制制剂。

未取得药品生产许可证生产药品或者未取得医疗机构制剂许可证配制制剂的行为，依据《药品管理法》第一百一十五条规定处罚。

案例

未取得药品生产许可证生产药品案

案件事实： 根据线索，潮州市潮安区市场监管局查明，杨某在未取得药品生产许可证等相关许可证件情况下，擅自制作声称有"壮腰健肾活血"功效的中药丸70kg，并利用其医生的身份向患者宣称该"中药丸"有"壮腰健肾活血"之功效和治疗"颈椎病、腰椎病"作用，擅自向患者销售上述"中药丸"。潮州市潮安区市场监管局通过会商有关单位，认为上述"中药丸"的处方没有出现配伍冲突的情况、该处方的药品构成没有足以危害人体健康的毒性成份；经抽样检验没有发现存疑西药成份；经回访部分服用上述"中药丸"的患者，暂没有发现不良反应。经与公安机关和检察部门综合研判，该案尚未达到刑事案件移送标准。

违法行为违反的法律条文：《药品管理法》第四十一条第一款。

案件处理： 2023年7月21日，潮州市潮安区市场监管局依据《行政处罚法》第三十二条、《药品管理法》第一百一十五条的规定，依法对杨某作出罚没款合计105万元的行政处罚。

来源：广东省药品安全巩固提升专项行动典型案例（第三批）（2023-11-17）

（二）伪造、变造、出租、出借、非法买卖许可证或者药品批准证明文件

许可证或药品批准证明文件是企业从事药品生产经营活动等的合法依据。"伪造"是指假冒药品监管部门名义，制造根本不存在的许可证的行为；"变造"是指对原本真实、合法的许可证采用涂改等手段，改变其真实内容的行为；"出租"是指一方将许可证出租给另一方，对方支付租金的行为；"出借"是指一方将许可证出借给另一方的行为；"非法买卖"是指在无法律规定允许转让许可证的前提下，一方将自己的许可证擅自转让给另一方，对方支付价金的行为。

伪造、变造、出租、出借、非法买卖许可证或者药品批准证明文件的，依据《药品管理法》第一百二十二条规定处罚，既包括对单位的处罚，也包括对人的处罚，并考虑情节轻重对单位设计了两个层次的行政处罚：一是情节一般情况下对单位的处罚，包括没收违法所得，并处违法所得1倍以上5倍以下的罚款，违法所得不足10万元的，按10万元计算。也就是说，以实际违法所得为基数，按倍数计算罚款金额，但违法所得不足10万元的，可以并处10万元以上50万元以下的罚款。二是情节严重情况下对单位及其责任人员的处罚，即没收违法所得，并处违法所得5倍以上15倍以下的罚款，吊销药品生产许可证、医疗机构制剂许可证或者药品批准证明文件，对法定代表人、主要负责人、直接负责的主管人员和其他责任人员，处2万元以上20万元以下的罚款，10年内禁止从事药品生产经营活动，并可以由公安机关处5日以上15日以下的拘留；违法所得不足10万元的，按10万元计算。

（三）骗取药品许可

根据《行政许可法》规定，被许可人以欺骗、贿赂等不正当手段取得行政许可的，应当予以撤销。因此，发现提供虚假的证明、数据、资料、样品或者采取其他手段骗取临床试验许可、药品生产许可、药品经营许可、医疗机构制剂许可或者药品注册等许可的违法行为，应当撤销相关行政许可，并追究相应法律责任。

骗取药品许可的，依据《药品管理法》第一百二十三条规定处罚，法律责任分为两个层次：一是一般情况下，提供虚假的证明、数据、资料、样品或者采取其他手段骗取临床试验许可、药品生产许可、药品经营许可、医疗机构制剂许可或药品注册等许可的，撤销相关许可，10年内不受理其相应申请，并处50万元以上500万元以下的罚款；二是情节严重的，不仅要撤销相关许可，10年内不受理其相应申请，并处50万元以上500万元以下的罚款，还要"处罚到人"，对法定代表人、主要负责人、直接负责的主管人员和其他责任人员，处2万元以上20万元以下的罚款，10年内禁止从事药品生产经营活动，并可以由公安机关处5日以上15日以下的拘留。

三、违反药品管理秩序违法行为及法律责任

（一）主要违法行为

1. **未取得药品批准证明文件生产、进口药品**　《药品管理法》第二十四条第一款规定，在中国境内上市的药品，应当经国务院药品监管部门批准，取得药品注册证书。《药品管理法》第七十六条第一款规定，医疗机构配制的制剂，应当经所在地省、自治区、直辖市人民政府药品监管部门批准。《药品管理法》第九十八条第四款规定，禁止未取得药品批准证明文件生产、进口药品。未取得药品批准证明文件生产、进口药品，依据《药品管理法》第一百二十四条第一款规定追究责任。《药品管理法》第一百二十四条第三款规定，未经批准进口少量境外已合法上市的药品，情节较轻的，可以依法减轻或者免予处罚。

2. **使用采取欺骗手段取得的药品批准证明文件生产、进口药品**　使用采取欺骗手段取得的药品批准证明文件开展生产、进口药品行为的，主观恶意大，严重影响药品安全，依据《药品管理法》第一百二十四条第一款规定追究责任。

3. **使用未经审评审批的原料药生产药品**　《药品管理法》第二十五条第二款中规

定，国务院药品监管部门在审批药品时，对化学原料药一并审评审批。《药品管理法》第九十八条第四款规定，禁止使用未按照规定审评、审批的原料药、包装材料和容器生产药品。擅自使用未经审评审批的原料药生产药品，其所生产的药品的安全性、有效性和质量可控性难以保证，严重影响药品安全。

4. **应当检验而未经检验即销售药品**　取得药品注册证书的药品也应当按照规定进行必要的检验。依据《药品管理法》第六十八条规定，国务院药品监管部门对首次在中国境内销售的药品、国务院药品监管部门规定的生物制品、国务院规定的其他药品在销售前或者进口时，应当指定药品检验机构进行检验；未经检验或者检验不合格的，不得销售或者进口。

5. **生产、销售国务院药品监管部门禁止使用的药品**　《药品管理法》第六十七条规定，禁止进口疗效不确切、不良反应大或者因其他原因危害人体健康的药品。《药品管理法》第八十三条第二款、第三款规定，经评价，对疗效不确切、不良反应大或者因其他原因危害人体健康的药品，应当注销药品注册证书。已被注销药品注册证书的药品，不得生产或者进口、销售和使用。

6. **编造生产、检验记录**　生产、检验记录是保证药品生产、质量控制和质量保证等活动可追溯的重要手段。《药品管理法》第四十四条第一款规定，药品应当按照国家药品标准和经核准的生产工艺进行生产；生产、检验记录应当完整准确，不得编造。药品GMP规定，每批药品应当有批记录，包括批生产记录、批检验记录等与本批产品有关的记录，并对记录的管理和保存作了详细规定。编造生产、检验记录主观恶意大，影响对药品生产过程以及与质量有关情况的判断，严重影响药品安全。

案例

长春某药业有限公司编造生产、检验记录案

案件事实：经查，长春某药业有限公司2020年3月6日生产化痰平喘片（批号：20200304）的压片过程中，出现片重差异不符合内控标准的情况，当事人挑出存在片重差异不符合内控标准的药片1袋（约50kg），于2020年3月8日重新粉碎，2020年3月12日重新压片，并与之前剩余的该批次合格药片一同在2020年3月13日进行铝塑包装。但化痰平喘片（批号：20200304）的批生产记录中没有如实记录上述不符合内控标准的药片重新粉碎、重新压片的过程。当事人2020年3月13日生产化痰平喘片（批号：20200304）在铝塑过程中，有177板（缺片、不规整）不符合要求，当事人现场进行了销毁。但化痰平喘片（批号：20200304）的批生产记录中没有如实记录销毁过程。化痰平喘片（批号：20200304）的批生产记录中压片、内包装等岗位的记录是当事人固体制剂车间工艺员编造后，用铅笔填写好，再让压片、内包装等相关岗位操作工人用中性笔描摹、签字形成的。

违法行为违反的法律条文：《药品管理法》第四十四条第一款。

案件处理: 依据《药品管理法》第一百二十四条第一款第六项的规定决定对当事人处罚如下: 1.责令停产整顿; 2.没收违法生产的药品21898盒; 3.没收违法所得人民币11276.48元; 4.并处违法生产的药品货值金额61596.60元(按10万元计算)22.5倍的罚款(人民币2250000.00元)。

来源: 吉林省药监局公布的行政处罚决定书(2020-08-20)

7. 未经批准在药品生产过程中进行重大变更 《药品管理法》第七十九条第一款中规定,对药品生产过程中的变更,按照其对药品安全性、有效性和质量可控性的风险和产生影响的程度,实行分类管理。属于重大变更的,应当经国务院药品监管部门批准。

(二)法律责任

上述违反我国药品管理秩序的违法行为,依据《药品管理法》第一百二十四条第一款处罚。

《药品管理法》第一百二十四条第三款规定,未经批准进口少量境外已合法上市的药品,情节较轻的,可以依法减轻或者免予处罚。理解该规定需要把握以下几点:未经批准进口境外药品是违反我国药品注册管理规定的行为;该款是特别针对未经批准进口"少量"境外已合法上市的药品作出的单独规定,应当以"少量"且不具有商业目的和已在境外合法上市为前提;情节较轻的,可以依法减轻或者免予处罚。《行政处罚法》第三十二条、第三十三条对依法从轻或者减轻行政处罚、不予行政处罚的情形作出明确规定,对未经批准进口少量境外已合法上市药品的行为依法减轻或者免予处罚,应当遵守《行政处罚法》的有关规定。

四、未遵守药品GMP违法行为及法律责任

《药品管理法》第四十三条规定,从事药品生产活动,应当遵守药品GMP,建立健全药品生产质量管理体系,保证药品生产全过程持续符合法定要求。

未遵守药品GMP的,依据《药品管理法》第一百二十六条规定处罚。需要注意的是:一是处罚规定中"情节严重"不以"逾期不改正"为前提,如果违法行为本身情节严重,直接适用"情节严重"一档处罚;二是药品批准证明文件包括药品注册证书和对医疗机构配制的制剂的批准文件等;三是处罚规定中"责令限期改正"不属于行政处罚。依据《行政处罚法》第二十三条规定,行政机关实施行政处罚时,应当责令当事人改正或者限期改正违法行为。

此外,《药品生产监督管理办法》第六十九条规定,药品上市许可持有人和药品生产企业未按照药品GMP的要求生产,有下列情形之一,属于《药品管理法》第一百二十六条规定的情节严重情形:未配备专门质量负责人独立负责药品质量管理、监督质量管理规范执行;药品上市许可持有人未配备专门质量受权人履行药品上市放行责任;药品生产企业未配备专门质量受权人履行药品出厂放行责任;质量管理体系不能正常运行,药

品生产过程控制、质量控制的记录和数据不真实；对已识别的风险未及时采取有效的风险控制措施，无法保证产品质量；其他严重违反药品GMP的情形。

《药品生产监督管理办法》第七十条规定，辅料、直接接触药品的包装材料和容器的生产企业及供应商未遵守国家药监局制定的质量管理规范等相关要求，不能确保质量保证体系持续合规的，由所在地省、自治区、直辖市药品监管部门依据《药品管理法》第一百二十六条的规定处罚。

五、药品上市许可持有人不履行法定义务的法律责任

（一）违法行为情形

1. **开展生物等效性试验未备案**　生物等效性试验是用生物利用度比较同一种药物的相同或者不同剂型的制剂，在相同的试验条件下，其活性成份吸收比率和吸收速率有无统计学差异的人体试验。《药品管理法》第十九条第一款规定，开展生物等效性试验的，报国务院药品监管部门备案。

2. **药物临床试验期间，发现存在安全性问题或者其他风险，临床试验申办者未及时调整临床试验方案、暂停或者终止临床试验，或者未向国务院药品监管部门报告**　《药品管理法》第二十二条规定，药物临床试验期间，发现存在安全性问题或者其他风险的，临床试验申办者应当及时调整临床试验方案、暂停或者终止临床试验，并向国务院药品监管部门报告。临床试验申办者未遵守上述规定，就构成违法行为。

3. **未按照规定建立并实施药品追溯制度**　《药品管理法》第三十六条规定，药品上市许可持有人、药品生产企业、药品经营企业和医疗机构应当建立并实施药品追溯制度，按照规定提供追溯信息，保证药品可追溯。相关主体建立并实施药品追溯制度，才能实现药品生产、经营和使用全过程来源可查、去向可追，防范非法药品进入合法渠道，确保发生质量安全风险的药品可召回、责任可追究。药品上市许可持有人、药品生产企业未遵守上述规定，就构成违法行为。

4. **未按照规定提交年度报告**　《药品管理法》第三十七条规定，药品上市许可持有人应当建立年度报告制度，每年将药品生产销售、上市后研究、风险管理等情况按照规定向省、自治区、直辖市人民政府药品监管部门报告。年度报告制度有利于药品上市许可持有人、药品监管部门掌握药品质量和风险情况，及时采取相应的风险管理措施，加强药品监管，保证药品质量。药品上市许可持有人未遵守上述规定，就构成违法行为。

5. **未按照规定对药品生产过程中的变更进行备案或者报告**　《药品管理法》第七十九条第一款规定，对药品生产过程中的变更，按照其对药品安全性、有效性和质量可控性的风险和产生影响的程度，实行分类管理。属于重大变更的，应当经国务院药品监管部门批准，其他变更应当按照国务院药品监管部门的规定备案或者报告。除重大变更外，药品上市许可持有人对药品生产过程中的其他变更未按照规定进行备案或者报告，就构成违法行为。

6. **未制定药品上市后风险管理计划**　《药品管理法》第七十七条规定，药品上市许

可持有人应当制定药品上市后风险管理计划。风险管理是《药品管理法》确定的一项重要原则。药品上市许可持有人应当高度重视风险管理，严格履行风险管理义务，依法制定药品上市后风险管理计划。药品上市许可持有人未遵守上述规定，就构成违法行为。

7. **未按照规定开展药品上市后研究或者上市后评价** 《药品管理法》第七十七条规定，药品上市许可持有人应当主动开展药品上市后研究，对药品的安全性、有效性和质量可控性进行进一步确证，加强对已上市药品的持续管理。《药品管理法》第八十三条第一款规定，药品上市许可持有人应当对已上市药品的安全性、有效性和质量可控性定期开展上市后评价。必要时，国务院药品监管部门可以责令药品上市许可持有人开展上市后评价。药品上市许可持有人未遵守上述规定开展上市后评价的；或者国务院药品监管部门依据《药品管理法》第八十三条第一款规定责令药品上市许可持有人开展上市后评价，药品上市许可持有人未按照要求开展上市后评价的，就构成违法行为。

（二）法律责任

药品上市许可持有人构成上述违法行为的，依据《药品管理法》第一百二十七条处罚。

六、药品生产企业从非法渠道购进药品的行为及法律责任

《药品管理法》第五十五条规定，药品上市许可持有人、药品生产企业、药品经营企业和医疗机构应当从药品上市许可持有人或者具有药品生产、经营资格的企业购进药品；但是，购进未实施审批管理的中药材除外。药品上市许可持有人、药品生产企业、药品经营企业或者医疗机构未从药品上市许可持有人或者具有药品生产、经营资格的企业购进药品的，就构成违法行为。未依法从合法渠道购进药品的，依据《药品管理法》第一百二十九条规定处罚。

七、医疗机构将其配制的制剂在市场上销售的行为及法律责任

《药品管理法》第七十六条对医疗机构配制的制剂的使用范围作了明确规定，医疗机构配制的制剂应当按照规定进行质量检验；合格的，凭医师处方在本单位使用。经批准，医疗机构配制的制剂可以在指定的医疗机构之间调剂使用。医疗机构配制的制剂不得在市场上销售。医疗机构将其配制的制剂在市场上销售的，依据《药品管理法》第一百三十三条规定处罚。

案例

云南某医院在市场销售医院制剂案

案件事实： 2022年6月，云南省药品监督管理局稽查局根据相关线索对云南某医院开展调查。经查，该医院在未办理合法手续的情况下，向贵州六盘水某中医院实际销售医院制剂，违法所得共计407774.50元。

违法行为违反的法律条文：《药品管理法》第七十六条第三款。

案件处理：云南省药品监督管理局依据《行政处罚法》第二十八条第一款和《药品管理法》第一百三十三条的规定，责令当事人改正违法行为，并给予没收违法所得407774.50元、处罚款815549.00元的行政处罚。

来源：云南省药品监督管理局公布第四批药品安全巩固提升行动典型案例（2023-10-12）

八、企业不履行药品上市后义务的行为及法律责任

（一）未按规定开展药品不良反应监测

依据《药品管理法》第八十条规定，药品上市许可持有人应当开展药品上市后不良反应监测，主动收集、跟踪分析疑似药品不良反应信息，对已识别风险的药品及时采取风险控制措施。依据《药品管理法》第八十一条规定，药品上市许可持有人、药品生产企业应当经常考察本单位所生产的药品质量、疗效和不良反应。发现疑似不良反应的，应当及时向药品监管部门报告。药品上市许可持有人未按规定开展药品不良反应监测或报告疑似药品不良反应的，依据《药品管理法》第一百三十四条规定处罚。

（二）拒不召回药品

《药品管理法》第八十二条规定，药品存在质量问题或者其他安全隐患的，药品上市许可持有人应当立即停止销售，告知相关药品经营企业和医疗机构停止销售和使用，召回已销售的药品，及时公开召回信息，必要时应当立即停止生产，并将药品召回和处理情况向省、自治区、直辖市人民政府药品监管部门和卫生健康主管部门报告。对于药品上市许可持有人依法应当召回药品而未主动召回的，第八十二条规定，省、自治区、直辖市人民政府药品监管部门应当责令其召回。拒不召回存在质量问题或者其他安全隐患药品的违法行为的，依据《药品管理法》第一百三十五条规定处罚。

（三）境外药品上市许可持有人指定的中国境内企业法人未履行相关义务

《药品管理法》第三十八条规定，药品上市许可持有人为境外企业的，应当由其指定的在中国境内的企业法人履行药品上市许可持有人义务，与药品上市许可持有人承担连带责任。也就是说，《药品管理法》规定的药品上市许可持有人应当履行的所有法定义务，都由境外药品上市许可持有人指定在中国境内的企业法人来履行，该境内企业法人未依照本法规定履行相关义务的，应当依据《药品管理法》有关药品上市许可持有人法律责任的规定承担相应法律责任。

九、委托生产与受托生产违法行为的责任确定

（一）药品上市许可持有人委托生产法律义务

药品上市许可持有人作为药品生产委托方，应对药品质量全面负责。《药品管理法》

第三十条第二款规定，药品上市许可持有人应当依照本法规定，对药品的非临床研究、临床试验、生产经营、上市后研究、不良反应监测及报告与处理等承担责任。《药品委托生产质量协议指南》明确，药品上市许可持有人依法对药品研制、生产、经营、使用全过程中药品的安全性、有效性、质量可控性负责，且负责委托生产药品的上市放行。

《药品管理法》第三十二条规定，药品上市许可持有人可以自行生产药品，也可以委托药品生产企业生产。委托生产的，应当委托符合条件的药品生产企业。药品上市许可持有人和受托生产企业应当签订委托协议和质量协议，并严格履行协议约定的义务。《药品上市许可持有人落实药品质量安全主体责任监督管理规定》第十六条第一、二款规定，药品上市许可持有人应当对受托方的质量保证能力和风险管理能力进行评估，按规定与受托方签订质量协议以及委托生产协议；应当履行物料供应商评估批准、变更管理审核、产品上市放行以及年度报告等义务；应当监督受托方履行协议约定的义务，对受托方的质量管理体系进行定期现场审核，并确保双方质量管理体系有效衔接，生产过程持续符合法定要求。持有人不得通过质量协议转移依法应当由持有人履行的义务和责任。

（二）受托生产法律义务

接受药品委托生产的药品生产企业应对本企业的药品生产活动全面负责。《药品上市许可持有人落实药品质量安全主体责任监督管理规定》第十六条第三款规定，受托方应严格执行委托生产质量协议，按照药品GMP组织委托生产药品的生产，积极配合接受持有人的审核，并按照所有审核发现的缺陷，采取纠正和预防措施落实整改。《药品生产监督管理办法》第四十二条第三款规定，受托方不得将接受委托生产的药品再次委托第三方生产。

第三节　药品生产环节监管技巧

一、药品生产环节调查步骤

（一）案件线索的来源

药品生产环节违法案件线索一般来自以下几方面：在对生产企业开展的日常监督检查、飞行检查、审核审批现场检查过程中发现的线索；通过药品监管部门接到的投诉举报发现的线索；上级机关交办的或下级单位报请查办的线索；通过药品评价性抽检、日常监督抽检发现的线索；通过监测到的药品不良反应事件发现的线索；其他部门移送或者其他方式、途径披露出的线索。

（二）做好调查前的准备

1. 充分了解涉嫌违法生产单位信息　要了解涉嫌违法主体的许可范围、产品情况、既往违法违规情况、证照有效期限、法定代表人、主要负责人、质量受权人、地址、联系方式等基础信息，还要根据具体涉嫌违法线索分析研判，利用药品监督管理数据库和辖区药品监督管理系统各部门单位存档的企业上报材料，尽可能多地了解企业诸如厂区总体布局、产品处方工艺等有关情况。如举报某生产企业擅自将水提醇沉中药提取工艺改为直接水提过滤，根据此举报在了解企业情况时就要了解企业哪些品种采用水提醇沉工艺、在哪个车间生产、车间仓库具体位置、使用哪些设备、乙醇储存地点、乙醇回收装置等相关情况。这样在做调查时就直奔重点。

2. 提前询问了解监管对象的相关信息　对相关人员的年龄、性别、籍贯、学历、工作经历、爱好、性格特点、特长等了解后，可以事先分析相关人员的特点、心理特点，找到谈话切入点，利于做好问询调查。

3. 提前查阅法规、文件等专业知识相关资料　案件涉及的相关专业技术知识、质量规范、法律、法规等要提前查阅，掌握相关内容，提前做好"功课"。

4. 做好必要的物资准备　包括执法车辆、执法证件、调查取证装备（执法记录仪、相机、录音笔、电子存储设备等）、笔记本电脑、便携式打印机、执法文书等。如果可能涉及特殊取样（如无菌），要提前准备合适的工具及容器。

（三）现场调查注意事项

掌握客观证据为主，现场问询调查主要是针对相关人员进行，收集相关人员回忆、反映的情况等主观证据。案件调查一般把握"先客观后主观"的顺序进行，尽最大可能在第一时间掌握尽可能多的证据和情况，以免证据被人为篡改、破坏甚至灭失。在调查或者检查时，执法人员应当主动向当事人或者有关人员出示执法证件。

1. 做好案件现场检查

药品生产企业现场检查主要涉及的环节有采购环节、仓储及运输环节、生产加工环节、检验检测环节、质量管理控制环节、销售及售后环节等，根据案件情况不同可能涉及的相关环节不同。

仓储环节的现场检查需查看原料、辅料、包装材料、中间产品、半成品及成品的在库情况，重点应检查可能涉及案件产品的相关物料和产品的情况，尤其对涉嫌偷工减料或非法添加其他物质的。对库存物料的检查更要细致入微，有时还要对仓库以外的嫌疑地点进行检查。如举报某企业使用未经关联审评审批的原料药生产药品，检查时就要重点查看该原料的详细情况，包括储存在哪个仓库、什么位置、使用的什么包装、包装上的标识、入库出库记录信息，还要进一步查看购进该原料的相关手续，使用该原料生产产品情况等。

车间生产环节的现场检查需要查看原料、辅料及包装材料领用情况，生产原始记录、设备运行记录、清场记录、设备及设施维护保养记录、物料中转交接记录等，车间物料间在库物料情况，批生产记录中物料平衡情况等，要根据违法生产线索确定需重点查看的部位。如举报某企业擅自改变生产工艺减少了某生产步骤，检查时就要重点查看相关生产步骤的生产状况和各种记录，尤其要关注相关设施设备使用情况和使用、维护、清洗等记录。

质量检验情况的现场检查需查看原辅料（包装材料）、半成品（中间体）及成品检验记录、设施设备使用记录、仪器使用记录、标准品（对照品）使用记录等，必要时要对关键节点的取样记录、仪器的原始图谱等重点查看。如举报某企业检验某项目需要使用实验动物，由于有一段时间实验动物供应紧张、价格上涨，该企业擅自改用生化方法检验代替实验动物方法检验，并且编写使用实验动物的检验记录。检查人员就要重点对实验动物的购买、喂养、使用、处理等认真检查，锁定其违法证据。

2. 做好案件现场询问调查

现场询问调查主要是执法人员与相关人员面对面进行的语言交流为主的活动，应注意语言及外在形象。执法人员要身着执法服装、配全执法装备，举止得体、行为有矩；语言要规范、严肃、文明，有分寸、有实质内容，避免语言粗俗、词不达意，切忌出现语言冲突。多名相对人需要被进行询问谈话时，谈话顺序一般先一线具体工作人员后各层级管理人员。

二、查处无证生产违法行为技巧

（一）涉及无证生产的违法线索分析

此类线索重点应做如下调查：单位资质证明文件，包括委托及受托单位；相关产品的批生产记录、批检验记录、出入库记录、留样记录、销售记录、销售发票、资金往来账目及凭证；合同、协议、授权证明文件；原辅料包装材料等的供应、采购、出入库记录、库存台账等相关资料；涉及境外制药厂商的有关外事部门的证明文件；涉及出口产品的产品出口报关单据等材料。相关人员的问询调查，如供销业务员、质量负责人、检验人员、库房管理人员、财务人员、生产人员等。

（二）执法注意要点

违法主体为未取得药品生产许可证的法人、自然人、其他组织。无证生产违法行为的构成要件主要是两个方面，首先是所生产的产品是否具有药品属性，如果所生产的产品不具有药品的属性，不管是否取得药品生产许可证，本行为都不成立。是否具有药品属性的判定，主要依据《药品管理法》对药品的定义，即用于预防、治疗、诊断人的疾病，有目的地调节人的生理机能并规定有适应症或者功能主治、用法和用量的物质。其次是否取得药品生产许可证，只有在确认所生产的产品具有药品的属性后，是否取得药品生产许可证才有意义。能够确认所生产的产品具有药品的属性，且无法提供药品生产许可证，本行为才成立。

三、查处生产假药、劣药违法行为技巧

（一）主动发现

通过对检验项目入手，结合药品外观质量查获假药、劣药。一是检查溶液是否澄清，颜色与说明书规定是否一致，有无沉淀、絮状物、小纤维等异物。如维生素C注射液应为无色或微黄，若黄色较深有可能颜色检查超标。还可直观检查注射剂的装量，将注射剂

同一批号10支左右摆成一排，观察液面高度是否处在同一水平线上，以判断注射剂的装量有无问题。二是可直观检查药品是否因受潮导致外观变化。如糖衣片有无花斑和裂片，色泽不均匀，糖衣片剂不光滑、表面凹凸不平，颗粒剂是否有结块现象，三是通过贮存条件查获假药、劣药。药物都规定了相应的贮存条件，受温湿度、光线、空气等因素影响会使药物有效成份发生物理或化学变化，从而影响其内在质量，一些对贮存条件比较敏感的药品长期存放在不符合要求的环境中，其质量易受影响而不合格。

（二）有因发现

在已有线索的情况下，运用稽查执法手段对线索中提供的信息进行调查核实，发现可能存在的药品违法行为。在对线索进行调查核实前，应对线索中的信息进行分析，作出是否具有构成案件要素的判断，即行为是否涉嫌违法、是否有行为实施人、是否有对违法行为的处罚条款，以便确定稽查的对象和方向。违法行为的线索主要来源于投诉、举报、其他部门移送、上级交办等途径。在依据线索检查中，无论是否发现违法行为，无论线索中提供的信息是否真实，调查核实后都应对稽查执法情况形成清晰的结论。

（三）技术发现

运用抽检、电子信息等技术手段发现药品违法行为。通过药品质量公告等信息来查获假药、劣药。定期收集分析国家、省药品质量公告的品种，以及网络上其他省市的假药、劣药信息，对公布的不合格品种、生产厂家、批号、不合格项目进行全面分析，从中筛查出本辖区使用量大、易出现质量问题的重点企业、重点品种，将其作为重点检查对象，进行针对性的跟踪抽检。通过有效信息也可以抽检与假药、劣药同厂家、同品种、批号相近的药品。

四、查处涉及证照及证明文件类违法行为技巧

（一）涉及证照类违法行为的线索分析

1. 药品生产许可证

药品生产许可证有效期为五年，分为正本和副本。药品生产许可证应当载明许可证编号、分类码、企业名称、统一社会信用代码、住所（经营场所）、法定代表人、企业负责人、生产负责人、质量负责人、质量受权人、生产地址和生产范围、发证机关、发证日期、有效期限等项目。药品生产许可证载明事项分为许可事项和登记事项。许可事项是指生产地址和生产范围等。登记事项是指企业名称、住所（经营场所）、法定代表人、企业负责人、生产负责人、质量负责人、质量受权人等。变更药品生产许可证许可事项的，需向原发证机关提出药品生产许可证变更申请。未经批准，不得擅自变更许可事项。

（1）看药品生产许可证编号　药品生产许可证编号格式为"省份简称+四位年号+四位顺序号"。企业变更名称等许可证项目以及重新发证，原药品生产许可证编号不变。企业分立，在保留原药品生产许可证编号的同时，增加新的编号。企业合并，原药品生产许可证编号保留一个。如药品生产许可证编号：京20240001，表示为北京市局在2024年

许可的顺序号为0001的药品生产许可证。如在监督检查中发现编号为赣21010125的药品生产许可证，从该证的编号来看，是2101年发证，系伪造；又如在检查中发现有编号为冀20239863的药品生产许可证，其顺序号竟然为9863，这样大数位的流水号从目前生产企业的许可信息来看，可能性是很小的，涉嫌伪造。

（2）看药品生产许可证分类码　分类码是对许可证内生产范围进行统计归类的英文字母串。大写字母用于归类药品上市许可持有人和产品类型，A代表自行生产的药品上市许可持有人、B代表委托生产的药品上市许可持有人、C代表接受委托的药品生产企业、D代表原料药生产企业；小写字母用于区分制剂属性，h代表化学药、z代表中成药、s代表生物制品、d代表按药品管理的体外诊断试剂、y代表中药饮片、q代表医用气体、t代表特殊药品、x代表其他。如某生产企业的许可证标明"分类码：Dhz"表示该企业为原料药生产企业，生产属性为化学药原料药、中成药原料药；如某药品生产许可证上标示"分类码：Bh"而生产范围栏却标明"中药饮片"，从分类码上看该药品上市许可持有人的生产范围为化学药，对比发现分类码与标明的生产范围不一致，涉嫌假证，应当予以核实。

（3）看药品生产许可证生产范围　《药品生产监督管理办法》（市场监管总局令第28号）第七十八条规定，药品生产许可证的生产范围应当依据《中华人民共和国药典》（以下简称《中国药典》）制剂通则及其他的国家药品标准等要求填写。生产范围包括大容量注射剂、小容量注射剂、粉针剂等。青霉素类、头孢菌素类、激素类、抗肿瘤药、避孕药应同时在括弧内注明。一种剂型既有类别品种也有其他普通品种，应在类别前加"含"字；外用制剂应在制剂后加括弧注明外用，既有口服也有外用的制剂，应在制剂后括弧内注明含外用。如片剂（头孢菌素类、抗肿瘤类），小容量注射剂（含激素类）。如药品生产许可证上生产范围标明"片剂（含头孢菌素类）"的药品生产企业销售了本企业生产的青霉素类片剂，通过生产范围可以发现该企业并没有生产青霉素类片剂的资质。

另外，《药品经营和使用质量监督管理办法》第三条规定，药品上市许可持有人可以自行销售其取得药品注册证书的药品，也可以委托药品经营企业销售。但是，药品上市许可持有人从事药品零售活动的，应当取得药品经营许可证。药品上市许可持有人只能销售其取得药品注册证书的药品，除非办理了药品经营许可证否则不能经营他厂生产的药品或接受委托生产的药品，经营方式也仅为批发，不能零售。

（4）看发证机关　发证机关为企业所在地省、自治区、直辖市人民政府药品监管部门。首先，发证机关应当与药品生产企业所在地信息一致；其次，应当是省、自治区、直辖市人民政府药品监管部门。如曾在执法实践中查获的药品生产许可证，上面载明的企业地址系江西某市，而许可的公章却为湖南省药监局印章。

（5）看有效期　药品生产许可证的有效期为五年，许可证在变更后，可能存在变更后的发证日期与有效期之间小于五年的情况。如果遇到许可证有效期超过五年的情况，需要特别留意。如某局在监督检查中发现张某在销售药品时，提供的某公司的药品生产许可证上发证日期为2020年8月9日，而标示的有效期至2029年8月8日，有效期竟长达九年，经过核实，该公司已于2024年6月被吊销了许可证，已无药品经营资格。

2. 药品注册证明文件

《药品注册管理办法》规定，药品注册按照中药、化学药和生物制品等进行分类注册管理。药品注册证书有效期为五年，并在有效期届满前六个月申请药品再注册。药品注册证书载明药品批准文号、上市许可持有人、生产企业等信息。非处方药的药品注册证书还应当注明非处方药类别。经核准的药品生产工艺、质量标准、说明书和标签作为药品注册证书的附件一并发给申请人。境内生产药品再注册申请由上市许可持有人向其所在地省、自治区、直辖市药品监管部门提出，境外生产药品再注册申请由上市许可持有人向药品审评中心提出，予以再注册，发给药品再注册批准通知书；不符合规定的，不予再注册，并报请国家药监局注销药品注册证书。药品批准文号格式如下。

（1）境内生产的药品　目前市场上销售的国产药品包括国家药监局组建前原卫生部门批准的药品和经国家药监局换发药品批准文号、国家药监局批准的药品两种情况。如国药准字Z10950077、国药准字H53021502、国药准字H20163465、国药准字S10820022等。8位数字中，后四位为顺序号。具体有以下两种表现形式：①国产药品批准文号格式：国药准字H（Z、S、B、J、C）+4位年号+4位顺序号，其中H代表化学药品，Z代表中药，S代表生物制品，B代表由原保健药品换发的药品批准文号，J代表进口药品分包装（2020年8月6日以前，进口药品分包装实行注册管理，需要单独取得分包装批准文号，之后已经改为备案管理，不再核发批准文号），C代表古代经典名方中药制剂。如前例中国药准字H20163465，代表2016年批准的顺序号为"3465"的药品。②原卫生部门批准的药品经国家药监局换发的药品批准文号格式分两种：一是经原卫生部批准的药品，其格式尽管也为国药准字+1位字母+8位数字，但8位数字的前四位有不同含义，其中前两位为"10"，第三位和第四位为原卫生部批准的年份后两位，由于自1998年组建国家药监局后原卫生部不再承担药品审批职责，故该数字应在"98"及之前，如国药准字Z10950077代表原卫生部于1995年批准的中药，顺序号为"0077"，经国家药监局进行了国药准字文号换发；二是各省级卫生部门批准的药品，8位数字的前两位代表所在省份的地区代码，与当地省份身份证号前两位相同，第三位和第四位代表批准文号换发的年份，一般为"02"，由于国家药监局批准的药品注册批件有效期五年，之后由省级药监局核发药品再注册批件，但批准文号一般不变，故前述格式文号仍为现行有效文号，如国药准字H53021502，代表云南省卫生部门审批的化学药，2002年经国家药监局进行了国药准字文号换发，顺序号为"1502"。

（2）境外与港澳台生产的药品　在2020年7月1日《药品注册管理办法》实施前，从境外进口的药品文号不是以"国药准字"开头，其分两种情况：一是从其他国家进口药品由国家药品监管部门核发进口药品注册证，其证号的格式为H（Z、S）+4位年号+4位顺序号；二是由港澳台地区进口的药品，核发医药产品注册证，其证号的格式为H（Z、S）C+4位年号+4位顺序号，其中H代表化学药品，Z代表中药，S代表生物制品。对于境内分包装用大包装规格的注册证，其证号在原注册证号前加字母B。如某药品文号标注为"进口药品注册证号：H20160306"，表示该药品系从其他国家进口的化学药，2016年批准，顺序号为"0306"；某药品文号标注为"医药产品注册证号：ZC20100040"，表示该药品系从港澳台地区进口的中药，2010年批准，顺序号为"0040"。2020年7月1日新的

《药品注册管理办法》实施后，药品上市许可持有人制度全面实施，境外生产的药品也统一发给药品注册证书，文号统一为"国药准字"，但后面由两个大写字母组成。中国香港、澳门和台湾地区生产药品批准文号格式为国药准字H（Z、S）C+四位年号+四位顺序号。境外生产药品批准文号格式为国药准字H（Z、S）J+四位年号+四位顺序号。

（3）进口药材批件 《进口药材管理办法》（市场监管总局令第9号）规定，进口药材批件编号格式为（省、自治区、直辖市简称）药材进字+4位年号+4位顺序号。

（4）医疗机构制剂批准文号 医疗机构制剂批准文号的格式为X药制字H（Z）+4位年号+4位流水号。X是省、自治区、直辖市简称，H代表化学制剂，Z代表中药制剂。医疗机构制剂不得在市场销售，一般不得调剂使用。发生灾情、疫情、突发事件或者临床急需而市场没有供应时，需要调剂使用的，属省级辖区内医疗机构制剂调剂的，必须经所在地省、自治区、直辖市药品监管部门批准；属国家药监局规定的特殊制剂以及省、自治区、直辖市之间医疗机构制剂调剂的，必须经国家药监局批准。如冀药制字Z20150002，代表该药品系河北省药品监管部门2015年批准、顺序号为"0002"的中药医疗机构制剂。需要注意的是，依据2017年7月1日起实施的《中医药法》的规定，医疗机构配制的中药制剂品种，应当依法取得制剂批准文号。但是，仅应用传统工艺配制的中药制剂品种，向医疗机构所在地省、自治区、直辖市人民政府药品监管部门备案后即可配制，不需要取得制剂批准文号。

药品监管人员如果发现药品批准文号格式与以上规定不符，即应怀疑文号存在疑点，应通过查询国家药监局网站药品批准文号数据库进行比对。

3. 生物制品批签发证明文件

《生物制品批签发管理办法》（市场监管总局令第33号）规定，生物制品批签发，是指国家药监局对获得上市许可的疫苗类制品、血液制品、用于血源筛查的体外诊断试剂以及国家药监局规定的其他生物制品，在每批产品上市销售前或者进口时，经指定的批签发机构进行审核、检验，对符合要求的发给批签发证明的活动。未通过批签发的产品，不得上市销售或者进口。

国家药监局负责颁布和更新批签发机构专用章，生物制品批签发专用章命名为"国家批签发机构专用章（×）"。其中，×代表批签发机构简称。生物制品批签发证明、生物制品不予批签发通知书、生物制品批签发复审结果通知书，统一加盖生物制品批签发专用章。生物制品批签发证明、生物制品不予批签发通知书、生物制品批签发复审结果通知书由批签发机构按照国家药监局规定的顺序编号，其格式为"批签×（进）检××××××××"，其中，前×符号代表批签发机构所在地省、自治区、直辖市行政区域或者机构的简称，进口生物制品使用"进"字；后8个×符号的前4位为公元年号，后4位为年内顺序号。

4. 医疗机构制剂许可证

《医疗机构制剂配制监督管理办法（试行）》（国家食品药品监督管理局令第18号）规定，医疗机构设立制剂室，应当向所在地省、自治区、直辖市（食品）药品监管部门申办医疗机构制剂许可证。医疗机构制剂许可证分正本和副本。正、副本具有同等法律效力，有效期为五年。医疗机构制剂许可证是医疗机构配制制剂的法定凭证，应当载明证号、医疗机构名称、医疗机构类别、法定代表人、制剂室负责人、配制范围、注册地址、配制地址、发证机关、发证日期、有效期限等项目。其中由（食品）药品监管部门核准的许可事项为：制剂室负责人、配制地址、配制范围、有效期限。医疗机构制剂许可证编号方法及代码：编号方法为省汉字简称+年号+四位数字顺序号+大写字母。大写字母为医疗机构类别代码，按H、Z、Q顺序填写，H代表化学药、Z代表中成药、Q代表其他。

（二）执法注意要点

重点应作如下调查：查证企业资质证明文件、产品批准证明文件、许可（备案）的证明文件等，核实相关证明文件及许可范围的真实性；核查是否有其他单位、组织等非企业人员参与该生产企业的生产经营活动，并存在资金往来；核实相关产品的原辅材料及包装材料的采购供应情况；核实相关产品的销售是否与该企业其他产品的销售存在较大差异；核查批生产记录、批检验记录、库存记录、销售记录、财务账目等；相关人员的问询调查，如企业负责人、质量负责人、生产负责人、财务人员、销售人员、库房管理人员、生产人员等。

五、查处未遵守药品GMP违法行为的技巧

（一）涉及生产企业未按药品GMP规定实施的线索

此类线索可能涉及诸如厂房设施、生产设备、处方工艺、抽样检验、人员培训、产品储运、产品销售、售后服务等药品生产的方方面面，此类线索重点应作如下调查：检查核实线索涉及违反药品GMP规定的有关事实，如现场情况、标牌标识、仓库温湿度、相关记录等；检查核实该生产企业药品GMP有关文件规定，企业相关规定是否符合药品GMP要求，企业是否执行了相关文件规定；相关人员的问询调查。

（二）执法注意要点

针对受查企业生产的品种、剂型，运用药品GMP及附则中的相应条款，对企业实施药品GMP的情况进行对照检查，发现违反药品GMP具体条款的行为，确认违反的程度，是实施中的瑕疵，还是有可能影响到药品的质量。发现违反药品GMP中的规定，有可能对药品质量产生影响的行为，应判定为未按规定要求实施药品GMP。需要注意的是，在运用药品GMP进行检查时，发现既违反药品GMP规定，又违反其他可以直接给予行政处罚的法律规定行为时，应按可以直接给予处罚的优先处理。

六、使用违法原料药生产药品的违法行为检查技巧

（一）药品生产企业使用从非法渠道购进的原料药生产药品

药品购销过程中供货方会提供证照、发票、销售凭证等材料，检查此类违法行为重点要详细查证药品生产许可证、药品经营许可证、药品注册批件、销售凭证、销售发票、汇款凭证等，要利用网络从相关政府部门网站查询相关证照批准文件信息，与企业提供的相关材料记载内容做对比，发现问题。

（二）药品生产企业使用未经关联审评审批的原料生产药品

此类违法行为的检查首先也应以查证药品生产许可证、药品经营许可证、药品注册批件、销售凭证、销售发票、汇款凭证等为主。目前涉及此类违法行为的交易往往会通过经营单位的一两次交易，将本属于违法的交易"由黑洗白"，但从药品生产企业提供的相关材料难以发现存在的违法事实。例如，药品执法人员在查办举报某生产企业使用出口原料生产药品的线索时，核查了该企业与上游A药品批发供应商的所有相关手续，未发现问题，执法人员进一步向上核查向A药品批发企业供货的B药品批发企业，并继续向上核查了向B药品批发企业供货的C药品生产企业，发现C药品生产企业向B药品批发企业供应的是按英国标准生产的供出口的原料，经深入调查发现B药品批发企业对该批出口原料的桶签等擅自进行了更换，更换为标有国内药品批准文号等内容的桶签，并提供了与桶签标识同批次的药典标准检验报告等。这一案例提示执法人员，在调查此类违法线索时需要对交易线索进行向上一层甚至几层的进一步调查。

（三）合法购买少量原料应付检查

一些药品生产企业为了应付监管部门的检查，从合法渠道购买少量原料应付检查，实际使用大量从非法渠道购进的问题原料用于药品生产。执法人员在检查涉及问题原料生产药品线索时，除对每批次的批生产记录中物料平衡进行核对外，特别应对一定时间段相关物料总体使用情况进行认真核查，要按每批用量计算出一个时间段某原料的总体用量，与企业提供的从合法渠道购进的原料药数量、库存数量、出入库记录、原料检验记录等信息的符合性、一致性、合理性进行分析，找出违法事实证据。

七、擅自改变处方投料或擅自改变影响药品质量的生产工艺进行生产的查处技巧

（一）药品生产企业擅自改变处方

在中成药生产中容易发生一些企业将价格比较高的原料不投或少投，或使用廉价替代品投料的情况。首先，执法人员要检查企业购进原料供货方提供的药品生产许可证、药品经营许可证、药品注册批件以及销售凭证、销售发票、汇款凭证等，从中发现购销中的问题；其次，除对每批次的批生产记录中物料平衡进行核对外，特别应对一定时间段相关物料总体使用情况进行认真核查，要按每批用量计算出一个时间段某原料的总体用量，与购进的原料的数量、领用情况比对，发现存在的少投料、不投料的问题；最后，要充分利用好检验检测机构的技术优势，通过补充检验方法对不投料、少投料、廉价替代品投料的产品进行技术检验，获得检验数据的铁证，让违法企业对违法行为不能抵赖。

（二）中药提取物替代中药材、中药饮片生产药品

擅自使用中药提取物替代中药材、中药饮片生产药品的行为属于改变影响药品质量的生产工艺生产的违法行为。检查此类违法行为，一是要针对中药提取物的采购、储存、

使用进行检查，要重点对可能存有提取物的库房或其他可能存放的场所进行检查，发现物证并固定证据；要检查可能与中药提取物采购有关的采购票据、资金往来凭证等，要检查涉及产品的物料储存和领用记录，要对检验台账进行检查，从中发现检验中药提取物的相关信息；二是要针对中药提取物替代的中药材、中药饮片的进货、储存、领用等情况进行检查，尤其要注意是否存在编造中药材、中药饮片的进货、储存、领用等票据、凭证、记录的情况，必要时要对购进相关品种中药材、中药饮片的上游供货单位进行核查；三是要对一定时间段相关中药材、中药饮片总体使用情况进行认真核查，与购进的相关中药材、中药饮片的数量、领用情况比对，发现问题固定证据；四是对相关物流信息进行核查，中药提取物相对于替代的中药材、中药饮片，其体积、重量均存在很大差异，如果替代中药材、中药饮片的中药提取物是通过物流企业运送的，通过对物流信息中物品的包装、数量、重量、运费等查证，间接取得相关佐证。

（三）擅自改变灭菌工艺

药品灭菌工艺的改变可能影响药品质量安全，"欣弗事件"就是因为生产企业擅自改变灭菌工艺引起的药品质量安全事故。在中药制剂生产中有的生产企业擅自将灭菌工艺从湿热灭菌或其他方式改为 ^{60}Co 辐射灭菌，此类违法行为的检查首先要针对生产企业灭菌工艺规程、批生产记录、灭菌过程记录入手，还要对为该企业提供 ^{60}Co 辐射灭菌服务的单位或机构进行核查，核查 ^{60}Co 辐射灭菌具体时间、品种、批号、规格、数量、灭菌参数、缴费等情况。对于改变灭菌参数条件的，要对灭菌工艺规程、灭菌工艺过程记录（包括时间、温度等）、批生产记录、灭菌设备的使用记录等进行检查，发现改变灭菌参数条件的固定证据。

（四）减少合成工艺步骤生产药品原料

在化学原料药生产中存在不按批准的生产工艺，擅自减少生产工艺步骤的违法行为，对此类违法行为，首先，执法人员要现场检查生产所涉及的生产场所和设施设备，存在此类违法行为的生产企业，有的生产场所和生产设施设备已不能使用或长期未使用，查看生产场所和相关设备是否处于正常生产运行状态，检查相关设备的使用、维护、保养等记录，发现涉及产品生产过程未使用相关生产场所和设施设备的固定相关证据；其次，要核查生产使用的物料，改变合成生产工艺、减少合成工艺步骤使用的物料与原批准工艺使用的物料不同，通过对相关物料的核查，发现违法改变工艺的线索和存在的事实，固定相关证据。

八、药品检验相关违法行为检查技巧

药品必须经检验合格才能销售出厂，中药饮片生产企业尤其容易发生应检验未检验的情况，药品研发过程易出现检验数据造假及检验数据无法溯源的情况。此类违法行为要重点检查批检验记录、检验报告、取样记录、仪器设备使用记录、环境记录、各种仪器图谱、标准品（对照品、菌种、对照药材、实验动物、试剂盒）等重要物料的采购、使用等记录。

（一）批检验记录的检查

药品GMP对药品生产过程中物料和不同生产阶段产品的检验有明确要求，检验记录至少应包括以下内容：产品或物料名称、剂型、规格、批号或供货批号，依据的质量标准或检验操作规程，检验使用的仪器或设备的型号和编号，检验所用的试液和培养基的配制批号、对照品或标准品的来源和批号，检验所用动物的相关信息，检验过程、对照品溶液的配制、各项具体的检验操作、必要的环境温湿度，检验观察到的情况，计算图谱或曲线，检验日期，检验人员签名和日期，计算、复核人员签名及日期。通过对批检验记录检查初步掌握相关检验的基本情况。通过查看批检验记录初步了解检验过程中使用了哪些仪器设备（如天平、紫外-可见分光光度计、液相色谱仪、气相色谱仪、薄层扫描色谱仪、溶出度仪等），以及这些仪器设备的使用情况（使用时间、检测项目、仪器间环境记录等），以便有目的、有重点地进一步检查相关仪器设备使用等情况与批检验记录的一致性，从中发现检验不真实问题；查看批检验记录中涉及的紫外-可见分光光度计、液相色谱仪、气相色谱仪等仪器图谱，看是否对图谱进行修改，进一步与仪器设备工作站中图谱信息比对，查看真实图谱信息，发现伪造检验相关记录的证据；查看批检验记录中不同姓名的检验人员的书写记录笔迹是否雷同，发现编造检验记录问题；查看使用特殊物料（如标准品、对照品、菌种等）的检验项目的情况，进一步核查特殊物料采购使用情况，从中发现应检验未检验问题；查看批检验记录中涉及使用关键设备器具（如无菌培养箱、培养皿等）检验项目情况，就能有针对性地核查相关设备器具实际使用情况与批检验记录的一致性，从中发现检验中存在的问题；检查需要一定时间才可出结果的检验项目，如"无菌"检查一般需要14天以上才能出结果，如果从批检验记录中发现10天就出了结果，初步就能判断此项检验存在问题。

（二）仪器使用记录的检查

药品GMP对药品检验仪器使用有专门的要求，必须记录仪器的使用、维护、保养等信息，仪器使用记录至少应包括使用时间、检测物料名称、剂型、规格、检测项目、仪器状态等。仪器使用记录一般按时间先后顺序记录，在某一时间段如果没有使用仪器进行某项检测，通过伪造添加相关记录一般不易操作，即使添加了相关记录一般也会留下人为操作的痕迹。如果某物料的检验使用了几种不同仪器，应注意对该时间段同时使用的几种仪器的使用记录都要进行检查，因为同时对多台仪器的使用记录进行人为添加编造更难做到，即使勉强造假也会留下破绽。根据批检验记录中记载的仪器使用信息，对仪器的使用记录进行检查，如果出现在该时间段仪器使用记录中没有批检验记录记载的检验内容或者在该时间段仪器处于故障维修状态等情况，该项检验可能根本没发生。在检查仪器使用记录时，同时要注意检查同一时间节点仪器所处房间的温湿度环境记录信息，查看与批检验记录中相关信息是否一致。在检查仪器使用记录时要特别关注天平使用记录，天平虽然是比较普通的仪器设备，但由于其使用广泛，某一物料的检验可能会有多个检验项目（如含量测定、装量差异、重量差异、标准品称量、对照品称量、有关物质检查、灰分检查、干燥失重检查、炽灼残渣检查等）同时间段使用，在同一时间段人为伪造多个天平检验项目的记录几乎不可能。

（三）仪器图谱的检查

按照药品GMP的要求，物料和不同生产阶段产品的检验记录中必须记录相关仪器图谱或曲线，在应检验未检验违法行为中，由于未进行相关检验，其检验记录中的相关图谱或曲线系人为造假。一些生产企业在进行某项检验时，利用反复多次进（给）样检测，在仪器中存储图谱或曲线，利用这些图谱或曲线编造相关检验记录；更有甚者，一些企业从其他企业或实验机构购买类似物料或产品检验的仪器图谱或曲线，编造检验记录。检查时要查看仪器设备的"工作站"，仪器设备的"工作站"存储包括色谱图、图谱峰的数据、图谱采集时间、进样瓶号等重要原始数据，这些数据不能随意修改，能够修改的只有图谱文件名称、样品名称、所用序列、样品类别及级别。查看仪器"工作站"中相关时间节点是否存在批检验批记录中的图谱或曲线、图谱曲线关键信息是否一致，就能发现检验仪器图谱或曲线数据信息造假的事实。

（四）检验用关键消耗品的检查

药品检验使用的一些关键消耗品包括试剂、试液、标准品、对照品、培养基、检定菌、实验用动物等，药品GMP对这些重要消耗类物料均有特殊管理要求。这些物料须从可靠的供应商处采购，需要留存采购相关证据，试剂、试液、培养基、检定菌须建立接收记录，试剂和已配制的培养基应当标注批号、配制日期和配制人员，检定菌应有保存、传代、销毁的记录，实验动物应有专门的喂养、管理记录，上述所有物料均应建立详细的使用记录。检查时要首先查看相关物料的购进情况，如果不能提供有效的证据证明购进了相关物料，涉及此物料的检验可能存在问题。查看相关物料的配制、接种、传代等记录，如果不能提供相关记录或相关记录存在造假情况，涉及的检验项目可能存在未检验或编造检验记录的问题。查看相关物料的使用记录，有时需要对批检验记录相对较长的一个时间段某种物料的使用总量进行查证，与实际购进数量等相关数据比较，可以发现企业少量购进某种物料以应付检查，编造购进、配制、使用等记录伪造检验数据。

（五）关键设备器具的检查

对检验涉及的一些必需专用设备和器具应重点核查，尤其是在企业连续大量生产期间，有些专用设备和器具不能满足正常检验需要，容易出现检验记录造假现象。如细菌培养箱、无菌培养箱、培养皿，做相关检验时会持续使用一段时间，要详细核算进行相关检验需要使用培养箱、培养皿的最低数量和周期，再根据批检验记录计算出相应时间段总使用量，与企业实际配备的培养箱、培养皿数量比较，看是否能满足需要，如果实际配备数量根本不能满足相关检验需要，与批检验记录中记载的使用情况不符，就可能存在检验造假。

第三章　药品经营和使用质量监管

✏️ **学习导航**

1. 掌握药品经营和使用环节主要违法行为及法律责任、《药品说明书和标签管理规定》以及据此发现违法药品疑点的检查技巧、假冒药品的识别方法。

2. 熟悉药品经营使用环节现场检查步骤和方法，资质证明材料和票据常见的问题，以及相关违法行为的处罚规定及相关案件稽查要点。

3. 了解药品经营和使用质量监督检查基本要求。

药品经营企业和使用单位购进的药品来源广泛、品种繁多，如何开展药品经营和使用环节的监督检查，及时发现并有效查处问题药品和违法行为，是监管人员必备的基本技能。

第一节　药品经营和使用质量监管概述

> ❓ **问题**
>
> 药品经营和使用环节监督检查的重点是什么？对零售药店的检查频次有何要求？

一、药品经营和使用质量监督检查主要内容

药品经营和使用质量监督检查的重点包括：经营许可情况检查；药品采购渠道检查；销售和使用假药、劣药检查；销售和使用未经批准生产、进口、未经检验即销售药品的检查；药品储存、运输情况检查；药品经营企业遵守《药品经营质量管理规范》（以下简称药品GSP）情况检查；药事管理情况检查等。

（一）经营许可情况检查

经营药品需取得药品经营许可证，经营方式分为批发和零售。药品零售包括连锁与单体药店经营。药品批发企业和零售连锁总部由省级药品监管部门核发许可证。药品监管部门受理药品经营许可申请后，应当按照药品GSP及其现场检查指导原则等有关规定，组织开展申报资料技术审查和现场检查。药品上市许可持有人从事药品零售活动的，应当取得药品经营许可证。取得卫生行政部门核发的医疗机构执业许可证、诊所备案凭证、中医诊所备案证的医疗机构向患者提供药品，不需要取得药品经营许可证，但使用放射

性药品的医疗机构需要另行取得省级药品监管部门核发的放射性药品使用许可证。个人设置的门诊部、诊所等医疗机构不得配备常用药品和急救药品以外的其他药品。

（二）药品采购渠道检查

控制药品采购渠道是追溯药品来源、保证药品质量的重要手段。药品上市许可持有人、药品生产企业、药品经营企业和医疗机构应当从药品上市许可持有人或者具有药品生产、经营资格的企业购进药品；但是，购进未实施审批管理的中药材除外。药品经营企业购进药品，应当建立并执行进货检查验收制度，验明药品合格证明和其他标识；不符合规定要求的，不得购进和销售。医疗机构应当建立和执行药品购进验收制度，购进药品应当逐批验收，并建立真实、完整的记录。药品监管执法人员应将药品采购渠道作为检查重点。其中，药品经营企业和医疗机构收购回收药品是采购渠道检查的重点之一，可利用"码上稽查"APP等软件，查询药品追溯码，并结合回收药品小批量、多批号的特征发现案件线索。

案例

重庆市万州区浩鸿药房违法购进药品案

案例事实：2022年8月，重庆市万州区市场监管局对重庆市万州区浩鸿药房进行日常检查。经查，该药房未从药品上市许可持有人或者具有药品生产、经营资格的企业购进黄葵胶囊、松龄血脉康胶囊、脉血康胶囊等药品，产品货值金额14.37万元。

违法行为违反的法律条文：《药品管理法》第五十五条。

案件处理：2023年8月，重庆市万州区市场监管局依据《药品管理法》第一百二十九条规定，对该药房处以没收违法所得14.37万元、罚款43.11万元的行政处罚。

来源：国家药监局公布8起药品违法案件典型案例（2023-12-13）

（三）销售和使用假药、劣药检查

药品监管执法人员应当将销售和使用假药、劣药的行为作为检查重点，在检查过程中对假药、劣药予以初步研判，必要情况下通过抽样检验等手段发现假药、劣药。药品使用单位使用假药、劣药的，按照销售假药、零售劣药的规定处罚。

（四）销售和使用未经批准生产、进口药品和未经检验即销售药品检查

现行《药品管理法》取消了按照假药论处和按照劣药论处的规定，对未经批准生产、进口的药品和未经检验即销售的药品单独设定了法律责任。药品监管执法人员在执法检查中，应当查验按照药品管理的相关产品是否取得药品批准文号，是否能够提供本批次药品的出厂检验报告，是否属于国务院药品监管部门禁止使用的药品，并作出相应处理。

（五）药品储存、运输情况检查

冷藏、冷冻药品的储存与运输应当符合《药品经营质量管理规范附录1：冷藏、冷冻药品的储存与运输管理》要求。疫苗的储存和运输应当符合《疫苗储存和运输管理规范》要求。药品零售过程（含通过网络零售）涉及的药品配送应当符合《药品经营质量管理规范附录6：药品零售配送质量管理》要求。医疗机构对药品的储存、养护应当符合《药品经营和使用质量监督管理办法》有关要求。

（六）药品经营企业遵守药品GSP情况检查

药品GSP是药品经营企业必须遵守的基本要求。药品监管执法人员在执法检查中，应该对药品经营企业遵守药品GSP情况进行检查，发现问题及时提出整改要求，需要处罚的作出相应处理。

（七）药事管理情况检查

药品监管执法人员在执法检查中，应该对药品零售企业是否按规定配备执业药师或相关药学技术人员、是否在岗执业、是否凭处方销售处方药等进行检查。药品经营企业零售药品应当准确无误，并正确说明用法、用量和注意事项。

二、药品经营和使用质量监督检查频次

《药品经营和使用质量监督管理办法》对药品经营和使用质量监督检查频次作出了具体要求。县级以上地方药品监管部门应当根据药品经营和使用质量管理风险，确定监督检查频次。

（一）药品经营企业检查频次要求

对麻醉药品和第一类精神药品、药品类易制毒化学品经营企业检查，每半年不少于一次；对冷藏冷冻药品、血液制品、细胞治疗类生物制品、第二类精神药品、医疗用毒性药品经营企业检查，每年不少于一次；对上述以外的药品经营企业，每年确定一定比例开展药品GSP符合性检查，三年内对本行政区域内药品经营企业全部进行检查。

（二）医疗机构检查频次要求

每年确定一定比例医疗机构，对其购进、验收、储存药品管理情况进行检查，三年内对行政区域内医疗机构全部进行检查。

（三）疾病预防控制机构、接种单位检查频次要求

对接收、储存疫苗的疾病预防控制机构、接种单位执行《疫苗储存和运输管理规范》情况进行检查，原则上每年不少于一次。

药品监管部门可结合本行政区域内工作实际，增加检查频次。根据监督检查情况，有证据证明可能存在药品安全隐患的，药品监管部门可以依法采取行政告诫、责任约谈、责令限期整改、责令暂停相关药品销售和使用、责令召回以及其他风险控制的行政措施。

第二节　药品经营和使用环节常见违法行为及法律责任

? 问题

　　执法人员在对 A 医药公司进行检查时发现，该公司药品经营许可证经营范围为中药饮片、中成药、化学药。其常温库房中存有人血白蛋白、干扰素、冻干人用狂犬病疫苗、麦角胺咖啡因片若干盒。经调查，冻干人用狂犬病疫苗系从 B 县疾控中心购入，其余三种药品均从 C 医药公司购入。请问，A 医药公司经营上述药品的行为是否违法？分别违反了哪些规定，应当如何定性和处理？ B 县疾控中心销售冻干人用狂犬病疫苗的行为是否合法？

一、违反许可管理规定的常见违法行为及法律责任

　　《药品管理法》及其实施条例分别就药品经营许可证的取得和变更等作了规定，并进一步明确规定，无药品经营许可证的，不得经营药品。违反药品经营许可管理规定的违法行为包括应当取得而未取得药品经营资格擅自从事药品经营活动，出租、出借经营许可证为他人无证经营提供便利条件，以及经营许可事项发生改变、应当办理变更手续而未变更等情形。

　　（一）无证经营药品

　　1. **未取得药品经营许可证销售药品**　依据《药品管理法》第三十四条、第五十一条规定，除药品上市许可持有人自行批发销售其取得药品注册证书的药品外，凡是未取得药品经营许可证的，一律不得销售药品。违反上述规定，依据《药品管理法》第一百一十五条规定追究法律责任。药品经营许可证超过有效期继续开展药品经营活动，或者使用失效的经营许可证，如被撤销、吊销、注销的许可证，继续经营药品的，均按照未取得药品经营许可证销售药品处理。

　　2. **疾病预防控制机构以外的单位或者个人向接种单位供应疫苗**　依据《疫苗管理法》第三十五条第三款规定，疾病预防控制机构以外的单位和个人不得向接种单位供应疫苗。违反上述规定，依据《疫苗管理法》第八十一条规定，由省级以上药品监管部门实施处罚，并依法追究法定代表人、主要负责人、直接负责的主管人员和关键岗位人员以及其他责任人员的法律责任。

　　（二）伪造、变造、出租、出借、买卖药品经营许可证

　　药品经营许可证是企业从事药品经营活动的法定凭证，必须依法取得。关于"伪造""变造""出租""出借""买卖"的含义，可参考本书第二章第二节内容。对于伪造、变造、出租、出借、买卖经营许可证的，依据《药品管理法》第一百二十二条规定处罚；对于使用上述许可证经营药品的，按照未取得药品经营许可证销售药品论处。

案例

某平台入驻商家无证经营药品案

案件事实： 2023年3月，江西省南昌市市场监管局根据国家药品网络销售监测平台监测线索，对美团入驻商家江西炜和堂电子商务公司进行检查，发现该商家使用伪造的药品经营许可证通过网络销售布洛芬缓释胶囊等药品，违法所得1.13万元，涉案货值金额1.64万元。

违法行为违反的法律条文：《药品管理法》第五十一条第一款。

案件处理： 江西省南昌市市场监管局依据《药品管理法》第一百一十五条和《江西省药品监督管理行政处罚裁量权适用规则》第十条第一款规定，对该商家处以没收违法所得1.13万元、罚款10万元的行政处罚。

来源： 国家药监局发布药品网络销售典型案例（第三批）（2023-12-04）

（三）擅自变更药品经营许可事项

《药品经营和使用质量监督管理办法》第十八条、第十九条规定，药品经营许可证应当载明许可证编号、企业名称、统一社会信用代码、经营地址、法定代表人、主要负责人、质量负责人、经营范围、经营方式、仓库地址、发证机关、发证日期、有效期等项目。企业名称、统一社会信用代码、法定代表人等项目应当与市场监管部门核发的营业执照中载明的相关内容一致。药品经营许可证载明事项分为许可事项和登记事项。许可事项是指经营地址、经营范围、经营方式、仓库地址；登记事项是指企业名称、统一社会信用代码、法定代表人、主要负责人、质量负责人等。《药品经营和使用质量监督管理办法》第二十三条、第二十四条规定，变更药品经营许可证载明的许可事项的，应当向发证机关提出药品经营许可证变更申请。未经批准，不得擅自变更许可事项。发证机关应当自受理变更申请之日起十五日内作出准予变更或者不予变更的决定。药品零售企业被其他药品零售连锁总部收购的，按照变更药品经营许可证程序办理。药品经营许可证载明的登记事项发生变化的，应当在发生变化起三十日内，向发证机关申请办理药品经营许可证变更登记。违反上述规定，依据《药品经营和使用质量监督管理办法》第六十七条规定处罚。《药品经营和使用质量监督管理办法》第六十八条第二款规定，药品零售企业销售麻醉药品、第一类精神药品、放射性药品、药品类易制毒化学品、蛋白同化制剂、肽类激素（胰岛素除外）、终止妊娠药品等国家禁止零售的药品，法律、行政法规已有规定的，依照法律、行政法规的规定处罚；法律、行政法规未作规定的，按照第六十八条第二款规定处罚。如药品零售企业擅自经营蛋白同化制剂、肽类激素的，应当依据《反兴奋剂条例》第三十八条处罚，执法人员在实践当中要注意加以区分。药品经营方式分为批发和零售。根据经营方式不同，应当分别向所在地省级或者市（县）级药品监管部门申请许可。药品经营企业改变经营方式，应当注销原许可证，向有相应管理权限的省级或市（县）级药品监管部门重新申请办理经营许可。药品监管实行属地管辖原则，"注册地址变更"与"跨原管辖地迁移"不同，注册地址变更是针对药品经营企业在审批机关管辖区域内改变许可证所载明的注册地址；"跨原管辖地迁移"是指药品经营企业超出原审批机关的管辖区域经营药品，由于该地址改变会导致管辖权的转移，因此应当到新的注册地重新申请办理药品经营许可。上述情形均不属于经营许可变更事项，应当重新申请办理药品经营许可。否则，应当依据《药品管理法》第一百一十五条未取得药品经营许可证销售药品处罚。

知识链接

禁止非医学需要的胎儿性别鉴定和选择性别人工终止妊娠的规定
（国家卫生和计划生育委员会令第9号）（节录）

第十四条第二款　药品生产、批发企业仅能将终止妊娠药品销售给药品批发企业或者获准施行终止妊娠手术的医疗卫生机构。药品生产、批发企业销售终止妊娠药品时，应当按照药品追溯有关规定，严格查验购货方资质，并做好销售记录。禁止药品零售企业销售终止妊娠药品。

第二十一条　药品生产企业、批发企业将终止妊娠药品销售给未经批准实施人工终止妊娠的医疗卫生机构和个人，或者销售终止妊娠药品未查验购药者的资格证明、未按照规定作销售记录的，以及药品零售企业销售终止妊娠药品的，由县级以上食品药品监管部门依据《药品管理法》的有关规定进行处理。

（四）骗取药品经营许可证或有关资质

1. 骗取药品经营许可证　《药品管理法》第五十二条规定的从事药品经营活动应当具备的条件，是保证经营环节药品质量的基本要求。对于不具备法定条件，通过提供虚假的证明、文件资料或者采取其他欺骗手段取得药品经营许可证从事药品经营的违法行为，依据《药品管理法》第一百二十三条规定处罚。

2. 骗取麻醉药品和精神药品的经营、使用资格　麻醉药品和精神药品属于特殊药品，经营或使用必须经过批准，通过提供虚假材料、隐瞒有关情况，或者采取其他非法手段取得麻醉药品和精神药品的经营或使用资格的，依据《麻醉药品和精神药品管理条例》第七十五条规定处理。

二、药品经营使用常见违法行为及法律责任

（一）销售或使用假药、劣药

1. 药品经营企业销售假药、劣药　药品经营企业销售的药品属于《药品管理法》第九十八条规定的假药、劣药情形的，依据《药品管理法》第一百一十六条、第一百一十七条、第一百一十八条规定处罚。同时，《药品管理法》第一百三十七条规定，

有下列情形之一的从重处罚：以麻醉药品、精神药品、医疗用毒性药品、放射性药品、药品类易制毒化学品冒充其他药品，或者以其他药品冒充上述药品；生产、销售以孕产妇、儿童为主要使用对象的假药、劣药；生产、销售的生物制品属于假药、劣药；生产、销售假药、劣药，造成人身伤害后果或经处理后再犯；以及拒绝、逃避监督检查，伪造、销毁、隐匿有关证据材料，或者擅自动用查封、扣押物品。

麻醉药品和精神药品定点批发企业和第二类精神药品零售企业销售假劣麻醉药品和精神药品的，依据《麻醉药品和精神药品管理条例》第七十八条规定，由药品监管部门取消其定点批发资格或者第二类精神药品零售资格，并依据药品管理法的有关规定予以处罚。

2. **医疗机构使用假药、劣药**　《药品管理法》第一百一十九条规定，药品使用单位使用假药、劣药的，依据第一百一十六条、第一百一十七条销售假药、零售劣药的规定处罚；情节严重的，法定代表人、主要负责人、直接负责的主管人员和其他责任人员有医疗卫生人员执业证书的，还应当吊销执业证书。

（二）知道或者应当知道属于假药、劣药而为其提供储存、运输等便利条件

该违法行为的构成要件为主观故意，即知道或者应当知道其储存、运输的药品是假药或者劣药。对此类违法行为，依据《药品管理法》第一百二十条规定处罚。

（三）销售或使用未经许可或检验的药品

1. **药品经营企业销售未经许可或检验的药品**　《药品管理法》第九十八条第四款规定，禁止未取得药品批准证明文件生产、进口药品；禁止使用未按照规定审评、审批的原料药、包装材料和容器生产药品。《药品管理法》第一百二十四条第一款规定，药品经营企业销售未取得药品批准证明文件生产、进口药品，使用采取欺骗手段取得药品批准证明文件生产、进口药品，使用未经审评审批的原料药生产药品，依据该条第一款处罚；违法情节严重的，吊销药品经营许可证，对其法定代表人、主要负责人、直接负责的主管人员和其他责任人员，没收违法行为发生期间自本单位所获收入，并处所获收入百分之三十以上三倍以下的罚款，十年直至终身禁止从事药品生产经营活动，并可以由公安机关处五日以上十五日以下的拘留。药品经营企业销售使用未经审评的直接接触药品的包装材料或者容器生产药品，或者销售该类药品，依据第一百二十五条规定处罚；情节严重，吊销药品经营许可证，对其法定代表人、主要负责人、直接负责的主管人员和其他责任人员处二万元以上二十万元以下的罚款，十年直至终身禁止从事药品生产经营活动。

2. **医疗机构使用未经许可或检验的药品**　《药品管理法》第一百二十四条第二款规定，医疗机构使用未取得药品批准证明文件生产、进口药品，使用采取欺骗手段取得的药品批准证明文件生产、进口药品，使用未经审评审批的原料药生产药品，应当检验而未经检验即销售药品，生产、销售国务院药品监管部门禁止使用的药品，依据该条第一款处罚；违法情节严重的，法定代表人、主要负责人、直接负责的主管人员和其他责任人员有医疗卫生人员执业证书的，还应当吊销执业证书。

（四）未遵守药品GSP

药品GSP是针对药品在流通环节所有可能发生质量事故的风险因素而制定的药品经营管理的质量保证规范。《药品管理法》第五十三条规定，从事药品经营活动，应当遵守药品GSP，建立健全药品经营质量管理体系，保证药品经营全过程持续符合法定要求。药品经营企业未遵守药品GSP的，依据《药品管理法》第一百二十六条规定追究法律责任。需要注意的是，这里的经营主体既包括药品经营企业，也包括药品上市许可持有人。

《药品经营和使用质量监督管理办法》第六十九条规定，有下列情形之一的，药品监管部门可以依据《药品管理法》第一百二十六条规定的情节严重的情形给予处罚：药品上市许可持有人委托不具备相应资质条件的企业销售药品的；药品上市许可持有人、药品批发企业将国家有专门管理要求的药品销售给个人或者不具备相应资质的单位，导致相关药品流入非法渠道或者去向不明，或者知道、应当知道购进单位将相关药品流入非法渠道仍销售药品的；药品经营质量管理和质量控制过程中，记录或者票据不真实，存在虚假欺骗行为的；对已识别的风险未及时采取有效的风险控制措施，造成严重后果的；以及知道或者应当知道他人从事非法药品生产、经营和使用活动，依然为其提供药品的；其他情节严重的情形。

（五）从无药品生产经营资格的企业或单位购进药品

从合法渠道购进药品，是确保药品质量安全有效的重要前提。《药品管理法》第五十五条规定，药品上市许可持有人、药品生产企业、药品经营企业和医疗机构应当从药品上市许可持有人或者具有药品生产、经营资格的企业购进药品；但是，购进未实施审批管理的中药材除外。违反上述规定购进药品的，依据《药品管理法》第一百二十九条处罚。

（六）医疗机构违法销售制剂或使用其他医疗机构配制的制剂

1. 医疗机构将其配制的制剂在市场上销售　《药品管理法》第七十六条第三款规定，医疗机构配制的制剂不得在市场上销售。违反上述规定的，依据《药品管理法》第一百三十三条规定处罚。

2. 医疗机构擅自使用其他医疗机构配制的制剂　《药品管理法》第七十六条第二款规定，医疗机构配制的制剂应当按照规定进行质量检验；合格的，凭医师处方在本单位使用。经国务院药品监管部门或者省、自治区、直辖市人民政府药品监管部门批准，医疗机构配制的制剂可以在指定的医疗机构之间调剂使用。未经批准，医疗机构擅自使用其他医疗机构配制的制剂的，依据《药品管理法》第一百二十九条处罚。

（七）药品经营企业购销药品未按照规定进行记录

药品经营企业购销药品未按照规定进行记录，零售药品未正确说明用法、用量等事项，或者未按照规定调配处方的，依据《药品管理法》第一百三十条责令改正，给予警告；情节严重的，吊销药品经营许可证。

（八）未按规定凭处方销售处方药

《药品经营和使用质量监督管理办法》第四十二条规定，药品零售企业应当遵守国家处方药与非处方药分类管理制度，按规定凭处方销售处方药，处方保留不少于五年。违反上述规定的，依据《药品经营和使用质量监督管理办法》第七十二条规定，责令限期改正；逾期不改正的，处五千元以上五万元以下罚款；造成危害后果的，处五万元以上二十万元以下罚款。

（九）不按规定报告疑似药品不良反应

《药品管理法》第八十一条规定，药品上市许可持有人、药品生产企业、药品经营企业和医疗机构应当经常考察本单位所生产、经营、使用的药品质量、疗效和不良反应。发现疑似不良反应的，应当及时向药品监管部门和卫生健康主管部门报告。违反上述规定的，依据《药品管理法》第一百三十四条规定处罚。

（十）不依法实施药品召回

《药品管理法》第八十二条规定，上市许可持有人实施药品召回，药品生产企业、药品经营企业和医疗机构应当配合。违反上述规定的，依据《药品管理法》第一百三十五条规定，处十万元以上五十万元以下的罚款。

三、特殊管理药品流通环节常见违法行为及法律责任

为加强对麻醉药品、精神药品等特殊管理药品的管理，保证其合法、安全、合理使用，防止流入非法渠道，国务院颁布了《麻醉药品和精神药品管理条例》《易制毒化学品管理条例》《反兴奋剂条例》《放射性药品管理办法》《医疗用毒性药品管理办法》等一系列行政法规，分别对特殊药品的研制、购买、生产、经营、使用作了规定。流通、使用环节是麻醉、精神药品相关流弊事件发生的主要环节，因此，相关法规对特殊药品的流通和使用都作了非常严格的规定。违反规定经营和使用特殊药品的，应当承担相应的法律责任。

（一）违反规定销售麻醉药品、第一类精神药品及其原料药

国家对麻醉药品和精神药品实行定点经营制度，《麻醉药品和精神药品管理条例》第二十五条、第二十六条规定，全国性批发企业可以向区域性批发企业，或者经省级药品监管部门批准可以向取得麻醉药品和第一类精神药品使用资格的医疗机构以及依照规定批准的其他单位销售麻醉药品和第一类精神药品；区域性批发企业可以向本省区域内取得麻醉药品和第一类精神药品使用资格的医疗机构销售麻醉药品和第一类精神药品。定点批发企业违反上述规定，向不具有经营、使用资质的单位销售麻醉药品、第一类精神药品及其原料药的，依据《麻醉药品和精神药品管理条例》第六十八条规定处罚。

（二）违反规定储存、销售或者销毁第二类精神药品

《麻醉药品和精神药品管理条例》第三十二条规定，第二类精神药品零售企业应当凭执业医师出具的处方，按规定剂量销售第二类精神药品，并将处方保存2年备查；禁止超

剂量或者无处方销售第二类精神药品；不得向未成年人销售第二类精神药品。第四十九条规定，第二类精神药品经营企业应当在药品库房中设立独立的专库或者专柜储存第二类精神药品，并建立专用账册，实行专人管理。第六十一条规定，经营企业对过期、损坏的精神药品应当登记造册，并向所在地县级药品监管部门申请销毁。第二类精神药品零售企业违反上述规定的，依据《麻醉药品和精神药品管理条例》第七十条规定处罚。

知识链接

国家药监局　公安部　国家卫生健康委关于调整精神药品目录的公告

2024年第54号

根据《麻醉药品和精神药品管理条例》有关规定，国家药品监督管理局、公安部、国家卫生健康委员会决定调整精神药品目录。现公告如下：

一、将右美沙芬、含地芬诺酯复方制剂、纳呋拉啡、氯卡色林列入第二类精神药品目录。

二、将咪达唑仑原料药和注射剂由第二类精神药品调整为第一类精神药品，其它咪达唑仑单方制剂仍为第二类精神药品。

本公告自2024年7月1日起施行。

特此公告。

国家药监局　公安部
国家卫生健康委
2024年4月30日

（三）使用现金进行麻醉药品和精神药品交易

《麻醉药品和精神药品管理条例》第三十条第二款规定，禁止使用现金进行麻醉药品和精神药品交易，但是个人合法购买的除外。违反上述规定的，依据《麻醉药品和精神药品管理条例》第七十九条规定处罚。

（四）致使麻醉药品和精神药品流入非法渠道造成危害

麻醉药品和精神药品一旦流入非法渠道，极有可能造成特殊药品的滥用或引发毒品犯罪，因此，定点经营企业、医疗机构应当按照规定经营、使用、储存和运输。《麻醉药品和精神药品管理条例》第八十二条规定，违反规定，致使麻醉药品和精神药品流入非法渠道造成危害，构成犯罪的，依法追究刑事责任；尚不构成犯罪的，由县级以上公安机关给予行政处罚，并由原发证机关吊销其药品生产、经营和使用许可证明文件。

（五）未按规定购销药品类易制毒化学品

《药品类易制毒化学品管理办法》第二十三条规定，药品类易制毒化学品经营企业应当将药品类易制毒化学品原料药销售给本省、自治区、直辖市行政区域内取得《药品类易制毒化学品购用证明》的单位。药品类易制毒化学品经营企业之间不得购销药品类易制毒化学品原料药。第二十五条规定，麻醉药品区域性批发企业之间因医疗急需等特殊情况需要调剂药品类易制毒化学品单方制剂的，应当在调剂后2日内将调剂情况分别报所在地省级药品监管部门备案。第二十九条规定，购用单位需要将药品类易制毒化学品退回原供货单位的，应当分别报其所在地和原供货单位所在地省级药品监管部门备案。原供货单位收到退货后，应当分别向其所在地和原购用单位所在地省级药品监管部门报告。违反上述规定的，依据《药品类易制毒化学品管理办法》第四十三条规定处罚。

（六）药品经营企业擅自经营蛋白同化制剂、肽类激素

《反兴奋剂条例》第九条、第十四条规定，具备规定条件的药品批发企业，经省级药品监管部门批准，方可经营蛋白同化制剂、肽类激素，且只能向医疗机构、蛋白同化制剂、肽类激素的生产企业和其他同类批发企业供应蛋白同化制剂、肽类激素。第十条规定，除胰岛素外，药品零售企业不得经营蛋白同化制剂或者其他肽类激素。违反上述规定的，依据《反兴奋剂条例》第三十八条规定追究法律责任。

（七）违规销售含特殊药品的复方制剂

《药品经营和使用质量监督管理办法》第六十九条第二项规定，药品上市许可持有人或药品批发企业违反药品经营质量管理规范，将国家有专门管理要求的药品销售给个人或者不具备相应资质的单位，导致相关药品流入非法渠道或者去向不明，或者知道、应当知道购进单位将相关药品流入非法渠道仍销售药品的，可以依据《药品管理法》第一百二十六条规定的情节严重的情形给予处罚。按照《药品经营质量管理规范》第一百七十八条第十项规定，"国家有专门管理要求的药品"是指国家对蛋白同化制剂、肽类激素、含特殊药品复方制剂等品种实施特殊监管措施的药品。

第三节　药品经营和使用环节监管技巧

⑦ 问题

　　某市场监管所执法人员小王带着新入职的小李来到一家药店检查。小王从众多药品经营许可证中，挑出了某药品批发企业的药品经营许可证，该证证号为赣AA7980039。小王仔细查看后对小李说，这个药品经营许可证涉嫌假证，小李一听疑惑了，明明这个企业的药品经营许可证与其他批发企业的证照几乎没有区别，为什么涉嫌假证呢？

　　药品经营的环节包括采购、收货与验收、储存与养护、销售、出库、运输与配送等，现场检查应重点关注上述环节有无违法违规行为，同时从索取或形成的材料、记录等着手，对已发生的相关违法行为进行追溯性检查。执法人员应当结合对有关资料的检查，发现违法违规行为，固定证据。

一、药品经营环节检查步骤

（一）准备工作

1. **了解被检查企业有关背景资料**　参照以往针对被检查企业的检查档案，着重了解企业人员资料、药品经营范围，以及以往发生的违法违规行为等情况。这些信息对明确检查重点、顺利开展检查具有重要意义。

2. **确定检查的方式、步骤和重点内容**　首先查看被检查企业的相关资质，重点关注其经营范围；之后检查其药品购进、储存、养护、销售等环节情况。根据企业经营范围，可将中药饮片、注射剂、生物制品等药品列为重点检查内容。

3. **携带检查所需的材料和工具**　检查所需的材料和工具包括相关的法规文件，监督检查的执法文书，抽样记录和凭证，照相机、具有无线卡的手提电脑等取证及查询工具，以及温湿度计、放大镜、紫外线灯、显微镜等辅助工具。

（二）检查实施

索取被检查企业的证照复印件，要求其提供近两年的供货商资料，包括药品生产许可证、药品经营许可证、营业执照复印件，企业法定代表人签字或者盖章的授权委托书复印件，销售人员的身份证复印件，所销售药品的批准证明文件复印件，药品出厂检验报告书复印件，进口药品的批准证明文件复印件，药品购进记录与购进凭证（随货同行单、发票、台账、运货单、汇款凭证等）。

对检查中发现的违法违规行为进行取证，复印药品购进记录与购进凭证等相应材料，制作现场检查笔录、调查笔录等文书。对需要查封扣押的物品，予以查封扣押；需要先行登记保存的资料物品，予以先行登记保存。

（三）检查后的工作

检查完成后，应当有步骤、有条理地完成以下工作：对监督检查中发现的案件线索进行梳理，符合立案条件的在规定期限内立案，需要补充检查的进行补充检查，需要补充证据材料的及时补充材料，需要移送的及时移送。同时注意总结检查经验。

二、药品生产许可证检查技巧

主要查看药品生产许可证的企业名称、编号、分类码、生产范围、生产地址等内容。在药品经营过程中，供货企业提供的药品生产许可证为加盖本企业印章的复印件。不法分子使用手中已有证照，将自行拟定的企业名称等内容打印在白纸上，并将其覆盖在已有证照上复印，伪造"新"企业证照。检查时应重点关注证件上企业名称、生产地址等内容，如发现证照复印件中企业名称栏目字体与证照中其他字体有区别，存在遮挡复印的印迹，则应核实该证件的真伪。如某局在检查中发现唐某销售药品时提供的药品生产许可证上的企业名称栏字体与证上其他字体有细微差别且该栏四周有细小的边框印迹，经协查，该公司并不存在，该证属假证。

三、药品经营许可证检查技巧

药品经营许可证分为正本和副本，其样式由国家药监局统一制定。药品经营许可证电子证书与纸质证书具有同等法律效力。检查药品经营许可证时，应重点检查以下内容。

（一）企业名称

在药品经营中，被检查企业提供的证照均为加盖印章的复印件，此时应当重点关注企业名称、有效期等重点信息，如发现证照复印件中企业名称栏目字体与证照中其他字体有区别，或不符合相关规定，则应核实该证件的真伪。

（二）编号

依据药品经营许可证编号要求，2024年1月1日之前，药品经营许可证编号统一由各省（区、市）的汉字简称加2位英文字母加3位设区市代码加4位流水号组成。第1位为各省（区、市）的汉字简称；第2位为英文字母，用于区别批发、连锁、零售形式，A表示批发企业，B表示零售连锁企业，C表示零售连锁门店，D表示单体零售企业；第3位为英文字母，用于区别法人和非法人，A表示法人企业，B表示非法人企业；第4、5、6位为3个阿拉伯数字，为地（市、州）代码，用于区别企业所在地，按照国内电话区号编写（区号为4位的去掉第一个0，区号为3位的全部保留）；第7、8、9、10位为4个阿拉伯数字，为发证机关自行编制的发放许可证流水号。例如，"赣AA7910001"为江西南昌市某一法人批发企业。如发现未按要求编号的许可证，应重点核查。如某供货商在销售药品时提供的药品经营许可证编号为赣BA7910026，经营方式栏标明为药品批发，证照编号显示这是一个连锁零售企业的证号，而不是一个批发企业的证号，该证涉嫌伪造，应当重点核实真伪。

2024年1月1日起，药品经营许可证编号格式为"省份简称+两位分类代码+四位地区代码+五位顺序号"。其中两位分类代码为大写英文字母，第一位A表示批发企业，B表示药品零售连锁总部，C表示零售连锁门店，D表示单体药品零售企业；第二位A表示法人企业，B表示非法人企业。四位地区代码为阿拉伯数字，对应企业所在地区（市、州）代码，按照国内电话区号编写，区号为四位的去掉第一个0，区号为三位的全部保留，第四位为调整码。

（三）有效期

药品经营许可证有效期为五年。供货企业提供的材料为复印件，不法分子可能通过遮挡药品经营许可证有效期信息后复印的方式，伪造"新"证件。如在执法中曾发现某药品经营许可证发证时间为2020年，证上标示的有效期至2027年，有效期长达七年，与规定不符，涉嫌假证。

（四）经营范围

2024年1月1日前，药品经营许可证经营范围的表述为麻醉药品、精神药品、医疗用毒性药品；生物制品；中药材、中药饮片、中成药、化学原料药及其制剂、抗生素原料药及其制剂、生化药品。从事药品零售的，应先核定经营类别，确定申办人经营处方药或非处方药、乙类非处方药的资格，并在经营范围中予以明确，再核定具体经营范围。医疗用毒性药品、麻醉药品、精神药品、放射性药品和预防性生物制品的核定按照国家特殊药品管理和预防性生物制品管理的有关规定执行。如某药店药品经营许可证显示该店经营范围为"中成药、化学药制剂、抗生素"，不包含生物制品，而该药店经营人血白蛋白，属于无证经营。

2024年1月1日起，药品批发企业经营范围包括中药饮片、中成药、化学药、生物制品、体外诊断试剂（药品）、麻醉药品、第一类精神药品、第二类精神药品、药品类易制毒化学品、医疗用毒性药品、蛋白同化制剂、肽类激素等。其中麻醉药品、第一类精神药品、第二类精神药品、药品类易制毒化学品、医疗用毒性药品、蛋白同化制剂、肽类激素等经营范围的核定，按照国家有关规定执行。经营冷藏冷冻等有特殊管理要求的药品，应当在经营范围中予以标注。

从事药品零售的，应当核定经营类别，并在经营范围中予以明确。经营类别分为处方药、甲类非处方药、乙类非处方药。药品零售企业经营范围包括中药饮片、中成药、化学药、第二类精神药品、血液制品、细胞治疗类生物制品及其他生物制品等。其中第二类精神药品、血液制品、细胞治疗类生物制品经营范围的核定，按照国家有关规定执行。经营冷藏冷冻药品的，应当在经营范围中予以标注。药品零售连锁门店的经营范围不得超过药品零售连锁总部的经营范围。

（五）发证机关

药品批发企业由企业所在地的省、自治区、直辖市药品监管部门发证；药品零售企业由企业所在地设区的市级药品监管部门或省、自治区、直辖市药品监管部门直接设置的县级药品监管机构发证。如果检查中发现某药品零售企业的药品经营许可证系省、自治区、直辖市药品监管部门所发，则应当核查证件的真伪。

（六）经营方式

药品经营方式分为药品批发与药品零售。药品批发企业是指将购进的药品销售给药品生产企业、药品经营企业、医疗机构的药品经营企业。药品零售企业是指将购进的药品直接销售给消费者的药品经营企业。药品零售连锁企业由总部、配送中心和若干个门店构成，在总部的管理下，实施规模化、集团化管理经营。《药品经营和使用质量监督管理办法》第三十一条规定，从事药品经营活动的，应当遵守药品GSP，按照药品经营许可证载明的经营方式和经营范围，在药品监管部门核准的地址销售、储存药品，保证药品经营全过程符合法定要求。第六十八条规定，药品经营企业未经批准变更许可事项或者药品经营许可证超过有效期继续开展药品经营活动的，药品监管部门依据《药品管理法》第一百一十五条规定处罚。

四、销售凭证检查技巧

《药品经营和使用质量监督管理办法》第三十八条第四款规定，药品上市许可持有人、药品批发企业销售药品时，应当向购药单位提供"标明供货单位名称、药品通用名称、药品上市许可持有人（中药饮片标明生产企业、产地）、批准文号、产品批号、剂型、规格、有效期、销售数量、销售价格、销售日期等内容的凭证"。第四十二条规定，药品零售企业销售药品时，应当开具标明药品通用名称、药品上市许可持有人（中药饮片标明生产企业、产地）、产品批号、剂型、规格、销售数量、销售价格、销售日期、销售企业名称等内容的凭证。

检查销售凭证时应注意查看票号、抬头、开票时间等内容。

（一）查看票号

随货同行单应为电脑打印票据，其票号是由软件自动生成的流水号，不能人为编辑，因此可以通过流水号确定票据开具的前后顺序，也可以根据票号的编辑规律确定是否为特定企业的票据。检查时应注意票号与时间的关系，如销售时间间隔较长，票号却连续，则提示这些票据显示的药品购销可能是通过"走票"方式销售，此时应调查确认药品来源。

（二）查看抬头

检查中应注意将票据与相关证照对照核查。有的不法分子以两家或两家以上企业业务员名义从事药品购销活动，可能混用不同企业的票据与公章，出现票据抬头名称与证照企业名称不符的情况。如检查发现，江某向某药店销售药品时提供了一张抬头为甲公司的票据，该票据公章为乙公司，其提供给药店的证照也显示为乙公司。调查后发现，江某同时以甲乙两家公司的名义从事药品购销活动，其所用票据与所使用公章均为假冒。

（三）查看开票时间

检查中应将开票时间与经营或使用单位查货验收时间对照核查。一般情况下，供货企业向购买方发送药品，会产生运输时间。不法分子无证经营时，常在药品购销所在地私设仓库，快速发货，可能出现票据显示的发货时间与购买方药店或医疗机构到货时间间隔很短的情况。如检查发现，广东省深圳市某药品批发公司出具的药品供货票据与购买方药店收货验收的时间为同一天，经调查确证，黄某在本市设立地下仓库，以该公司名义与药店发生业务关系，从地下仓库调拨药品。

此外，个别药品生产企业生产的药品未经检验即出厂销售，出现生产时间与到货时间间隔小于检验时间的情形。如在某药品经营企业检查中发现，某厂生产的葡萄糖氯化钠注射液，生产日期是2023年2月19日，发票显示到货时间是2023年2月22日。依据《中国药典》（2020年版）规定，大输液出厂前必须经过无菌检查，无菌检查最少需要14天，而该批产品从生产到销售再到该经营企业只间隔了4天，未经过无菌检查。

（四）查看票据上开具的药品数量、批号

有些药品经营企业的业务员在销售药品时存在"走票"或搭售的行为，导致实际销售的药品信息与所开具的票据信息不符。如检查发现某诊所从某企业购进的一批药品，实际数量超过票据显示数量，而该诊所不能提供多余药品的购进票据，经调查确证，多余的药品是该企业业务员搭售的。

五、授权书检查技巧

《药品经营和使用质量监督管理办法》第三十八条第三款规定，药品上市许可持有人、药品批发企业销售药品时，应当向购药单位提供企业派出销售人员授权书原件和身份证复印件。检查法人委托授权书时要"三查看"：查看销售范围、查看编号、查看授权单位。

（一）查看销售范围

有些经营公司业务员会擅自扩大销售品种范围，或从业务员岗位离职后仍以原公司名义销售药品，超出授权时间。如检查发现，吴某向某药店提供的广东省深圳市某公司的授权委托书上载明授权区域为广东省东莞市，而吴某凭该授权书同时在湖南省多地开展药品购销活动，经进一步调查确定，吴某是该公司已离职的业务员。

（二）查看编号

要注意时间相隔较长但编号却连续的授权书。如某药品批发企业向其业务员李某提供了两张法人委托授权书，时间间隔半年，编号连续。考虑该企业业务员数量不少，在半年内未开具法人委托授权书给其他业务员的可能性不大，因此需进一步核实情况。

（三）查看授权单位

不具备资质的单位或组织出具委托书的情况应当关注。如某医药有限公司业务员肖某提供的法人委托授权书中使用的不是总公司公章，而是分公司章。分公司是总公司管辖下的分支机构，不具备独立法人资格，不能独立享有相关权利和承担相关义务，必须在总公司的授权下才能签订法人授权委托书，否则主体不合法，委托代理行为无效。

六、汇款凭证检查技巧

汇款凭证是反映货款最终去向的重要凭据，汇款凭证核查环节常见违法情形如下。

（一）货款以现金方式支付或汇入私人账户

无证经营的目的是获取个人利益，因此发现货款汇入个人账户而不是对公账户时，需特别留意。如检查发现某医疗机构与中药饮片厂的业务员胡某长期存在业务关系，但其中几张汇款凭证显示货款汇入了胡某个人的账户，而不是中药饮片厂账户。通过进一步调查取证后得知，这些凭证涉及的药品为胡某在药材批发市场购进，并通过"走票"形式销售给该医疗机构。

（二）货款汇入其他公司账户

如果某一企业业务员同时通过两家药品批发企业"走票"，但使用其中一家企业账户收款，就会出现以某批发企业名义销售药品的货款汇入另一家批发企业的情况。如检查发现A医药有限公司售出的药品，货款却汇入了B医药有限公司，提示这批药品购销中可能存在"走票"经营或无证经营的行为。

七、印章检查技巧

国家机关、团体、企事业单位用自己法定主体行为名称制作的签名印章，称之为"公章"。根据《国务院关于国家行政机关和企业事业单位社会团体印章管理的规定》，国家行政机关和企业事业单位、社会团体的印章为圆形，中央刊国徽或五角星。印章所刊汉字，应当使用国务院公布的简化字，字体为宋体。如股份有限公司印章一律为圆形，直径为4.2cm，圆边宽为0.12cm，专用章和公司所属部门印章直径为4.0cm，圆边宽为0.1cm，中央刊五角星，五角星外刊企业名称，自左而右环行，或者名称前段自左而右环行，后段自左而右横排，印章使用简化的宋体字。有限责任公司印章一律为圆形，直径为4.0cm，专用章和公司所属部门印章直径为3.8cm，圆边宽为0.1cm，中央刊五角星，五角星外刊企业名称，自左而右环行，或者名称前段自左而右环行，后段自左而右横行，印文使用简化的宋体字。发票专用章（加税号）：国税规格为4.0cm×2.8cm，边线宽为0.1cm，中间为税务登记号，地税规格为4.5cm×3.0cm，边线宽为0.1cm。如需刻制多枚发票专用章，在下半圆"发票专用章"的正上方刻上顺序编号"（1）、（2）……"字样。

检查中应注意查看相关材料中使用的审批部门印章和企业印章是否符合规定。

案例1　伪造企业公章　检查发现，某医院从某医药公司购入药品，该公司业务员李某提供给该医院的法人委托授权书中的公章下半部分存在明显空白，外观不符合规定，经调查为李某使用该医药公司内设机构印章，以纸片遮挡印章下半部分加盖于授权书中。

案例2　加盖办事处公章　《药品经营和使用质量监督管理办法》第三十一条规定，从事药品经营活动的，应当遵守药品GSP，按照药品经营许可证载明的经营方式和经营范围，在药品监管部门核准的地址销售、储存药品，保证药品经营全过程符合法定要求。如检查中发现，某医药公司业务员张某提供的销售出库单使用了该公司办事处的公章，办事处不是具有药品经营许可证的单位，不具备药品销售资格。

案例3　证照使用的公章与票据使用的公章不一致　检查中应注意对不同资料的对照检查。如检查发现，某医药公司业务员王某提供给某医院的药品经营许可证复印件中使用的公章，与销售出库单中使用的公章不一致，这种情况提示可能存在私刻公章、无证经营药品的情况。

八、计算机系统检查技巧

《药品经营质量管理规范》第五十七条规定，企业应当建立能够符合经营全过程管理及质量控制要求的计算机系统，实现药品可追溯。药品经营企业计算机系统内存有采购、收货、验收、储存、销售等记录。在现场检查时，可以随机抽取若干品种药品，对实际库存药品的名称、生产厂家、规格、批号、数量等信息与进货票据信息、计算机管理系统中的采购验收记录进行票、账、货之间的匹配性检查，查验进货数量是否与销售数量、库存数量之和相符。

九、温湿度监测检查技巧

执法人员在检查中，应查看企业库房、冷库、冷藏车、冷藏箱、保温箱是否配备了温湿度自动监测系统；温湿度自动监测系统是否能够对周边环境温湿度进行数据的实时采集和传送，是否能够就地和在指定地点报警。监测系统监测的温湿度值达到或超过设定的临界值或者供电中断时，系统应当能够实现就地和在指定地点进行声光报警，同时以短信或微信方式，向至少3名指定人员发出报警信息。温湿度自动监测系统不得有导入数据的功能，记录数据不得更改、不能删除。

第四节　药品经营和使用环节常见违法行为查处技巧

> **? 问题**
>
> 　　在检查某药品零售企业时，小王从众多厂家生产的中药饮片中，挑出了某药品生产企业生产的中药饮片，该饮片标明生产日期为2023年3月，标示的执行标准为《中国药典》（2015年版一部），小王看后对小李说，这个中药饮片涉嫌劣药，小李一听疑惑了，小王在中药饮片未抽检的情况下，怎么判断它涉嫌劣药呢？

在药品经营和使用环节中，常见的违法行为包括假冒合法生产企业名义生产并销售中药饮片、"走票"经营药品等。掌握发现此类违法线索的技巧并固定相关证据，在药品监管实践中非常重要。

一、假冒他厂名义生产的中药饮片查处技巧

近年来，各地查办了多起假冒合法生产企业名义生产并销售中药饮片的案件，这类案件隐蔽性强，但是执法人员可以通过检查中药饮片的合格证、包装等信息，及时发现深藏在合法外衣下的违法行为。

（一）查看合格证标示的批号是否相同或相似

不法分子销售的中药饮片不是来自正规合法生产企业，而是在市场上采购并加贴自行购买的合格证明的。合格证明中的信息需逐项填入，有的不法分子为了方便，使用同一批号。检查人员可通过对比饮片包装上的合格证明所标示的批号发现线索，如果发现多个品种或数量较多的中药饮片均为同一批号时，需留意这些饮片是否为假冒。如检查发现某卫生院购药清单中其从某市药材总公司购进的丹参、乳香、黄芪等中药饮片系同一厂家（某市中药饮片厂）生产，且均为同年同月同日生产的同一批号产品。该中药饮片厂规模不大，生产能力有限，在同一生产日期生产如此多品种中药饮片的可能性较小，这就为检查人员提供了所售饮片可能为假冒饮片的线索。

假冒中药饮片还有可能是批号相似或具有某一不变特征的饮片。如检查中发现某药店销售的某公司生产的多种中药饮片，批号结尾的两位数字均为"01"。大部分企业的批号编号方式为"四位或两位年号+两位月份+两位数字（表示该月生产了某品种的第几批饮片）"。结尾两位数字为"01"表示该月生产的此品种第一批饮片。多种中药饮片均为不同月份生产的第一批饮片，可能性很小，这也为检查人员提供了线索。

（二）查看合格证显示"三同"饮片的批号

此处所指"三同"饮片是指同一厂家、同一日期生产、同一品种中药饮片。相同厂家在同一天生产的同一品种饮片有不同的批号，这种情况出现的可能性很小。如某药店销售标示为某中药饮片生产企业生产的田七，外包装显示该药店在不同时间购入的三批田七生产厂家相同、生产日期相同、规格相同，但批号却各不相同。经调查，上述田七为假冒。

（三）查看合格证是否标示同厂家不同总经销

假冒中药饮片的合格证明中往往会标示某批发企业总经销，且该总经销公司名称往往与供货的批发公司名称一致，因此来自不同"走票"批发公司的标示相同生产厂家的中药饮片包装上会显示不同的总经销公司。如检查发现某种标示甲公司生产的中药饮片，A医疗机构从乙批发公司购入，饮片合格证明中标示乙有限公司总经销；B医疗机构从丁批发公司购入，饮片合格证明中标示丁有限公司总经销。经调查，上述饮片均为假冒。

（四）查看合格证上标示的药品生产许可证号与执行标准是否准确

有些假冒中药饮片合格证明标示了过期的药品生产许可证号或执行标准。如检查发现的某假冒中药饮片标示生产日期为2023年，但执行标准却为《中国药典》（2015年版）。还有一些假冒中药饮片标示的生产许可证号不符合常理。如检查发现的假冒某中药饮片有限公司生产的中药饮片的合格证，一部分标示的生产许可证号为豫20190324，另一部分标示的生产许可证号为豫20200205。合格证显示该企业于2019年、2020年分别申领了药品生产许可证。因药品生产许可证的有效期为五年，该批饮片存在造假的可能。

（五）查看包装袋上的信息与合格证上的信息是否矛盾

假冒中药饮片包装袋上印制的信息与包装袋上所贴合格证上的信息可能不一致。如某局查获的某批假冒中药饮片，其包装袋标示为江西某中药饮片生产企业生产，但合格证明显示为云南某中药饮片生产企业生产。

（六）查看包装袋封口是否为手工热封

检查中药饮片的包装时，应仔细观察中药饮片包装袋上的封口。正规生产企业使用封口机封口，并在生产之前会按照相关要求对封口机进行工艺验证，其生产的饮片包装封口规范、牢固。但私自采购中药饮片、私自包装的不法分子一般使用比较原始的手工热封方式，即用条状物将塑料袋封口部位对折，通过明火进行热封。手工热封的封口一般为单线直条状，封口宽度不一，手工痕迹明显。如果在检查中发现此种封口，应当怀疑私自采购中药饮片，自行包装。

二、"走票"违法行为查处技巧

随着监管力度的加大，不法分子为逃避监督，纷纷运用"走票"手段，无证经营药品。所谓"走票"是指一些没有药品经营资质，但掌握较固定的药品来源和销售渠道的自然人，通过挂靠合法药品经营企业，在支付一定额度的税款或"管理费"之后，将自身药品经营行为"正当"化的活动。其本质是没有药品经营资质的自然人使用有证企业的证照、票据进行无证药品经营活动。例如，在执法实践中曾查获，张某以某公司名义向某医疗机构销售药品时，向该医疗机构提供的票据存在后期提供的票据票号比前期提供的票据票号小的问题。经过调查，张某销售的药品系个人用现金从某批发公司购入，加价销售给该医疗机构。张某的行为属于"走票"。"走票"行为隐藏在合法外衣之下，提供的均是合法经营公司的证照和票据，表面上似与正常、合法的药品购销活动无异，这就为查处带来了困难。掌握"走票"行为的常见线索，对深挖案源、打击无证经营行为、保障公众用药安全至关重要。

（一）查验箱外运货单

"走票"药品大部分是通过货运从药品生产厂家或供货公司直接发送至进货单位，贴在药品包装箱外的运货单无意中就显示出药品的来龙去脉。如检查发现某医疗机构的某药品包装箱外所贴运货单上发货人为某药品生产企业，收货人为该医疗机构药剂科科长，而该药品实际为个人占某使用药品批发公司法人授权委托书以该公司名义销售给该医院的，调查后发现，该批药品为占某个人用现金从该生产厂家购入并销售给医疗机构。

（二）查验同一票据中开具的药品到货时间

"走票"销售的药品，大部分是个人在不同时间从多个渠道购入。为了方便，"走票"人一般会让提供"走票"的经营企业将到货时间不同的药品开在同一张票据中。如检查发现汪某以医药公司的名义向某医疗机构销售药品，其中一张随货同行单开具了五种药品，该医疗机构验收记录显示，这五种药品最早的和最晚的到货时间相隔一月有余。最后经调查核实，汪某通过某医药公司"走票"销售药品。

（三）查验随货同行单开具时间和到货时间

药品到达购药单位后，从事"走票"的不法分子才会获知药品的具体批号，并将批号信息传递给提供"走票"服务的经营企业，经营企业根据批号信息开具随货同行单。这就导致出现随货同行单开具时间比到货时间晚的情况。如检查发现李某所提供的随货同行单显示的出货日期比医院实际到货时间晚3~6天，经调查核实，是李某通过药品经营企业"走票"销售药品。

（四）查验票据信息与实际到货的药品批号、数量

有些不法分子为规避票据与货物时间间隔异常的现象，要求药品供货商通过电话等方式告知药品具体数量、批号等信息，然后转告提供"走票"的经营公司，做到票、货

时间同步。但由于各种原因，供货商实际提供的药品批号与告知的批号不一致，出现票、货批号不符情况。有些不法分子为了避税和少交"管理费"，开具只显示其部分销售药品的票据，导致票据显示数量与实际到货数量不符。如检查发现黎某以湖北某医药企业名义向医院实际销售了400支头孢哌酮钠他唑巴坦钠，而其只能提供销售200支该药的票据。经调查核实，上述药品系黎某个人用现金从生产厂家购入并以"走票"方式销往医院。

（五）查验不同时间的票据票号

部分公司对"走票"药品单独开票，不与公司实际销售药品混淆，这样就出现了不同时间的票据票号连续或间隔很小的情形。如检查发现张某以某医药企业名义销售药品，其提供的随货同行单出现时间不同、票号相同或时间在后的票、票号却排序在前的情况。经核查，张某所经营的药品为个人采购，通过"走票"方式销售。

（六）查验药品购进记录、业务员工资表、转账凭证等

"走票"销售的药品，根本就没有经过提供"走票"的公司，所以"走票"公司也就不可能检查验收，形成购进记录。但近年来很多"走票"公司也注意到了这一点，专门形成购进记录，为检查增加了难度。同时，"走票"者并非提供"走票"公司的业务员，所以"走票"公司员工工资表不显示"走票"业务员信息。《中华人民共和国劳动法》和《中华人民共和国民法典》规定用人单位必须为员工购买养老保险，查看"走票"公司员工养老保险名单中有没有该业务员的名字就能确定其是不是"走票"业务员。此外，走票的药品大多由个人以现金形式买入，"走票"公司实际上未参与药品的购销活动，其财务无法提供购药转账票据。大多数"走票"药款汇入了私人账户，或与"走票"人熟悉的其他公司账户，"走票"公司一般无法提供客户购买"走票"药品的汇款凭证。

三、未凭处方销售处方药违法行为检查技巧

根据药品品种、规格、适应症、剂量及给药途径不同，我国对药品分别按处方药与非处方药进行管理。处方药是指必须凭执业医师或执业助理医师处方才可调配、购买和使用的药物。处方药必须在医生指导下使用。

非处方药专有标识图案分为红色和绿色，红色专有标识用于甲类非处方药药品，绿色专有标识用于乙类非处方药药品并用作指南性标志。使用非处方药专有标识时，药品的使用说明书和大包装可以单色印刷，标签和其他包装必须按照国家药监局公布的色标要求印刷。单色印刷时，非处方药专有标识下方必须标示"甲类"或"乙类"字样。

处方药、非处方药应当分区陈列，并有处方药、非处方药专用标识。处方药不得采用开架自选的方式陈列和销售。处方经执业药师审核后方可调配。《药品经营和使用质量监督管理办法》第四十二条规定，药品零售企业应当遵守国家处方药与非处方药分类管理制度，按规定凭处方销售处方药，处方保留不少于五年。

检查中，应当从药品购入数量、库存数量以及处方留存数量之间的平衡来确定药品经营企业是否凭处方销售药品。常用的方法包括以下两种。

（一）简易法

通过药品零售企业计算机管理系统中的药品销售记录，确定某天销售某处方药（具体品种、规格、厂家，下同）的数量，然后依据销售记录中的数量核查当天企业留存的该药品的处方数量。如果企业当天留存的该药处方数量少于该药品计算机管理系统中的销售数量，则企业存在未凭处方销售处方药的行为；如果二者数量相等，则企业严格凭处方销售处方药；如果企业当天留存的该药处方数量多于该药品计算机管理系统中的销售数量，则需要深入调查，确定是销售记录不全，还是企业为了应付检查编造的假处方。此方法的优点是能快速查明企业是否存在不凭处方销售处方药的行为，缺点是只能反映较短时间内企业是否凭处方销售处方药。

（二）时段平衡法

从检查时间当天上溯固定时长，如一个月或半年，确定时间起点时某处方药的库存数量，再对时段内购入某处方药的数量进行统计，然后计算该时段内某处方药处方数量，它们之间的关系：（时段开始时库存量+时段内购进数量）－检查时库存量=处方留存数量。

该方法的优点是能反映企业在较长的一段时间内是否凭处方销售处方药，缺点是核对数据与计算需要耗费较长时间和较多人力。使用此种方法检查时，需要注意核实企业计算机管理系统中的某处方药库存量、批号、生产企业与实际库存量、批号、生产企业之间的一致性。在核实处方数量与药品销售数量之间的匹配性时，还要注意对处方真实性的核实，处方登记中会留存消费者的联系方式，可随机选择几名消费者，电话核实是否提供处方购买处方药。

📋 案例

内蒙古某连锁有限公司某某店未凭处方销售处方药品案

案件事实： 2024年5月6日，包头市市场监管局执法人员在日常监督检查时发现，内蒙古某连锁有限公司某某店销售处方药阿莫西林胶囊时，未按国家药监局药品分类管理规定的要求凭处方销售。执法人员当场下达责令改正通知书，要求在5月20日前完成整改。5月24日，执法人员再次到该店检查时，发现当事人销售处方药苯磺酸氨氯地平片时仍未凭处方销售，立即对该药店的违法行为进行立案调查。

违法行为违反的法律条文：《药品经营和使用质量监督管理办法》第四十二条第一款。

案件处理： 责令当事人改正违法行为并处罚款5000元。

来源： 文明包头公众号《曝光！包头市4起药品违法案件典型案例公布！》（2024-10-09）

四、经营回收药品的检查技巧

回收药品的形式主要包括以下几种：一是通过网络发布信息回收药品；二是在医院附近放置回收药品的纸牌；三是在社区内提供回收药品服务；四是非法张贴广告回收药品。回收药品行为具有流动性强、隐蔽性强、监管难度大等特点。可通过以下方式核实是否为回流药品。

（一）查验同一品种药品的批号

如果企业销售的同一品种药品存在多个批号，且不同批号下的药品数量差异较大，则提示该药品极有可能为回流药品。

（二）查验特定批次药品的检验报告

对企业所经营的特定批次药品的检验报告书进行检查，特别关注检验报告书批号、生产日期、检验日期等信息是否存在涂改或粘贴覆盖的痕迹。

（三）查验药品进货凭证

对经营企业所经营或使用单位所使用药品的进货凭证进行检查，如果企业或医疗机构不能提供进货凭证，则检查其信息管理系统中是否存在该药品的信息。如有，则需对信息中的供货渠道进行重点检查。

（四）查验药品购进付款证明

对经营企业所经营或使用单位所使用药品的购进付款证明进行检查，如出现用现金支付或扫码、转账给个人的情况，则提示从非法渠道购入的可能性，实践中极有可能是非法回收的药品重新进入经营和使用环节。

（五）查验药品区位码

有的药品生产企业对不同片区的药品实行不同的编码，即企业所赋的区位码。回收药品的回收区域与重新进入的流通区域，即经营地，往往不是同一区域，导致此类药品外包装盒上的区位码与实际销售地区位码不一致。如检查中发现这种情况，或区位码被切割的情况，需要重点关注。

（六）查验药品流向

通过扫码APP扫描药品包装盒外的追溯码，可以显示药品完整流通过程。如果追溯发现药品先前被销售给某药品零售企业或医疗机构，而此时该药品却在不同的药品零售企业或医疗机构时，提示该药品可能是回流药品。

（七）查验包装箱内外追溯码

企业购入的整件药品，其整件包装箱外的追溯码与其箱内小包装盒的追溯码如果一致，则说明是原箱包装；如果不完全一致，则说明是非原箱包装的药品，提示可能是回流药品。

第五节　药品外观查验技巧

(?) 问题

　　刚参加工作的小张随科长一起对零售药店进行检查，科长直接从货架上取下批准文号为"国药准字Z10095678"的药品，告诉小张这种药品有可能是假药，把小张惊得目瞪口呆。结果根据科长发现的信息查处了一起重大假药案。他一直有个疑问，科长是怎么从几百种药品里面直接看出这可能是假药呢？

一、编造药品包装的药品查验技巧

（一）查验药品名称

1. 看药品名称是否符合《中国药品通用名称命名原则》规定　如中成药中文名要求：剂型应放在名称之后；不应采用人名、地名、企业名称；不应采用固有特定含义名词的谐音；不应采用夸大、自诩、不切实际的用语；不应采用封建迷信色彩及不健康内容的用语。复方制剂命名根据处方组成的不同情况可酌情采用下列方式：由中药材、中药饮片及中药提取物制成的复方制剂的命名，可采用处方中的药味数、中药材名称、药性、功能等并加剂型命名；源自古方的品种，如不违反命名原则，可采用古方名称；某一类成份或单一成份的复方制剂的命名，应采用成份加剂型命名；采用处方主要药材名称的缩写并结合剂型命名；采用主要功能加剂型命名；采用主要药材名和功能结合并加剂型命名；采用药味数与主要药材名或药味数与功能并结合剂型命名；两味药材组方者，可采用方内药物剂量比例加剂型命名；采用象形比喻结合剂型命名等。总之，越是"怪异"的药品名称，往往越是造假者编造的药品名称。近年来出现的"特效筋骨康""特效骨筋痛""神力平喘胶囊""复方川羚定喘胶囊""骨痛宁胶囊"等均为造假者编造的未经注册的药品名称。

2. 看药品通用名称的书写方式　根据《药品说明书和标签管理规定》，药品的内标签和外标签应当注明药品通用名称；药品说明书和标签中标注的药品名称必须符合国家药监局公布的药品通用名称和商品名称的命名原则，并与药品批准证明文件的相应内容一致；药品说明书和标签中禁止使用未经注册的商标以及其他未经国家药监局批准的药品名称；药品商品名称不得与通用名称同行书写，其字体和颜色不得比通用名称更突出和显著，其字体以单字面积计不得大于通用名称所用字体的二分之一；药品标签使用注册商标的，应当印刷在药品标签的边角，含文字的，其字体以单字面积计不得大于通用名称所用字体的四分之一。所以，药品标签中字号最大的药品名称就应该是药品通用名称。该名称在药品说明书中表述会更加明晰，一般会在"药品名称"项下单列有"通用名称"字样。如果发现某种药品出现多个药品名称、未经注册的商标、商品名或商标字号大于通用名称等现象，应怀疑该药品可能是未经注册的假药。如2010年某省查处的假冒某企业生产的"降糖胶囊"出现了"唐欣速康™"字样，甚至假冒药品比正品还多了防伪标识。

针对通用名称的书写，《药品说明书和标签管理规定》第二十五条规定，药品通用名称应当显著、突出，其字体、字号和颜色必须一致，并符合以下要求：对于横版标签，必须在上三分之一范围内显著位置标出；对于竖版标签，必须在右三分之一范围内显著位置标出；不得选用草书、篆书等不易识别的字体，不得使用斜体、中空、阴影等形式对字体进行修饰；字体颜色应当使用黑色或者白色，与相应的浅色或者深色背景形成强烈反差；除因包装尺寸的限制而无法同行书写的，不得分行书写。根据以上规定，如果发现某药品通用名称采用的是黑、白颜色以外的文字，或者出现了完整药品通用名称不同文字的字体、字号、颜色不一致，或者出现非因包装尺寸原因的分行书写现象，应该怀疑该药品可能是未经注册的假药。如某地查处的"胃炎灵胶囊""盆炎净胶囊""妇可婧胶囊"，药品通用名称均存在黑白以外颜色或"胶囊"二字分行书写问题。

（二）查验药品批准文号

目前市场上销售的具有药品批准文号的药品包括药品生产企业生产的中成药、化学药制剂、生物制品、医疗机构制剂和个别实行批准文号管理的中药材和中药饮片。从生产地域分为境内生产的药品和境外生产的药品。

（三）查验生产企业名称和联系方式

1. 看生产企业名称的标注 《药品说明书和标签管理规定》第十八条规定，药品外标签应当注明药品通用名称、成份、性状、适应症或者功能主治、规格、用法用量、不良反应、禁忌、注意事项、贮藏、生产日期、产品批号、有效期、批准文号、生产企业等内容。实践中，通过生产企业名称标注发现的违法药品主要有以下三种情形：一是未标注生产企业名称，仅标注了如"河南省台前县清水河乡丰刘程村"字样；二是标注了虚构的非生产企业名称，如"北京国际前列腺研究总院"字样；三是标注了"××监制"字样，如某违法药品标注了"北京军事医学研究院监制"字样。

2. 看联系方式的标注 《药品说明书和标签管理规定》并没有要求标签中强制标示电话联系方式，但一般企业都会在说明书或外包装的标签中标注固定电话联系方式。实践中通过联系方式标注发现的违法药品主要有以下两种情形：一是留下手机号作为联系方式，手机号作为联系方式并不违反规定，但一般合法企业不会将个人的手机号作为单位的联系方式，往往是制售违法药品的个人为便于销售药品而保留个人联系方式，故出现此类现象的药品应重点检查；二是不留联系方式或伪造固定电话联系方式，如一种名为"复方川羚定喘胶囊"的违法药品，其说明书中标注的联系方式为"0158-36275673"，很容易让人误解为固定电话，实际是造假者采取了在手机号码前加0的手段蒙骗购药公众。

（四）查验功能主治和适应症范围

功能主治是针对中药而言，适应症一般是针对化学药、生物制品的表述。造假者为将其违法药品销售给更多的群体，往往夸大描述功能主治或适应症。《药品说明书和标签管理规定》第三条规定，药品说明书和标签由国家药监局予以核准。药品的标签应当以说明书为依据，其内容不得超出说明书的范围，不得印有暗示疗效、误导使用和不适当宣传产品的文字和标识。造假者为诱导更多人购买药品，甚至不惜使用一些比较粗俗的文字对功能主治或适应症进行描述。如一种名称为"藏王金丹"的违法药品，在其功能主治项下表述了一些粗俗词语后还加入了"促进生殖器二次发育之功效"等表述，已经远远超出了对疾病专业术语的表述，国家药品监管部门不会核准这种功能主治的药品。

（五）查验药品成份表述

《药品说明书和标签管理规定》第十一条规定，药品说明书应当列出全部活性成份或者组方中的全部中药药味。注射剂和非处方药还应当列出所用的全部辅料名称。药品处方中含有可能引起严重不良反应的成份或者辅料的，应当予以说明。但药品"成份"不能写成"主要成份"字样。编造包装的违法药品为了使购药者相信其使用了更多的药品原料，可能增加成份内容的描述。一是将"成份"写成"主要成份"；二是将具体内容写成"××等"字样（注意和六神丸、云南白药胶囊等保密配方品种区别）。如前述违法药品"藏王金丹"，不但写成"主要成份"，而且具体描述为"鹿茸（酥油炙）、藏牦牛鞭、鹿鞭（滑石粉烫）、藏驴鞭、海马鞭、猫鞭等名贵中药"，疑点非常明显，因为药品注册时，不可能把某种药品成份批准为"名贵中药"。再如，某种名为"强阳保肾丸"的违法药品，该项描述为"成份：东北的雪苁蓉，南方的仙茅再配以泰国特有的红野葛（英文缩写KK）等三味野生植物。"显然不是专业术语的描述，不符合《药品说明书和标签管理规定》规定。

（六）查验药品包装方式

药品名称为"××丹""××丸"类的声称壮阳补肾类的违法药品，往往采用带搭扣的比较大的外包装盒，药丸小包装采用六角形包装盒，包装方式特点比较明显，而且标签文字常常夹杂繁体、草书字体。如分析2002年至2012年10年间的部分类似药品特征，"藏源肾丹""藏王金丹""藏肾精丹""藏王神鹿"四种违法药品的"藏"字均采用草书，而且字体书写方式完全一致，很可能是同一造假团伙所为。

（七）查验标签有无可疑文字

《药品说明书和标签管理规定》第三条规定，药品的标签应当以说明书为依据，其内容不得超出说明书的范围，不得印有暗示疗效、误导使用和不适当宣传产品的文字和标识。药品标签不得印制"××省专销""原装正品""进口原料""驰名商标""专利药品""××监制""××总经销""××总代理"等字样。如某局在检查一种标示为安徽某企业生产的药品"风湿骨痛丸"时，该药品外包装盒标签中的"纯正中药"字样引起监管人员怀疑。经核实，该药品为假冒合法企业的产品。该违法药品外包装与正品的颜色、字体、字号、设计风格等完全不同，商标也完全不同，且正品为处方药，该假冒药品却标注为甲类非处方药。实践中，监管人员对这些可疑的画蛇添足的文字内容要注意观察。

（八）查验药品说明书和内标签

一是查看说明书是否准确标注了核准日期。《药品说明书和标签管理规定》第十五条规定，药品说明书核准日期和修改日期应当在说明书中醒目标示。编造药品包装的违法药品，由于造假者不懂说明书必须标注核准日期和修改日期，大部分情况下都忽略了此项，不会在违法药品说明书中按要求标注。二是查看执行标准项。药品说明书应该列明所执行的药品标准，但造假者往往不知道如何标注，因此编造包装的违法药品一般没有标注执行标准。此外，前面几项的检查方法也同样适用于药品名称的命名、批准文号的编排方式、成份和功能主治等内容书写的检查。

对于药品内标签的检查更要细心。《药品说明书和标签管理规定》第十七条规定，药品的内标签应当包含药品通用名称、适应症或者功能主治、规格、用法用量、生产日期、产品批号、有效期、生产企业等内容。包装尺寸过小无法全部标明上述内容的，至少应当标注药品通用名称、规格、产品批号、有效期等内容。如执法人员在检查标示为某企业生产的"阿莫西林胶囊"时发现，该药品铝塑板内标签没有标注有效期。按照规定，药品标签中的有效期应当按照年、月、日的顺序标注，年份用四位数字表示，月、日用两位数表示。有效期若标注到日，应当为起算日期对应年月日的前一天，若标注到月，应当为起算月份对应年月的前一个月。执法人员经过协查发现，正品铝塑板内标签标注了有效期，故以此为突破查处了一起违法药品案。某局在一起外省协查的违法药品案件中发现，标注本辖区内某企业生产的名为"椎骨康胶囊"的药品，铝塑板正反面没有印刷任何文字，从内标签不能看出药品名称、批号、有效期、药品规格，而此四项内容即便包装尺寸较小也是强制标注项目。

总之，对这种编造包装的违法药品可以从药品名称、批准文号、企业名称和联系方式、功能主治（适应症）范围、成份和警示语、包装方式、标签可疑文字、说明书和内标签等方面进行全面检查。这类违法药品大部分都声称自己为中药，批准文号编排一般是"国药准字Z"开头，且一般会在包装盒添加甲类非处方药标记。监管人员发现这类疑点后，应首先查询数据库，看有无该药品名称和批准文号，与生产企业是否对应。如果不存在相应信息或信息不对应，应考虑协查或检验；如果存在对应信息，应考虑查询标示的生产企业网站，将可疑药品图片与企业网站展示的产品图片对照，不一致的就可能是违法药品，应进一步协查或检验。

二、仿冒药品包装标签的药品查验技巧

? 问题

2012年，犯罪分子赵某某在河北某地租用民房生产假药。按照公安部通报信息，货值金额达到1.6亿元，涉及速效救心丸、复方丹参滴丸、特罗凯、波立维、立普妥、洛赛克肠溶片等16个品种。这16个品种的假冒药品大部分不含有任何有效成份。但执法人员根据平时积累的经验，经过细心比对外观，很快发现了一系列疑点。执法人员如何发现疑点的呢？

（一）查验药品包装标签印刷工艺

由于造假者需要对正品药品标签进行扫描制版，自行印制药品包装标签很难与原版标签具有同样的清晰程度，但一般用肉眼很难发现，需要借助放大镜查看。建议购买30倍以上的放大镜或直接使用与手机型号配套安装的专用放大镜软件，无放大镜的应急情况可用手机近距离高清晰度拍照后对图片进行放大观看。标签在二次制版过程中，需要经过扫描、制版、修版、印刷等步骤。扫描过程中，往往会出现图形或文字扫描后模糊不清、丢字、错字等现象，其原理与市面上见的盗版图书经常出现错字、糊版等的原理一样。如某企业生产的"参松养心胶囊"，假冒药品在包装盒上将"盗汗"写成了"次汗"。执法人员需要注意观察可疑药品标签是否有类似问题。特别是文字笔画比较密集之处或商标等图形的边缘，用放大镜观察有无杂点、色斑、图案变形等现象。如问题中提到的"速效救心丸"，内标签铝板上的"速效救心丸"是手写体，计算机字库一般没有该字体，造假者只能扫描制版。在60倍放大镜下观察"效"字，发现笔顺边缘有锯齿样排列的杂点，而正品因为是原版印刷，笔顺边缘十分光滑。再如某企业生产的"缬沙坦胶囊"注册商标为"代文"，放大镜下观察假冒药的铝塑板内标签"代"字可能会有锯齿样杂点，正品非常顺滑。这是造假者难以解决的问题，也是比较通用的识别方法，且同样适用于其他假冒商品的识别。

（二）查验药品包装材料

越是知名度高的药品，越容易成为造假者仿冒的目标。但越是知名度较高的药品，其生产自动化程度越高、包装材料的材质越好，仿冒越困难。一是造假者为降低成本往往采用质量比较低劣的包装材料，如果和正品包装材料对比，很容易发现疑点。如某企业生产的"复方丹参滴丸"，正品药瓶采用一次性吹塑成型，底部留下的痕迹是一个完整的大圆，中间无接缝。执法人员在执法中发现的假冒药品采用两个一半的瓶子融合在一起的方式加工而成，甚至在瓶底中间部分还残存着很大的毛刺，显然不是正品。而且假冒药瓶与正品的光滑程度相差甚远。假冒药品的外包装盒内侧封口连接处也没有正品包装盒经机器咬合过的压痕。二是造假者即便想高价采购与正品相同的包装材料，很多名牌正品包装的包材造假者也很难买到。如某企业生产的"健胃消食片"，采用了从澳大利亚进口的防伪包装盒，用铝塑板边缘划包装盒内侧不显示任何痕迹。而假冒药品或其他没有防伪功能的包装盒会出现类似铅笔书写后的划痕。假冒某企业生产的人血白蛋白与正品相比，瓶口出现了明显毛刺，可以看出不是自动生产线灌装的产品。

（三）查验药品说明书折叠方式

知名度较高的药品，其药品说明书大部分采用了机器自动折叠方式。如部分企业片剂包装采取了"彐"字形包装方式，将铝塑板置于说明书中间，且折叠后的说明书上下长短并不相同。如果发现同一种药品，有的采用"彐"字形包装方式，有的采用其他方式，就有必要怀疑该药品为手工包装，需要根据具体企业具体品种作进一步判定。从说明书折叠痕迹来看，机器自动折叠方式的折痕是固定的，如某企业的所有药品均采用了七个折印的机器折叠方式，如果发现非七折的该企业药品，就要考虑该药品可能为假冒。

此外，药品包装标签印刷工艺有关内容也同样适用于药品说明书印刷方面存在问题的检查。如某假冒人血白蛋白将说明书中"阴离子"印刷为"阴离了"；某假冒避孕药品的说明书存在中间部位断行缺字现象。

（四）查验药品的批号、生产日期和有效期的标注方式

一般情况下，药品批号、生产日期、有效期三项内容，是在生产企业进行最后的外包装时加印或压印上去的。其加印方式主要有以下四种情况。一是油墨打印。这种情况用橡皮擦或无水乙醇较容易擦掉，如某企业生产的"复方丹参滴丸"。但假冒药品为了减少工序，在扫描正品包装盒时有可能连同这三项内容一同扫描、一同印刷，这就是所谓的同版印刷。同版印刷的此三项内容看似油墨打印，但用橡皮擦很难擦掉，由此可以发现疑点。二是钢印压印方式打码。如某企业生产的"多潘立酮片"就采用了钢印压印打码方式。这些企业的印模往往具有一定的特殊性，加入一些暗记，如故意把"6"写成类似于"b"，把"8"写成上圆圈大下圆圈小，需要监管人员细心观察总结。这类打码方式还有个比较共性的特征是，正品的压痕往往深浅不一，假冒品的压痕往往深浅一致。此外，由于有些造假者难以进行钢印压印打码，会在印刷包装盒时直接加印此三项内容，此时会出现假冒品与正品打码方式不一致的现象，需要注意观察。三是激光喷码打码。激光喷码方式的效果有些类似于人民币的盲文点，看似一个个圆点组成的数字，但手摸往往应有凹凸感。造假者在扫描包装标签时直接扫描制版，肉眼看上去也会由圆点组成相应数字，但手摸明显无凹凸感。四是激光镂刻打码。在推行药品电子监管码后，采用此种打码方式的企业越来越多。此类打码最大特点是，手摸相应数字有刻痕的凹陷感。小规模造假者往往买不起此类设备，在扫描标签制版时会直接扫描印刷，肉眼看似光雕打码，但手摸是平滑的。

此外，药品批号的编排方式也值得执法人员深入研究。如不同企业的批号编码规律是不同的，有的采用四位年份编码、有的采用两位年份编码、有的采用特定含义的字母加数字编排。如某企业生产的人血白蛋白，是按照年度编排流水号，结果执法人员发现了标示为"20070136"批号的该药品，意味着企业一个月就生产了至少36个批次该药品，这种可能性较小，因为企业要考虑该药品的批签发检验成本，后经核实为假冒药品。

（五）查验药品性状

《药品说明书和标签管理规定》第十八条规定，药品外标签应当注明药品通用名称、成份、性状、适应症或者功能主治、规格、用法用量、不良反应、禁忌、注意事项、贮藏、生产日期、产品批号、有效期、批准文号、生产企业等内容。一般情况下，药品外标签和说明书中应该有"性状"项目的描述。监管人员应该重点掌握这一通用规律，根据药品性状对药品进行初步识别具有很强的可靠性，不论该药品包装如何变换。如某企业生产的牛黄解毒丸的性状为"本品为棕黄色的大蜜丸；有冰片香气，味微甜而后苦、辛。"结果执法人员发现该药丸为深黑色，经调查为假冒药品，且不含有效成份。某企业生产的三金片，性状描述为"本品为薄膜衣片，除去包衣后显棕色至棕褐色；味酸、涩、

微苦"，结果掰开药片发现里面为白色，显然是假冒药品，且不含有效成份。某企业生产的"洛赛克肠溶片"，其说明书明确说明其内容物为"微丸"，掰开正品药片，发现里面是类似小米粒一样的微丸，而案例中的假冒药品却没有微丸，也就意味着没有有效成份。

除了药品说明书、标签标注的性状项外，执法人员应注意根据单个药品的理化特性，总结药品的规律。如复方氨酚烷胺片，用镊子夹住药片（注意安全），用打火机很容易点燃药片，且呈现出烧塑料样的滴油状态。具有类似特征的药品还有硫酸氢氯吡格雷片、缬沙坦胶囊、复方甘草片、单硝酸异山梨酯片、格列吡嗪片等，需要执法人员注意总结。

（六）查验药品防伪标识和暗记

如前所述，越是知名度高的药品越容易成为造假者仿冒的目标。越是被仿冒，生产企业就越要采取防伪措施进行应对，以至于目前在人民币防伪技术中采用的高端防伪技术在药品包装上均得到了应用，防伪技术五花八门。可用于药品包装的防伪技术主要有全息防伪、油墨防伪、纸张或特殊材质防伪、定位烫印防伪、镭射膜防伪、核径迹防伪、生物防伪、版纹防伪、双层膜防伪、综合技术防伪、射频识别技术防伪等。在此仅介绍最常用的几种。

1. 编码查询防伪 类似于药品追溯码，如在最小销售包装的瓶盖或瓶身印有一组不重复的数字，通过网站、电话、短信一次性查询进行防伪，比较典型的是当年的"兆信防伪"刮码查询和北京同仁堂、广州陈李济等企业都曾经采用过的明码查询。

2. 水印防伪 在药品说明书中加印水印。假冒药品说明书无水印或水印使用蜡印，平铺和透光照射效果一样。执法人员需要注意的是，水印不是后加印的，而是内嵌在纸张中的。假冒药品也可能有水印，但无正品的立体感。如"云南白药胶囊"、北京同仁堂的"六味地黄丸"说明书均采用了水印防伪技术。

3. 微缩文字防伪 如某企业生产的"万通筋骨片"，包装盒正面肉眼看似是一条直线，放大镜观察是由若干连续不断的"WT"组成；某企业生产的"胃康灵胶囊"放大镜下观察包装盒正面横线，是由"咱老百姓的好药"微缩文字组成；某企业生产的"通心络胶囊"包装盒中间的红块，是企业字号微缩组成。造假者扫描包装盒制版印刷后，往往会出现文字变形现象。

4. 团花和菲林开锁 团花顾名思义就是图案看上去像一团花，实际是由多种颜色的超细线条组成，造假者扫描后印制的标签如果用放大镜观察会出现线条断线现象，从而起到防伪作用。如某企业生产的商标为"感康"的复方氨酚烷胺片，在包装盒舌口处就有此图案。菲林开锁，是用厂家提供的菲林（英文 film）片覆盖到包装盒的图案条块处时会显示隐藏的文字。如某企业生产的"速效救心丸""肠虫清片"均采用了该技术。

5. 油墨防伪 重点介绍荧光油墨防伪和变温油墨防伪技术。企业在印制包装盒或说明书时，加入了该种油墨。需要借助紫外线灯观察效果。如某企业生产的"胃康灵胶囊"，在紫外线灯照射下会显示"治疗老胃病 六盒一疗程"字样；某企业生产的"花红片"，紫外线灯照射铝塑板背面会显示红色的"花红片"字样；某企业的药品说明书紫外线灯照射会显示不规则的多种彩色杂点等。变温油墨在税票上应用比较广泛，一般的手温变色油墨只需要手摸后文字就消失，移开后又出现。如某企业生产的"万通筋骨片"，商标的R位置靠近火源R会消失，离开后又显现。

6. 全息防伪 采用全息立体图案进行防伪。如某企业生产的"复方利血平氨苯蝶啶片"，防伪射条背景是星空，移动包装盒时该射条应该能够转动，不转动的一般为假冒品。再如香港进口的某药品包装盒采取了四重防伪的全息防伪技术，其中"念"字的心字底第一点，有刻痕样。

（七）查验互联网查询结果

执法人员除了要掌握国家药监局的数据库查询外，也要善于通过搜索引擎来发现假药线索和疑点。标注了追溯码的药品，要注意查询追溯码。这里需要强调的是，执法人员发现药品疑点后，应通过搜索引擎先查询是否有相应的可参考鉴别方法、其他地区是否发现过类似案件、是虚假宣传还是本身就是假药。办理完一个案件后，一定要通过互联网查询一下其他地区查处情况，进而摸清制假售假规律，一追到底。

（八）查验药品来源和价格

假药往往具有从非法渠道采购、购价和销售价过低等特点，在检查中发现非法渠道采购的低价药品，一定要注意药品的真伪，进而从根本上使违法案件得到查处。

需强调的是，外观鉴别不能直接作为案件定性依据，仅能进行初步筛查，最终的定性、处理还需要依靠检验报告和协助调查。

第四章　药品网络销售监督检查

📝 学习导航

1. 掌握药品网络销售监督检查方式和要点，药品网络销售常见违法违规行为及法律责任。

2. 熟悉药品网络销售违法案件查办的基本思路和相关查办技巧。

3. 了解药品网络销售常见商业模式和监管法律、法规文件，以及监管职责分工。

药品网络销售以便捷、可选择性多、价低等特点深受消费者和业界的青睐，近年来国内药品网络销售规模以年均约20%的增速快速发展，但与此同时也产生了相应的药品安全问题，尤其是给不法药品销售行为提供了空间，带来了药品质量安全隐患，强化药品网络销售监管已成为当前药品安全监管的新要求。本章主要讨论对通过互联网向消费者销售药品行为的监督检查和查办技巧。

第一节　药品网络销售监督检查重点

❓ 问题

药品网络销售监管的主要依据有哪些？哪些药品不能通过互联网销售给个人消费者？药品监管部门开展监督检查的主要方式有哪几种？

一、药品网络销售监督检查概述

（一）药品网络销售监管的主要依据

目前专门规范药品网络销售行为的相关法律、法规文件共有7个（表4-1）。

表4-1　我国药品网络销售监管相关规定

时间	文件名称	文号	相关内容
2022年12月1日起施行	药品网络销售监督管理办法	市场监管总局令第58号	共6章42条，对药品网络销售管理、平台管理、监督检查、法律责任作出了规定
2022年12月1日起施行	药品网络销售禁止清单（第一版）	国家药监局2022年第111号公告	包括两类禁止网络销售的药品：政策法规明确禁止零售的药品；其他禁止通过网络零售的药品

续表

时间	文件名称	文号	相关内容
2022年11月30日	国家药监局关于规范药品网络销售备案和报告工作的公告	国家药监局2022年第112号公告	指导各级药品监管部门有序开展药品网络交易第三方平台备案和药品网络销售企业报告工作
2023年1月1日起施行	药品GSP附录6：药品零售配送质量管理	国家药监局2022年第113号公告	药品零售过程（含通过网络零售）所涉及的药品配送行为的质量管理
2023年6月20日	国家药监局综合司关于规范处方药网络销售信息展示的通知	药监综药管函〔2023〕333号	进一步明确首页（主页）不得展示处方药包装、标签等信息；通过处方审核前，不得展示或提供药品说明书以及相关信息
2023年7月6日	国家药监局综合司关于《药品网络销售禁止清单（第一版）》有关问题的复函	药监综药管函〔2023〕368号	对《药品网络销售禁止清单（第一版）》中"含麻醉药品口服复方制剂"具体品种以及复合包装产品中包含该清单中第二项第（四）款所列药品单方制剂情形进行了明确
2023年12月29日	国家药监局综合司关于印发药品网络交易第三方平台检查指南（试行）的通知	药监综药管函〔2023〕691号	共6个方面40条检查要点，适用于指导药品监管部门对提供第三方平台服务的企业开展监督检查工作

（二）药品网络销售的常见商业类型

面向消费者的药品网络销售商业类型主要有三种。

1. B2C（business to customer）类型　B2C模式是指药品零售企业通过网络直接面向消费者个人销售药品。药品零售企业通过网络向公众展示药品相关信息，并提供在线药学服务，通过自行配送或第三方物流渠道将药品配送给消费者，从而实现药品网络销售。

2. O2O（online to offline）类型　O2O模式是指"线上到线下"的商业模式，消费者在线上平台下单后，由线下药店即时将药品配送给消费者个人。这种模式及时、快速，能较好满足患者急需用药、隐私保护等诉求，融合了线上虚拟经济与线下实体店面经营特征，网络成为线下交易的前台，是近年来增长较快的业务模式。

3. 跨境医药电商类型　跨境医药电商模式是指个人消费者在经批准的跨境电商平台上购买《跨境电子商务零售进口商品清单》目录上的国外医药产品。近年来跨境医药电商已逐步成为公众获取国外药品的一个新渠道。实际生活中，一些消费者以"直购进口"形式通过跨境电商通路购买未纳入《跨境电子商务零售进口商品清单》目录的国外医药产品，这种形式存在较大的药品质量安全风险和隐患。

（三）药品网络销售监管部门与职责分工

1. 药品网络销售监管相关部门及职责（表4-2）

表4-2 药品网络销售监管相关部门及职责

部门	相关职责
药品监管部门	负责互联网药品信息服务资格证审批/备案；对第三方平台和药品网络销售企业实施监督检查；负责药品网络销售相关主体备案、报告的管理工作；加强网络药品信息发布和交易行为的监测，依法查处药品网络信息发布和销售违法违规行为
通信管理部门	负责网站的许可、备案；配合相关涉网管理部门查询网站信息；对药品监管部门移交的违法情节严重的网络药品信息、交易服务网站依法予以关闭
公安部门	负责依法打击利用互联网销售假劣药品等违法犯罪行为
市场监管部门	负责依法查处利用互联网发布的违法广告，对涉嫌违法犯罪的移送公安机关查处；依法为电子商务经营者办理市场主体登记；督促电子商务经营者落实责任，严格自律管理
邮政部门	负责邮政市场监管执法检查，督促邮政企业、快递企业加强协议客户资格审查；强化邮件、快件信息溯源追查，为有关部门核查违法犯罪线索提供支持

2. 药品监管部门层级监管职权的划分

国家药监局主管全国药品网络销售的监督管理工作；省级药品监管部门负责本行政区域内药品网络销售的监管工作，负责监管药品网络交易第三方平台以及药品上市许可持有人、药品批发企业通过网络销售药品的活动；设区的市级、县级药品监管部门负责本行政区域内药品网络销售的监管工作，负责监管药品零售企业通过网络销售药品的活动。

3. 违法行为管辖权划分

《药品网络销售监督管理办法》第二十八条对药品网络销售违法行为的具体管辖部门进行了明确：对第三方平台、药品上市许可持有人、药品批发企业通过网络销售药品违法行为的查处，由省级药品监管部门负责。对药品网络零售企业违法行为的查处，由市县级药品监管部门负责。

药品网络销售违法行为由违法行为发生地的药品监管部门负责查处。因药品网络销售活动引发药品安全事件或者有证据证明可能危害人体健康的，也可以由违法行为结果地的药品监管部门负责。

（四）监督检查要求与方式

对药品网络销售行为的日常检查方式有现场检查和非现场检查（包括网络巡查、网络监测、视频电话等方式）两种。依据《药品网络销售监督管理办法》第二十七条规定，药品监管部门对第三方平台和药品网络销售企业进行检查时，可以依法采取以下措施：进入药品网络销售和网络平台服务有关场所实施现场检查；对网络销售的药品进行抽样检验；询问有关人员，了解药品网络销售活动相关情况；依法查阅、复制交易数据、合同、票据、账簿以及其他相关资料；对有证据证明可能危害人体健康的药品及其有关材料，依法采取查封、扣押措施；法律、法规规定可以采取的其他措施。

必要时，药品监管部门可以对为药品研制、生产、经营、使用提供产品或服务的单位和个人进行延伸检查。

知识链接

监督检查发现企业"有证据证明可能存在安全隐患的
问题"应如何处置？

《药品网络销售监督管理办法》第三十条规定，药品监管部门应当根据监督检查情况，对药品网络销售企业或者第三方平台等采取告诫、约谈、限期整改以及暂停生产、销售、使用、进口等措施，并及时公布检查处理结果。

二、药品网络销售监督检查要点

（一）药品网络零售网站（网络客户端应用程序）日常巡查要点

根据辖区内药品网络零售企业已报告的信息，监管人员采取事先不告知的方式，以普通消费者身份登录相关药品网络零售网站（包括网络客户端应用程序、小程序，下同）查看展示信息，并模拟消费者购药需求，以全面掌握药品网络零售网站实际运行情况为目标开展日常巡查。日常巡查可采取轮换方式，在一定周期内实现企业网站的全覆盖巡查。药品网络零售网站日常巡查要点包括以下方面。

药品网络零售企业是否按要求报告（通过多个自建网站等开展经营活动的，应当在报告内容中逐个列明；入驻同个或多个药品网络交易第三方平台开展经营活动的，应当将第三方平台名称、店铺名称、店铺首页链接在报告内容中逐个列明）；网络销售的药品是否在许可的药品经营范围内；网站可销售的药品中是否有疫苗、血液制品等国家实行特殊管理的药品及《药品网络销售禁止清单（第一版）》中的药品；是否在主页面显著位置展示药品经营许可证，许可证是否在有效期内，相关展示信息是否画面清晰、容易辨识；抽查若干药品展示页面，查看发布的药品通用名称、商品名称、规格、剂型、产地、适应症或功能主治、用法用量、药品注册证书编号、禁忌、包装、药品上市许可持有人等信息是否与药品批准的内容一致；查看网站发布的处方药与非处方药信息是否明显区分展示，是否对处方药与非处方药进行区分标识；是否每个处方药展示页面下突出显示"处方药须凭处方在药师指导下购买和使用"等风险警示信息；查验处方通过执业药师审核前，是否展示或提供药品说明书，是否发布含有功能主治、适应症、用法用量等信息，是否有处方药购物车服务功能设置；查验是否有以买药品赠药品、买商品赠药品等方式向个人赠送处方药、甲类非处方药的情况；网站提供电子处方开具链接服务的，查询提供电子处方服务的互联网医疗机构的资质是否合法；查验网站能否有效识别明显不合规的纸质处方；查验销售药品过程中是否存在不凭处方销售处方药以及先确认购买药品再后补处方的问题；查验在同一网站是否存在使用同一纸质处方可重复购买药品的问题；查看网站中处方药销售页面，是否醒目发布处方药相关风险警示告知信息；查验网站是否建立在线药学服务制度，由依法经过资格认定的药师或者其他药学技术人员开展处方审核调配、指导合理用药等工作（在线药学服务功能不能由 AI 机器人等信息系统/程序承担）；查看网站中药品销售页面，是否醒目提示消费者要进行收货确认，或是否采取其他方式提示消费者。

（二）第三方平台监督检查要点

对药品网络交易第三方平台的全面合规性监督检查，可按照国家药监局《药品网络交易第三方平台检查指南（试行）》（药监综药管函〔2023〕691 号）要求开展。

（三）药品网络零售企业监督检查要点

监管人员在企业现场通过询问、资料检查、产品抽查、登录网站及系统后台等方式开展全面合规性的监督检查。监督检查工作应当公正、客观，并当场做好检查记录。药品网络零售企业监督检查内容主要包括以下方面：是否依法取得药品零售许可资质；是否设立与其经营活动和质量管理相适应的组织机构，明确规定岗位职责、权限，配备与药品网络销售业务相适应的药学服务、售后服务、包装配送管理人员；是否制定药品网络销售质量管理制度；是否设立与药品网络销售规模相适应的包装区、待配送区等功能场所；网络销售药品的发货地址是否与其许可的生产、经营或库房地址一致；网络销售药品的经营方式和经营范围是否与许可的内容一致；企业是否完整保存供货企业资质文件、电子交易等记录；配送药品的包裹是否符合相关要求；配送的药品是否放置在独立空间并明显标识，确保符合要求、全程可追溯；企业对存在质量问题或安全隐患的药品，是否依法采取相应的风险控制措施，并及时在网站首页或者经营活动主页面公开相应信息；登录企业网站，按照日常巡查要点进行检查。

第二节　药品网络销售常见违法行为及法律责任

❓ 问题

执法人员在网上巡查一家已备案的第三方平台时发现，辖区内一家零售药店存在以下行为：在第三方平台上销售含麻黄碱类复方制剂、枯草杆菌二联活菌颗粒；消费者在线自述后即可购买到处方药，并有买二赠一优惠活动；在其销售网页上未见药品经营许可信息。经查询，该药店的经营范围为中成药、化学药。请问：零售药店有哪些违法违规行为，应当如何定性和处理？第三方平台又存在哪些违法违规行为？

一、药品网络销售违法犯罪的特征

（一）涉案人员组织形式以团伙为主

据有关统计材料，以团伙分工为组织形式的网络药品销售违法犯罪案件在总案例中占比较大，这可能是因为药品网络销售涉及加工进货、宣传欺骗、网店经营和货款收转等多个环节，过程较为复杂。例如，2023年湖北省鄂州市查处周某等人妨害药品管理案，涉及印度、日本以及国内山东、上海等多个省市，涉案300余人，抓获主要犯罪嫌疑人32人，捣毁非法仓储窝点11处。

（二）制假材料以低廉原辅材料为主

违法犯罪分子既要谋求利润最大化，又力求风险最小化，故通常采用低廉原辅料（以面粉、淀粉等为主）制假。部分违法犯罪分子为了牟取暴利，提高"药效"，还会添加诸如抗生素、各类激素等违规化学物质或其他有害成份。

（三）作案手段以假冒高知名度药品为主

高知名度药品以其过硬质量和良好声誉赢得消费者信任，违法犯罪分子在销售过程中也常常假冒进口抗癌类药品、国内高价知名药品。例如，2023年吉林省长白县查获大批假冒安宫牛黄丸，收缴成品和半成品40余万颗，抓获犯罪嫌疑人27人，涉案金额达1.2亿元。

（四）销售途径以第三方平台和社交平台为主

第三方购物平台因其网民信任度高、交易便捷性强、身份易隐蔽等特点成为违法犯罪分子的主要活动场所。近年来，微博、QQ和微信等公共社交平台成为违法犯罪分子发布药品虚假信息以及交易的主要渠道，这使得非法网络药品交易更加隐蔽、分散、灵活，不易监测和监管。

综上，药品网络销售违法犯罪主要特征，是以团伙为组织形式的违法犯罪人分工协作，购入或制作假劣药品，通过第三方平台或社交网络平台进行网上交易、收取货款，再以快递物流形式将药品运送到受害消费者手中（表4-3）。

表4-3　当前药品网络销售犯罪案件的作案手段与特点

序号	表现方面		常见情形
1		依托平台	开设非法、虚假网站
2		服务器架设	境内外租用，服务器可为多个
3	网络平台	域名注册	境外注册，经常变换，网站通常采用动态网址
4		登陆维护	使用通讯、代理访问，实际地址和登记信息不符
5		认证身份	使用虚假身份信息
6		信息显示	通过提供链接的后台网站

续表

序号	表现方面		常见情形
7		诱导名义	用合法掩盖非法
8	运	分工模式	地下一条龙产业链条
9	作	联系方式	使用虚假单位名称、地址、联系电话
10	模	资金支付	第三方支付或网上银行转账
11	式	物流方式	快递公司为主
12		资金提取	雇佣专门提款公司或个人，按比例分成

二、药品网络零售常见违法违规行为及法律责任

（一）未取得药品经营许可证销售药品的行为及法律责任

违法犯罪分子在没有取得药品经营资质的情况下，开展药品网络销售活动的常见情形有三种。一是以"网络展示+送货上门"方式销售药品。非法药品网络经营者在网站上登载企业基本情况和药品销售信息，并留有销售联系方式，通过送货上门的方式实现药品销售。二是自然人通过QQ、微信等社交平台销售药品。当事人在网络上常常没有真实名称、注册地址、营业场所等详细信息，仅在平台上列出药品名称、销售价格、图片等信息，之后通过电子邮件、QQ、微信等方式与消费者联系，交易方式灵活隐蔽。三是以国外代购形式销售未经注册、批准的国外（境外）药品，这种药品真假难辨，会给消费者带来很大安全隐患。未取得药品经营许可，擅自通过网络渠道销售药品，属于药品监管部门重点查处的违法行为，依据《药品管理法》第一百一十五条处罚。

案例

李某某通过网络无证经营药品案

案件事实： 2023年12月，网络监测发现李某某通过某APP发布短视频销售药品。执法人员先行对短视频进行存证，随后到当事人经营的小卖部进行现场检查，扣押了强力枇杷露、维C银翘片等药品。经查，当事人在未取得药品经营许可证的情况下，通过店内销售或者送货上门方式销售强力枇杷露、维C银翘片等药品，截至案发已售出药品53盒，货值金额为1495元，违法所得329元。

违法行为违反的法律条文：《药品管理法》第五十一条第一款。

案件处理： 综合考量当事人首次违法，积极配合调查，且当事人主观过错较小等因素，决定减轻行政处罚。依据《药品管理法》第一百一十五条规定，责令当事人改正上述违法行为，并处以没收违法所得329元和188盒涉案药品、罚款150000元的行政处罚。

来源：泉州市药品安全巩固提升行动典型案例暨民生领域案件查办"铁拳"行动典型案件（五）（2024-07-10）

（二）销售假药、劣药的行为及法律责任

网上非法售药主要针对疑难杂症，如癌症、糖尿病、高血压、风湿病等，经常以"权威专家""患者"名义对疗效虚假宣传，用"最科学""最先进"等绝对化词语进行描述，用"保险公司承保""无效退款"等承诺性语言误导患者，并利用患者急迫治病心理，以"祖传秘方""进口良药"等欺骗手段诱导患者购买。常见的表现情形是以非药品冒充药品，在保健食品、普通食品、一类医疗器械中非法添加激素、抗生素等药品成份，患者服用后有可能取得立竿见影的效果，但治标不治本，对患者身体会造成严重损害。

通过网络销售假药、劣药严重威胁人民群众生命健康，需要严厉打击。涉及假药的依据《药品管理法》第一百一十六条处罚；涉及劣药的依据《药品管理法》第一百一十七条处罚；销售假药、劣药行为构成犯罪的，依据《刑法》第一百四十一条、第一百四十二条规定追究刑事责任。销售未取得药品批准证明文件药品的，依据《药品管理法》第一百二十四条处罚。

> ### 案例
>
> #### 郭某某通过微信销售假药案
>
> **案件事实：** 2022年3月，根据投诉举报线索，药品监管部门联合公安机关对当事人郭某某进行调查，发现当事人在明知他人销售的医美产品是假药的情况下，以明显低于市场价的价格通过微信多次在刘某某等人处购买肉毒素，并以物流快递等方式向全国各地进行销售，涉案货值金额4.62万元。
>
> **违法行为违反的法律条文：**《药品管理法》第九十八条第一款。
>
> **案件处理：** 2023年7月，法院依据《药品管理法》第一百一十四条等法律、法规规定，判决被告人郭某某犯销售假药罪，判处有期徒刑十个月、罚金9.3万元、追缴违法所得4.62万元、禁止在3年内从事药品销售活动，并判处惩罚性赔偿金13.85万元。
>
> 来源：国家药监局公布5起药品网络销售违法违规典型案例（第四批）（2024-01-10）

（三）超经营方式、经营范围经营药品的行为及法律责任

超经营方式、经营范围经营药品常见的表现形式有两种。一是超出许可的经营方式。无药品零售资质的药品上市许可持有人、药品批发企业通过网络直接将药品销售给个人消费者或者仅有药品零售资质的企业向医疗机构、药品批发企业销售药品。二是零售药店面向个人消费者销售其经营范围之外的药品。例如，不具备生物制品销售资质的零售药店通过互联网向个人消费者销售生物制品。超经营方式、经营范围经营药品，依据《药品经营和使用质量监督管理办法》第六十八条处罚。

（四）销售禁止在网络上销售的药品的行为及法律责任

销售禁止通过网络销售的药品主要有两种情形。一是网络销售疫苗、血液制品、麻醉药品、精神药品、医疗用毒性药品、放射性药品、药品类易制毒化学品等国家实行特殊管理的药品。二是网络销售医疗机构制剂、中药配方颗粒、注射剂（降糖类药物除外）、含麻黄碱类复方制剂（不包括含麻黄的中成药）、含麻醉药品口服复方制剂、含曲马多口服复方制剂、右美沙芬口服单方制剂以及《兴奋剂目录》所列的蛋白同化制剂和肽类激素（胰岛素除外）等国家药监局《药品网络销售禁止清单（第一版）》所列目录的药品。销售禁止在网络上销售的药品，依据《药品网络销售监督管理办法》第三十三条处罚。

案例

某医药连锁有限公司网售特殊管理药品案

案件事实：2023年2月，网络监测发现某连锁药店通过自建药品网售平台"某某大药房"网售氢溴酸右美沙芬片等《药品网络销售禁止清单（第一版）》目录内的药品，货值金额合计2440.8元，违法所得2440.8元。

违法行为违反的法律条文：《药品网络销售监督管理办法》第八条第二款。

案件处理：依据《药品网络销售监督管理办法》第三十三条等规定，责令当事人立即改正违法行为，并处以没收违法所得2440.8元、罚款50000元的行政处罚。

来源：广东省药品安全巩固提升专项行动典型案例（第二批）（2023-09-22）

（五）信息展示相关违法行为及法律责任

《药品网络销售监督管理办法》第十三条规定，药品网络销售企业展示的药品相关信息应当真实、准确、合法。从事处方药销售的药品网络零售企业，应当在每个药品展示页面下突出显示"处方药须凭处方在药师指导下购买和使用"等风险警示信息。处方药销售前，应当向消费者充分告知相关风险警示信息，并经消费者确认知情。药品网络零售企业应当将处方药与非处方药区分展示，并在相关网页上显著标示处方药、非处方药。药品网络零售企业在处方药销售主页面、首页面不得直接公开展示处方药包装、标签等信息。通过处方审核前，不得展示说明书等信息，不得提供处方药购买的相关服务。第十九条第二款规定，第三方平台展示药品信息应当遵守第十三条的规定。违反上述规定的，依据《药品网络销售监督管理办法》第三十六条处罚。

需要注意的是，在监管实践中，以食品、一类医疗器械等非药品宣传药品疗效（功能主治）的情形较多，此种情况一般认定为违反上述第十三条第一款"药品网络销售企业展示的药品相关信息应当真实、准确、合法"的规定，依据《药品网络销售监督管理办法》第三十六条处罚。此外，《国家药监局综合司关于规范处方药网络销售信息展示的通知》（药监综药管函〔2023〕333号）规定，通过处方审核前，不得展示或提供药品说明书，页面中不得含有功能主治、适应症、用法用量等信息。在实践中，违反该规定的，以及网站中设置处方药购物车之类的服务功能的，一般认定为违反《药品网络销售监督管理办法》中"通过处方审核前，不得展示说明书等信息，不得提供处方药购买的相关服务"的规定，依据《药品网络销售监督管理办法》第三十六条处罚。

（六）处方药销售相关违法行为及法律责任

《药品网络销售监督管理办法》第九条规定，通过网络向个人销售处方药的，应当确保处方来源真实、可靠，并实行实名制；药品网络零售企业应当与电子处方提供单位签订协议，并严格按照有关规定进行处方审核调配，对已经使用的电子处方进行标记，避免处方重复使用；第三方平台承接电子处方的，应当对电子处方提供单位的情况进行核实，并签订协议；药品网络零售企业接收的处方为纸质处方影印版本的，应当采取有效措施避免处方重复使用。违反上述规定的，依据《药品网络销售监督管理办法》第三十四条处罚。

案例

龙岩市某医药有限公司违规网售处方药案

案件事实：根据12315互联网平台消费者举报，龙岩市市场监管部门对某医药有限公司在某网络平台开设的"大药房旗舰店"进行检查。经查，该店的后台数据显示：处方笺销售的药品阿莫西林胶囊与处方笺上的药品（胰岛素）不一致；当事人执业药师调配的处方上患者姓名与处方提供人姓名不一致。

违法行为违反的法律条文：《药品网络销售监督管理办法》第九条第一款。

案件处理：依据《药品网络销售监督管理办法》第三十四条第一款规定，责令当事人立即改正违法行为，处以31000元罚款。

来源：福建省药监局公布2024年第二批药品安全巩固提升行动典型案例（2024-07-09）

（七）其他违法行为及法律责任

未在网站首页或者经营活动的主页面显著位置持续公示其经营许可证信息的，依据《中华人民共和国电子商务法》（以下简称《电子商务法》）第七十六条处罚。未经药品网络销售企业的执业药师审方销售处方药，依据《药品经营和使用质量监督管理办法》第七十二条处罚。药品网络零售企业未按要求报告，依据《药品网络销售监督管理办法》第三十五条处罚。企业向个人销售药品，未按照规定开具销售凭证，违反药品GSP相关规定，依据《药品管理法》第一百二十六条处罚。

三、第三方平台常见违法行为及法律责任

（一）未按规定备案的违法行为及法律责任

《药品网络销售监督管理办法》第十八条规定，第三方平台应当将企业名称、法定代表人、统一社会信用代码、网站名称以及域名等信息向平台所在地省级药品监管部门备案。违反上述规定的，依据《药品网络销售监督管理办法》第三十九条处罚。

（二）未建立药品质量安全与相关管理制度的违法行为及法律责任

《药品网络销售监督管理办法》第十七条第一款规定，第三方平台应当建立药品质量安全管理机构，配备药学技术人员承担药品质量安全管理工作，建立并实施药品质量安全、药品信息展示、处方审核、处方药实名购买、药品配送、交易记录保存、不良反应报告、投诉举报处理等管理制度。违反上述规定，依据《药品网络销售监督管理办法》第三十八条处罚。

需要注意的是，《药品网络销售监督管理办法》第十七条第二款规定，第三方平台应当加强检查，对入驻平台的药品网络销售企业的药品信息展示、处方审核、药品销售和配送等行为进行管理，督促其严格履行法定义务。实践中，一般将"未建立并实施对入驻商户合规性的检查制度"的情形认定为第三方平台未履行第十七条第二款规定，并依据《药品网络销售监督管理办法》第三十八条处罚。

（三）未履行相关管理义务的违法行为及法律责任

《药品网络销售监督管理办法》第二十条规定，第三方平台应当对申请入驻的药品网络销售企业资质、质量安全保证能力等进行审核，对药品网络销售企业建立登记档案，至少每六个月核验更新一次，确保入驻的药品网络销售企业符合法定要求。第二十二条规定，第三方平台应当对药品网络销售活动建立检查监控制度。发现入驻的药品网络销售企业有违法行为的，应当及时制止并立即向所在地县级药品监督管理部门报告。第二十三条第一款规定，第三方平台发现下列严重违法行为的，应当立即停止提供网络交易平台服务，停止展示药品相关信息：不具备资质销售药品的；违反本办法第八条规定销售国家实行特殊管理的药品的；超过药品经营许可范围销售药品的；因违法行为被药品监督管理部门责令停止销售、吊销药品批准证明文件或者吊销药品经营许可证的；其他严重违法行为的。第二十三条第二款规定，药品注册证书被依法撤销、注销的，不得展示相关药品的信息。违反上述规定，依据《药品管理法》第一百三十一条处罚。

> **案例**
>
> **某三方平台未履行对入驻商户相关管理义务案**
>
> **案件事实：** 2024年2月，某地药监局接到举报称，某药店在网络交易第三方平台上销售医疗用毒性药品"生半夏"，要求严厉查处。经查发现，举报属

实。该药店具备毒性药品销售资质，生半夏系从正规渠道购进，且暂未在平台上发生实际销售。该第三方平台未建立检查监控制度，未尽到审核、报告和停止提供网络交易平台服务义务。

违法行为违反的法律条文：《药品网络销售监督管理办法》第二十二条。

案件处理： 对第三方平台依据《药品网络销售监督管理办法》第四十条，即依据《药品管理法》第一百三十一条规定处罚。

来源：《中国医药报》"依案说法 | 第三方平台上展示销售医疗用毒性药品，如何处理？"（2024-07-02）

（四）其他违法行为及法律责任

未在网站首页或者从事药品经营活动的主页面显著位置，持续公示营业执照、相关行政许可和备案、联系方式、投诉举报方式等信息或者上述信息的链接标识，由市场监管部门依据《电子商务法》第七十六条、第八十一条第一款处罚。承接电子处方的，未对电子处方提供单位的情况进行核实，并签订协议，依据《药品网络销售监督管理办法》第三十四条处罚。第三方平台未保存或保存的药品展示、交易记录与投诉举报等信息的期限不符合要求的，由相关主管部门依据《电子商务法》第八十条处罚。

第三节　药品网络销售违法案件查办技巧

? 问题

药品网络销售违法案件在查办过程中存在主体确定难、调查取证难等问题，如何针对药品网络销售违法案件的特点，利用信息技术手段发现案件线索、固定证据，进而查处违法犯罪行为？

依托网络技术、信息技术和现代物流手段而发生的药品网络销售违法案件与传统药品销售违法案件存在巨大差别，传统办案理念和方法技术难以有效发现网络销售违法犯罪线索。目前，药品网络销售违法案件查办还存在监测发现难、主体确定难、管辖确定难和调查证据收集难等问题。针对互联网特点，本节重点讲述有别于一般药品销售违法案件查办的要求和技巧。

一、药品网络销售案件查办基本思路

（一）主动开展监测，收集关键信息

根据日常监管情况以及投诉举报、社会舆情等信息确定监测重心。围绕监测重心，对相关网站以及专业医药论坛、涉药微信群、聊天室、微博等多种网络公众区域的药品

推介、评论和交易信息进行监测。快速甄别出参与交易的交易主体、药品品种、交易数量、资金流向等关键案源信息，消除无用信息，并形成包括涉案交易时间、涉及品种、案件规模等的基础数据。

（二）检查涉嫌平台，确定违法主体

根据网络监测、舆情监测、投诉举报等途径发现的网络药品安全违法行为线索，查看涉嫌网站、手机APP等网络平台，确认涉嫌违法行为的存在，及时获取电子证据并固定证据。同时可以采取网络对话、网络购物等形式固定当事人违法行为，分析和确定办案方向。

（三）确定线下实体，锁定打击目标

通过网络平台显示信息、网络搜索信息、投诉举报信息、通信管理部门备案资料等获取平台线下实体地址、法人、联系人等经营信息，掌握涉案人的名称、身份、地址、资质等情况。通过暗访、排查、试买、物流回退等方式对违法分子进行定位。

（四）明确违法性质，查办涉案实体

确定信息流（购买者、销售者、销售渠道、销售内容、销售数量）、资金流（支付人、收款人、支付方式）、物流信息（物流公司、物流时间、物流起始地和目的地）、交易网络架构图以及每个参与者在架构中对应的身份、位置，明确违法行为性质。在做好案件查处的基础上，及时查控问题药品，监督生产经营者履行召回、停止销售、告知、报告等义务；及时通报、移送案件线索。

（五）协同部门打击，关闭违法平台

在案件查办行动阶段要与公安、通信管理等部门协同执法。与公安机关联合开展对涉案地点的突击检查，并进行分工协作；对违法网站要依法商请通信管理部门及时关闭。

二、巡查监测技巧

（一）网络巡查技巧

已取得药品零售资质的主体和已备案的第三方平台是药品网络销售的主要渠道，要通过经常性定期和不定期的网上巡查进行重点监管。网上巡查的开展一般由监管人员登录相关网站，核实企业药品网络销售资质、网站名称、单位名称、网址、IP地址等，抽查网站发布的药品信息真伪，检查药品网络销售的真实性、合法性。网络巡查要广覆盖，并以发现主要违法违规行为为导向，同时要重点关注第三方平台以及未及时报告的自建药品网络销售网站。

（二）网络监测技巧

现实中大多数药品网络零售违法行为是由未取得药品零售资质的主体以及未备案的

第三方平台所为，需不断对ICP备案地为本地、但没有取得合法药品经营资质的网站以及未备案的第三方平台加强主动网络监测。由于网站数量巨大而行政监管力量有限，应有重点地开展网上监测，重点关注有投诉举报的网站以及病友（病种）论坛、各类交友群、跨境电商平台、个人闲置物品转让平台（网站）等。同时，通过搜索引擎在一定范围内对违法药品网络销售行为进行主动监测。

1. 搜索关键词的选定技巧　选定关键词是使用搜索引擎最基本的技巧，合适的关键词可以准确搜索出符合要求的信息。

（1）关键词表达准确　表达准确是获得良好搜索结果的前提，如使用关键词"销售+药品"，在百度上搜索会出现约66.4万个结果，在搜狗上会出现约28.7万个结果。在如此海量的信息中，很难快速找到有价值的信息。实践中，可按照网络药品违法销售行为特点设置合适的关键词，如使用常见网络上销售的假药名（大多数是商品名、俗称）设置关键词，如易瑞沙、马兰法等；使用非法药品网络销售所针对的常见病名来设置关键词，如高血压、糖尿病、痛风、癌症等；使用违法分子经常使用的隐晦表达言语，如私聊、私信、见面交易、代购等。这些正是非法药品网络销售者填报搜索引擎的关键词，或者是网站推广关键词。

（2）多选关键词　搜索引擎不能处理自然语言和人机对话，要把个人想法提炼成简单的、与信息内容主题关联的关键词。一般而言，提供给搜索引擎的关键词越具体，搜索引擎反馈无关网站站点的可能性就越小；提供的关键词越多，搜索引擎获得的结果越精确。

2. 实际搜索技巧　一些搜索技巧的运用会大幅提高搜索效率。

（1）使用双引号（""）　在想要搜索的关键词前后加上双引号，搜索结果就会严格按照被引用的内容进行匹配，包括文字内容和字符顺序。如搜索"互联网药品"，那么搜索结果中"互联网"和"药品"就不能分开，也不能颠倒顺序，漏字或多字。

（2）使用加号（+）　使用加号可让结果中都带有加号后面的内容，如搜索"互联网+药品"（"+"左边留有一个空格，右边无空格；此处引号是行文需要，不是搜索技巧格式要求，下同），会出现包含加号前后内容的所有结果。"+"内容理论上可无限添加，如"互联网+药品+销售"（每个"+"前都留有空格）。

（3）使用"|"符　在两个关键词中间加"|"符号，如搜索"互联网|药品"，会显示包含"互联网"或"药品"的结果，而不一定同时包含两个关键词。

（4）使用通配符　通配符主要用在英文搜索引擎中，包括星号（*）和问号（?），前者表示匹配的字符数不受限制，后者匹配的字符数受到限制。如输入"computer*"，就可以找到"computer""computerized"等单词，而输入"comp?ter"，则只能找到"computer""compater"等单词。

（5）使用元词检索　大多数搜索引擎都支持元词（metawords）功能，将元词放在关键词前面，就可以告诉搜索引擎想要检索内容的明确特征。常见元词有intitle、inurl、site、filetype等。

此外，人工智能技术的日益成熟，会给网络监测带来越来越多的帮助。

三、分析研判技巧

在对前期收集到的信息进行初筛的基础上，利用药品专业知识和统计分析技巧对初筛信息逐条配对，整理出相关药品交易信息，快速甄别出参与交易的交易主体、药品品种、交易数量、资金流向等关键案源信息，消除无用信息，形成包括涉案交易主体、涉及品种、案件规模等的基础数据。

（一）IP地址的查询和锁定

在发现网站涉嫌药品网络销售违法行为后，需要查询并锁定网站主机服务器的IP地址，以便进一步追查。

（二）拓展案件侦查途径

网络违法犯罪案件的侦查可以从身份条件入手，由虚拟身份反查IP地址、真实身份、地址、其他虚拟身份及当前方位等。也可从赃款条件入手，查询赃款去向。还应对发现的药品网络销售违法行为线索进行登记汇总，内容应包括涉嫌违法网络平台IP地址、ICP备案号及涉嫌的违法行为；涉嫌违法线下实体登记信息、销售（联系）电话归属地、涉嫌的违法行为等。

（三）确定办案方向

首先对基础数据进行分析研判，确定相关药品通过网络销售和推广的合法性、药品的真伪性、品种的特性以及社会危害性等，并注意研判涉案主体基本情况、药品经营资质等信息。在此基础上确定每个药品网络销售涉案价值与交易特性，分析案件性质、案件规模、分析基础数据的真实性和案件办理的可行性。之后，确定合作部门（工信、公安等）和初步打击目标、打击方案，明确工作方法、办案方向。

四、证据收集技巧

电子证据在证明犯罪行为中具有关键作用，收集网络电子证据是查办工作的重中之重。要综合运用数据监测技术、加解密技术、日志分析技术、对比搜索技术、数据恢复技术等电子证据收集分析技术勘查网络现场，广泛收集电子证据，确保电子证据全面真实。由于电子证据与传统证据有明显的区别，其证据收集方式、收集手段、认证等和传统证据都有差异。

（一）电子证据收集对象

一般说来，对计算机网络进行搜查时需扣押查证三类证据：计算机软件、硬盘上存储的电子证据；开放网络空间上的电子证据；存留在其他载体上的电子证据，如手机、其他电子设备甚至图像、视频摄录设备上的电子证据。

（二）证据链的主要证据

包括当事人主体资格的证明、当事人实施违法行为场所的现场检查情况、当事人对于违法行为整体情况的陈述、网络中证明当事人违法行为的证据（相关网站、网页的截屏）、当事人使用网站或创建网站的证明（服务器租赁合同、网站代建合同、域名备案等）。

这些必备证据反映的是药品网络销售案件"共性"特征。收集体现某一案件不同于其他案件的"个性"证据也是形成案件证据链的必不可少的环节。相关电子数据取证规定参见《市场监督管理行政执法电子数据取证暂行规定》（国市监稽规〔2024〕4号）。

第四节　医疗器械以及化妆品网络销售监督检查

医疗器械以及化妆品网络销售监管的理念和方式、方法与药品网络销售监管总体类似，可相互借鉴。但由于产品属性和特性的差异，药品、医疗器械以及化妆品在监管法规文件、典型违法违规行为及法律责任等方面各有特点。

一、医疗器械网络销售监督检查

（一）主要依据

包括《医疗器械监督管理条例》《医疗器械经营监督管理办法》《医疗器械网络销售监督管理办法》《国家药监局综合司关于印发医疗器械网络销售违法违规行为查处工作指南（试行）的通知》（药监综械管函〔2024〕177号）等。

（二）典型违法案例

1. 未经许可从事医疗器械网络销售

> 📋 **案例**
>
> **某大药房未经许可在第三方平台销售第三类医疗器械案**
>
> **案件事实：**某大药房有限公司未取得医疗器械经营许可证，在电商平台销售第三类医疗器械"甲型流感病毒抗原检测试剂盒（胶体金法）"等产品。至查获时止，当事人已销售475盒（另有35盒未销售），货值金额18207.72元，违法所得16855.67元。
>
> **违法行为违反的法律条文：**《医疗器械监督管理条例》第四十二条第一款、第四十六条。
>
> **案件处理：**依据《医疗器械监督管理条例》第八十一条规定，给予警告、没收第三类医疗器械35盒、没收违法所得16855.67元、罚款27311.58元的行政处罚。
>
> **来源：**浙江省药品安全巩固提升暨打假治劣"药剑"行动第四批典型案例（2024-11-15）

2. 销售未取得医疗器械注册证的医疗器械

> **案例**
>
> ### 某生物科技有限公司销售未取得医疗器械注册第二类医疗器械案
>
> **案件事实：**2023年5月福建省厦门市市场监管部门收到举报反映某生物科技有限公司通过线上平台销售未依法注册第二类医疗器械"医用冷敷贴"，该冷敷贴属于自2023年4月1日起未依法取得医疗器械注册证不得生产、进口和销售的产品。经查，当事人共销售上述产品30盒，销售额共816.95元。
>
> **违法行为违反的法律条文：**《医疗器械监督管理条例》第四十五条。
>
> **案件处理：**依据《医疗器械监督管理条例》第八十一条第一款第一项、第八十九条第一款第三项的规定，责令当事人立即改正违法行为，并处以警告、没收违法所得816.95元、罚款50000元的行政处罚。
>
> 来源：国家药监局通报6起医疗器械网络销售违法违规案件信息（第五批）（2024-03-27）

3. 未按规定展示医疗器械注册证或者备案凭证

> **案例**
>
> ### 某医疗器械有限公司网售医疗器械未展示医疗器械注册证案
>
> **案件事实：**2022年9月30日，上海市静安区市场监管局根据国家医疗器械网络销售监测平台提供的线索，对某医疗器械有限公司进行检查。经查，当事人在找商网销售"医用一次性防护服"，未展示该产品医疗器械注册证，当事人曾因未展示医疗器械注册证被责令改正和警告。
>
> **违法行为违反的法律条文：**《医疗器械网络销售监督管理办法》第十条。
>
> **案件处理：**上海市静安区市场监管局给予当事人行政处罚。
>
> 来源：国家药监局通报6起医疗器械网络销售违法违规案件信息（2023-05-08）

4．将非消费者自行使用的医疗器械销售给个人消费者

案例

某商贸有限责任公司将非消费者自行使用的医疗器械销售给消费者个人案

案件事实：2024年2月，重庆市渝中区市场监管部门现场检查发现重庆某商贸有限责任公司通过美团平台销售"一次性使用无菌阴道扩张器"，该产品包装上标示"供医疗机构及计划生育部门作妇产科检查使用"。

违法行为违反的法律条文：《医疗器械网络销售监督管理办法》第十三条第三款。

案件处理：依据《医疗器械网络销售监督管理办法》第四十四条第二款的规定，责令整改，并给予罚款10000元的行政处罚。

来源：国家药监局通报5起医疗器械网络销售违法违规案件信息（第六批）·（2024-05-31）

二、化妆品网络经营监督检查

（一）主要依据

包括《化妆品监督管理条例》《化妆品生产经营监督管理办法》《化妆品网络经营监督管理办法》。

（二）典型违法案例

加强网络销售化妆品监督管理，重点整治和打击三类行为：一是利用网络销售未经注册或者未备案的化妆品以及国家或者省级药品监管部门通知暂停或者停止经营的化妆品；二是标签违法宣称的化妆品，如对标签存在虚假或者引人误解的内容，明示或者暗示具有医疗作用，违法宣称药妆、干细胞、刷酸、医学护肤品等；三是存在质量安全风险的化妆品，主要是非法添加可能危害人体健康物质的化妆品、使用禁用原料生产的化妆品、超范围或者超限量使用限用组分生产的化妆品等，重点关注儿童化妆品、祛斑美白类化妆品等。

1．经营未经备案的化妆品

案例

某公司网络销售未经备案的化妆品案

案件事实：某公司开设的某某网店中显示产品标题名称为"某堂唇膏"。经查，该当事人存在经营未经备案的化妆品的行为。

违法行为违反的法律条文：《化妆品监督管理条例》第十七条。

案件处理：依据《化妆品监督管理条例》第六十一条的规定，没收违法所得154.8元，予以罚款处罚。

来源：建瓯市市场监管局公布一批化妆品网络销售典型案例（2024-09-24）

2. 销售标签不符合规定的化妆品

案例

通过网络销售标签不符合规定的化妆品案

案件事实：经查，2023年10月至2023年11月期间，当事人将其以自用名义分批购买的无中文标签的进口化妆品（该款产品已由其合法国内代理人办理过进口备案手续），通过其个人微信朋友圈进行销售。截至案发，当事人累计销售无中文标签的进口化妆品销售额为573元，违法所得573元。经营场所内货架上摆放的待售无中文标签进口化妆品货值共计101511元，以上货值合计102084元。

违法行为违反的法律条文：《化妆品监督管理条例》第三十五条第二款。

案件处理：依据《化妆品监督管理条例》第六十一条的规定，没收标签不符合规定的化妆品，并处以没收违法所得573元、罚款204168元的行政处罚。

来源：浙江省药品安全巩固提升暨打假治劣"药剑"行动第四批典型案例（2024-11-15）

3. 经营不符合强制性国家标准、技术规范的化妆品

案例

网络销售不符合强制性国家标准化妆品案

案件事实：2021年，某商贸有限公司设立的网店"××××全球美妆颜选"经营的"××××护面膜"被监管部门抽检，经检验显示，产品菌落总数不符合《化妆品安全技术规范》（2015年版）的规定，检验结果判定为不符合规定。

违法行为违反的法律条文：《化妆品监督管理条例》第二十五条第三款。

案件处理：依据《化妆品监督管理条例》第六十条的规定，除责令该公司改正上述违法行为外，并处没收违法所得3324.09元、罚款12000元的行政处罚。

来源：驻马店市市场监管局"典型案例：驻马店市某商贸公司网店销售不合格化妆品被罚"（2022-06-16）

第五章　药品抽检

✏️ 学习导航

1. 掌握药品抽检规范和药品检验结果处理方法。
2. 熟悉药品抽样要求。
3. 了解药品标准、药品抽检模式沿革和法律依据。

药品质量抽查检验（以下简称药品抽检）是上市后药品监管的重要手段，是防范药品潜在风险和隐患、提升药品质量水平的重要技术支撑。通过药品抽检能够及时了解药品质量动态，查找和分析药品风险和隐患，更好地掌握和判断药品生产、经营、使用状况，从而对上市药品实施有效监管。《药品管理法》规定，药品监管部门根据监管需要，可以对药品质量进行抽查检验，对药品监管部门开展药品抽检进行了赋权。国家药监局出台了《药品质量抽查检验管理办法》（以下简称《抽检管理办法》）、《药品抽样原则及程序》，明确了药品抽检计划制定要求、抽样规范、检验要求、抽样原则及程序、监督检查、信息公开等，进一步规范了药品抽检工作。本章从药品抽检计划、药品抽样规范和技巧、检验结果处理等几个方面进行阐述。

第一节　药品抽检计划

(?) **问题**

药品抽检分几类？药品抽检计划重点关注哪些？

一、药品抽检的定义与分类

（一）药品抽检的定义

药品抽检，是指药品监管部门根据监管需要，按一定的原则，依法抽取一定数量生产、经营和使用的药品，作为其整体的代表性样品进行质量检验的过程，包括药品抽样和药品检验。药品抽样是实施检验的前提，由抽样单位按照年度药品抽检计划，根据《药品抽样原则及程序》要求组织实施。药品检验是药品研制、生产、经营和使用等监管环节的重要技术支撑。药品抽检不仅为药品技术审评、质量评价等工作提供技术依据，也为检查、监测、标准提升、稽查执法等提供工作线索。

（二）药品抽检的分类

药品抽检根据监管目的一般可分为监督抽检和评价抽检。监督抽检是指药品监管部门根据监管需要对质量可疑药品进行的抽查检验，评价抽检是指药品监管部门为评价某类或一定区域药品质量状况而开展的抽查检验。此外，为发现潜在药品质量安全风险，药品监管部门可以对中药材、直接接触药品的包装材料和容器、药用辅料以及其他可能影响药品质量安全的因素以抽样检验方式开展质量监测。

药品抽检根据监管职责和监管权限不同，分为国家抽检和地方抽检。《抽检管理办法》规定，国务院药品监管部门负责组织实施国家药品质量抽查检验工作，在全国范围内对生产、经营、使用环节的药品质量开展抽查检验，并对地方药品质量抽查检验工作进行指导。省级药品监管部门负责对本行政区域内生产环节以及批发、零售连锁总部和互联网销售第三方平台的药品质量开展抽查检验，组织市县级人民政府负责药品监管的部门对行政区域内零售和使用环节的药品质量进行抽查检验，承担上级药品监管部门部署的药品质量抽查检验任务。

二、药品抽检计划的制定

药品监管部门负责药品的抽查检验工作，由药品监管部门设置或指定的药品检验机构依法承担抽样药品的检验工作。药品监管部门应坚持问题导向和风险防控原则，在充分调研的基础上，结合药品质量状况，科学制定抽样计划，合理确定抽样规模，有序组织开展药品抽检工作。

（一）科学确定药品抽检品种和抽样量

1. 抽检品种确定 有针对性的抽样计划和品种选定能有效评价辖区内药品的总体质量水平，及时发现违法违规行为。抽样计划通常涵盖基本药物、国家和省药品集中采购中选品种、通过仿制药一致性评价品种、中药饮片等高风险品种；将本行政区域内生产企业生产的，既往抽查检验不符合规定的，日常监管发现问题的，不良反应报告较为集中的，投诉举报较多、舆情关注度高的，临床用量较大、使用范围较广的，质量标准发生重大变更的，储存要求高、效期短、有效成份易变化的，新批准注册、投入生产的药品列为抽检重点品种。药品检验机构根据品种抽检需求，确定抽样量。

2. 抽检范围 根据药品抽检工作要求，药品监管部门分别从药品生产、经营、使用和进口等环节抽取样品。

3. 抽检覆盖原则 被抽样单位应有一定覆盖率和代表性。对药品生产企业应实施当年在产品种全覆盖抽检，防范源头质量风险。对药品经营企业应实施科学性覆盖，重点防控储运不当的隐患与风险。对药品使用单位应实施针对性覆盖，防控终端用药风险。在批次数量和重点品种、安全项目等方面应明确要求，科学安排抽检频次与批次，控制好品种的抽检比例。

4. 抽检费用 《药品管理法》第一百条第一款规定，抽查检验应当按照规定抽样，并不得收取任何费用；抽样应当购买样品。所需费用按照国务院规定列支。承担任务的药品监管部门应提前做好经费预算。经费使用应按照财政部门和药品监管部门制定的药品抽检专项经费管理办法的规定，专款专用。

（二）明确抽检程序和工作要求

药品抽检程序一般包括抽样、检验、核查处置等程序。

1. **抽样**　在抽检计划中应明确抽样机构和抽样要求，抽样组织单位应制定细化实施方案，完善工作机制，规范工作流程，落实岗位责任，着力提高抽样靶向性和问题发现率，及时发现质量安全隐患，揭示潜在风险。

2. **检验**　在抽检计划中，抽检组织单位应按规定自主选择具有法定资质的检验机构承担检验任务，充分发挥药品检验机构技术仲裁职能，确保年度任务有序推进、按时完成。承检机构应严格按照规定做好样品接收、保存，按时安排检验，按照国家药品标准及补充检验方法对所承检的品种进行全部检验项目检验，在法定时限内出具规范检验报告书。同时根据监管工作需要，承检机构可以采用药品标准以外的检验项目和检验方法开展探索性研究，为防控潜在风险和隐患、提升药品质量水平、加强药品监管提供技术支撑。

3. **核查处置**　抽检组织单位收到不合格药品检验报告后，应按程序组织开展核查处置，将不合格药品检验报告书送达相关企业，及时对不合格药品立案调查，并采取风险控制措施，涉嫌犯罪的移送公安机关，并积极配合做好后续查办工作。

（三）专项抽检计划

抽检组织单位根据监管情况的变化，可对药品抽检计划进行调整，制定专项抽检计划，确定抽检的品种、环节和批次，明确抽样、检验和结果处置的要求和时间安排，做好与年度抽检计划的统筹协调。

第二节　药品抽样

> ? **问题**
>
> 药品抽样要按照哪些程序进行？

一、药品抽样准备

（一）合理配备抽样人员

药品监管部门在开展药品抽样工作时，应当派出至少2名药品抽样人员完成。抽样人员应具备相关的药品知识，接受过专业法规和抽样技能的系统性培训，并保持一定时间内的稳定性。抽样人员应当熟悉相关法律、法规和规范性文件，了解《中国药典》等药品标准要求,熟悉药品的外观状态、正常标识、贮藏条件等要求,并可对异常情况做出基本判断。抽样人员应当正确掌握各类抽样方法,熟练使用采样器具。

(二)准备抽样装备

抽样需要配置能在线上网的电脑、打印机、照相机、书写文具,有无菌要求的药品抽样(如无菌原料药)需要生产单位的无菌抽样间;其他特殊的抽样情况(如生物制品抽样,放射性药品抽样)还需要根据抽样任务额外增加车载冰箱、冷藏包、隔离箱。抽样人员抽样前,应当准备委托书或行政执法证、样品封签、药品抽样记录及凭证、样品(物证)密封袋等必要的凭证。

二、药品抽样规范

(一)药品抽样的程序

1. **取样** 抽样分为现场抽样和网络抽样。现场抽样场所应当由抽样人员根据被抽样单位类型确定。药品生产环节抽样一般在成品仓库和药用原料、辅料或包装材料仓库,药品经营环节抽样一般在经营企业的药品仓库或零售企业的营业场所,药品使用单位抽样一般在药品库房。网络抽样由抽样人员以网络购药方式购买样品,不得告知被抽样单位购样目的,收货地址不得体现抽样单位信息。

现场抽样时,抽取的样品必须为已放行或验收入库的待销售(使用)药品,对明确标识为待验产品或不符合规定(不合格)产品的,原则上不予抽取。抽样人员在执行现场抽样任务时,应当对储存条件和温湿度记录等开展必要的现场检查,查看被抽样单位生产经营使用资质及相关材料,实地查看贮藏场所环境控制措施、运行状态及监控记录、存放标识等情况,现场查验包装标签标示的名称、批准文号、批号、有效期、药品上市许可持有人等内容,查验药品外观包装(如有无破损、受潮、受污染或假冒迹象等)。

在执行网络抽样任务时,应当对网店展示的经营主体信息和药品信息等进行检查。检查发现影响药品质量的问题或存在其他违法违规行为的,应当固定相关证据,必要时可以继续抽取样品,并将相关证据或样品移交对被抽样单位具有管辖权的药品监管部门处置。近效期的药品应当满足检验、结果告知和复验等工作时限,方可抽样;组织抽检的药品监管部门有特殊要求的药品除外。因特殊情况不能在规定时间内完成抽样任务时,抽样单位应当以书面形式报告组织抽检工作的药品监管部门,并告知承担药品检验任务的药品检验机构。

2. **包装、签封** 每份样品应分别包装并封口,并按照说明书规定的条件保存,应使用专用封签签封样品,完整、准确填写封签内容,由抽样人员和被抽样单位相关人员共同签字,并加盖印章或指模;签封应达到保证无法调换样品的目的。抽样凭证信息应完整、正确,内容与样品实物保持一致,经抽样人员、被抽样单位双方签字盖章确认。

3. **信息录入** 抽样数据内容录入应正确完整,与药品说明书、标签保持一致,与送承检单位的样品实物内容、批数一致。

4. 贮藏运输　样品在贮藏运输过程中，应当按照贮藏运输条件的要求，采取相应措施并记录，确保全程符合药品贮藏条件，保证样品不变质、不破损、不污染。样品一般应由抽样人员寄（送）至承检机构，需要委托他人运输时，应当选择具备相应贮藏运输资质和条件的单位。特殊药品的贮藏运输，应当按照国家有关规定执行。

5. 索取资料　在药品生产单位抽样，除了样品、抽样凭证外，还需要按照抽样计划要求索取相关纸质资料，一般包括药品生产许可证、药品批准证明性文件、药品检验质量标准、无菌验证资料（部分品种）、药品生产工艺流程图、药品出厂检验报告；在药品经营、使用单位抽样，还需要索取药品经营许可证、反映购入渠道的合同、发票及其他凭证。以上纸质资料均为复印件，经与原件核对无误后，加盖被抽样单位公章。

药品抽样规范性程序详见图5-1。

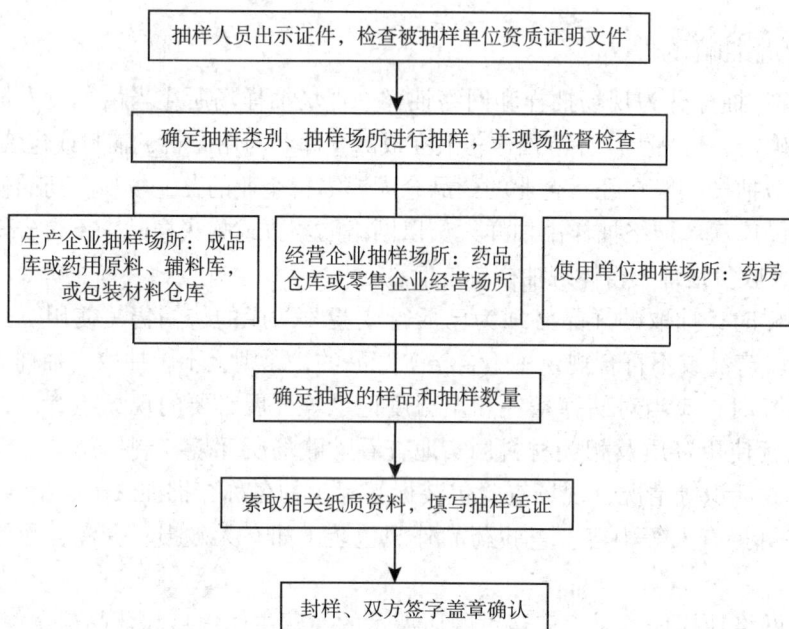

图5-1　药品抽样程序图

（二）药品抽样的方法

药品抽样方法分为随机抽样和非随机抽样。抽样数量应当按照当次抽查检验计划或抽样工作实施方案执行。样品选择一般应当遵循随机原则；也可根据工作安排，以问题为导向，通过快速筛查等技术手段针对性抽取样品。

1. 随机抽样

可以采用简单随机方法、分层比例随机方法、系统随机方法、分段随机方法等进行随机抽样。

（1）简单随机方法　在抽取同一药品上市许可持有人生产的药品时，首先将药品批号进行编码，然后采取抽签、掷骰子、查阅随机数表或者用计算机发随机数等简单随机方法确定抽样批。

（2）分层比例随机方法　如在抽取多个药品上市许可持有人生产的药品时，首先按药品上市许可持有人产品质量信誉的高低分为若干层次（例如可以分为A、B、C三层），然后按照质量信誉高的少抽、质量信誉低的多抽的原则，确定各层次药品上市许可持有人的抽样比例（例如1∶2∶3），随之确定各层次药品上市许可持有人的抽样批数，最后按简单随机抽样方法确定抽样批。抽样人员可根据实际情况采用科学合理的分层随机方法。

（3）系统随机方法　首先将抽样批总体（即全部包装件数N）分成n个（即抽样单元数）部分，然后用简单随机方法从第一部分中确定某个包装件为抽样单元，最后按相等间隔（N/n）从每个部分中各抽取一个包装件作为抽样单元。

（4）分段随机方法　适用于大包装套小包装的情况下抽样单元的确定。首先根据大包装的件数分别随机确定一级抽样单元数和一级抽样单元；然后根据一级抽样单元中较小包装的件数分别随机确定二级抽样单元数和二级抽样单元，以此类推，直至抽出最小包装的抽样单元。

2. 非随机抽样

发现质量可疑或有其他违法情形的药品时，可以从整体中划出，单独开展针对性抽样。当抽样人员通过外观检查不能判别质量又难以实施随机抽样时，可以进行偶遇抽样，从抽样批的不同部位确定所遇见的包装件为抽样单元。

（三）药品抽样记录及凭证填写规范

药品抽样记录及凭证是抽样工作和检验工作的基本保证。一般应通过抽检系统打印"药品抽样记录及凭证"，确保内容真实、准确；手书的"药品抽样记录及凭证"应字迹清晰、书写规范、内容正确，保持页面整洁，不能随意删改。实践中，一些执法人员在填写"药品抽样记录及凭证"时，填写不规范，随意性较大。被抽样单位往往会以填写错误的"药品抽样记录及凭证"为理由，对检验结果提出异议，使核查处置工作陷入被动，因此，"药品抽样记录及凭证"的正确填写非常关键，需注意以下要点。

"抽样任务"名称选填正确，如2024年省级药品监督抽检任务。"抽样"单位必须填写抽样单位全称（与公章一致）。"检验单位"必须选择正确的检验单位，填写检验单位全称。"抽样日期"填写到日。"药品通用名称"填写药品通用名称，不包括商品名，且须与送检样品标签名称一致，如氯芬待因片、消炎利胆片。"药品商品名"填写药品包装上的商品名称，如包装上没有商品名称，填写"无"，不可空白，注意不能将注册商标与商品名混淆。"药品上市许可持有人（含配制单位或产地）名称"准确填写药品包装盒上药品上市许可持有人名称的全称，禁止简写；委托生产的样品填写被委托单位的全称、地址及所属省份。"药品上市许可持有人地址"按药品包装盒或者说明书中的地址全称填写。"剂型""包装规格""制剂规格"按药品外包装或说明书中的规格项填写，如片剂；铝塑泡罩包装，12片/板，1板/盒；双氯芬酸钠25mg；复方制剂规格直接填写"复方"；中药制剂按照包装上标注的填写；中药饮片的制剂规格为"中药饮片"。"批号"填写样品的最小包装打印的批号，如有分批号不能省略，如20230905-1。"效期"填写样品的最小包装打印的有效期，如至2025年9月4日。"批准文号"按药品包装盒或者说明书的批准文号项填写，如国药准字 H20230905，不能省略"国药准字"。"药品类别""外包装情况""抽样地点性质"不可空缺，如"药品大类"化学药；"抽样环节"经营单位；"抽样性质"批发企业；"抽样数量"填写实际送样数量，如为大或中包装，应填写最小包装的数量；"抽样说明"不可空缺，如无特殊说明内容，填写"无"；"样品包装"按所给的项目进行选择，如选择其他，应备注说明样品包装，如"安瓿"，原则上按照标签、说明书标示完整填写。"被抽样单位"填写被抽样单位的全称，且应与被抽样单位的公章一致。"被抽样单位地址、社会信用代码、联系人、电话"项准确填写，不可空缺。"被抽样单位经手人签名（盖章）项"不可空缺，签章字迹要清晰。抽样单位至少两名抽样人员签名，字迹清楚。

此外，关于购样费用支付方式，根据财务制度要求，一般采用非现场结算方式支付，完成抽样后，抽样人员填写药品单价，药品总价，支付单位，支付单位组织机构代码，支付单位联系人、电话、通讯地址，支付金额，收款单位银行账户，收款单位开户行，收款单位提供票据，收款单位联系人、电话等信息。采用现场结算方式的，抽样人员在抽样时以刷银行卡等方式现场结算购样费用，在"药品抽样记录及凭证"上标明，并由被抽样单位向抽样单位开具票据，支付凭证由抽样单位留存。

（四）网络销售药品抽样要求

网络销售药品抽样由抽样人员以网络购药方式购买样品，不得告知被抽样单位购样目的，收货地址不得体现抽样单位信息。抽样人员应在收到网购药品后对递送包装、样品包装、样品储运条件等进行核验，确认样品符合抽样要求的，应使用专用封签签封样品，并按要求填写"网络销售药品抽样记录及凭证"，由抽样人员签字、加盖抽样单位有效印章，无需被抽样单位签字或盖章。抽样人员以截图、拍照或录像等方式记录网店展示的经营主体信息、样品销售页面信息及购样交易记录等信息，并对到样后拆封核验、封样等过程进行全程录像，确保样品可溯。网络购买处方药时，抽样单位可以商请同级卫生健康部门协调医疗机构开具虚拟处方，以完成网络购药流程。

三、药品抽样技巧

（一）提高药品抽样的针对性

1. 有效收集假药、劣药相关信息

收集假药、劣药信息应当掌握信息的收集方法，通过运用收集的假药、劣药信息，有针对性地进行抽检。可重点关注药品国抽和各省省抽发布的药品质量公告、药品检验质量分析报告、不良反应报告中的相关信息，通过信息分析，梳理出容易出现质量问题和被假冒的品种、剂型、生产厂家、生产区域，为增加抽样的针对性提供参考。

2. 注重把握假药、劣药外部特征

假药、劣药的外部特征具有一定的规律，了解、掌握、运用这些规律，既可以提高针对性，又可以不断丰富已有的经验。要掌握药品标准中有关外观性状鉴别的规定、药品标签说明书中有关标注书写规范。

3. 现场抽样品种的判别要点

（1）直视判别 对于透过包装直接可以看到的药品进行观察判别，如片剂，有无裂片、变色、花斑、潮解等；水针剂和液体剂，有无异物、变色、结晶、浑浊、沉淀、絮状物、装量偏少等；粉针剂，有无杂色、潮解等。

（2）听觉判别 对于无法直视的药品，利用药品与直接接触药品的包装材料碰撞的声音进行判别，如片剂和丸剂，摇动最小包装，有无声音不脆或粘连成团感觉等；颗粒剂，如颗粒均匀，摇动起来声音比较整齐，否则有可能结块或不均匀；胶囊剂，正常情况下摇动起来除了能听到胶囊与包材的碰撞声外，还应能听到胶囊内的药物与胶囊的碰撞声，否则可能受潮。

（3）手感判别 对于软包装的药品，透过包装用手捏、折，感觉有无改变原来的性状，如胶囊剂和膏剂，有无发硬、变脆；丸剂，有无变软或发硬；颗粒剂，有无结块成团。

（4）外观判别 药品包装有无破损、浸水、霉变；标签说明书有无异常，内外标注有无冲突；封口是否严实，有无药物渗、漏、浸出等。

4. 结合查办其他违法行为进行抽样

在日常执法中，发现其他药品违法行为有可能涉及药品质量问题的，应当进行抽检，以确认或发现新的案源。发现药品储存和运输的条件不符合药品标签说明书上标注要求的，应当对涉及的药品进行抽样，重点关注温度、湿度和光照要求，特别是要对未按特殊存放条件存放，如冷藏、阴凉存放的药品进行抽样。在对这类药品抽样时，应考虑脱离特殊存放条件的时间，如果时间过短，一般不足以对药品产生影响。无证经营药品行为，因经营企业可能达不到经营药品的储运条件对药品质量产生影响，或者所经营的药品存在假药的可能，需要抽样送检确认。因药品质量或使用不当造成人身伤害引发药品安全突发事件或者舆情事件时，在对现场药品排查的基础上，梳理出可能涉事的药品，抽样确认是否由药品质量问题引起。

（二）合理确定药品抽样品种的数量

抽样量的确定，是指抽样人员选取了抽样的药品后，根据该药品的检验标准和检验项目，确定抽取该种药品样品的数量。编制抽检计划或抽样方案时，应当根据标准检验、补充检验方法和（或）探索性研究的检验需求确定抽样量。抽样量一般应为检验需求的2倍量，按1∶0.5∶0.5的比例分装为3份。同一品种存在不同制剂规格和包装规格时，应当以不同规格计算制剂单位，然后分别折算所抽取样品的最小包装数量（如注射用无菌粉末以克为单位计算后再折算为瓶、液体制剂以毫升为单位计算后再折算为支或瓶等），同时应满足特殊检验项目（如微生物限度等）对最小独立包装数量的要求。应当根据合理套用的原则确定抽样量，不应按单个检验项目简单累加（如注射液在进行可见异物检查后再进行其他项目的检验）。

根据相关药品标准，表5-1为常见制剂推荐抽样量，表5-2为微生物限度检查、无菌检查推荐抽样量，表5-3为细菌内毒素等药理检查项目推荐抽样量，根据样品检验项目，三个表累加确定最终抽样量。制剂抽样量在满足上述要求的基础上不少于5个最小包装，按比例分装；热原根据标准按家兔体重共50kg计算抽样量。

表5-1　常见制剂抽样量参考表

（除微生物限度、无菌检查、药理等项目外的常规理化检验项目，1∶0.5∶0.5封装）

序号	剂型		规格	抽样数量		特殊品种
				化学药 抗生素	中药	
1	片剂		>25毫克/片	≥200片		—
			≤25毫克/片	≥240片		
2	胶囊剂		—	≥180粒	≥280粒	—
3	颗粒剂		1~5克	100袋	140袋	—
			5（不含5g）~10克	80袋	80袋	
			>10克	40袋	60袋	
4	糖浆剂		—	12瓶		—
5	合剂（口服液）		10毫升	80支		—
6	丸剂		大蜜丸	48丸		—
			水蜜丸、 浓缩丸等	240g		
7	注射剂	安瓿	1~2毫升/支	120支		灭菌注射用水：1000支
			>5毫升/支	100支		
		粉针	0.1~0.5克/支	140支		注射用硝普钠：360支
			>0.5克/支	100支		
		输液	50~500毫升	48瓶		
8	酊剂		—	20瓶		碘酊：≤50毫升，抽16瓶；>50毫升，抽8瓶
9	酒剂		≥100毫升	12瓶		—
			<50毫升	20瓶		
10	搽剂		—	20瓶		如：甲紫溶液、过氧化氢溶液等化学外用溶液
11	软膏剂		—	80支		创可贴：8盒
12	滴眼剂		—	120支		—
13	散剂		1~5克	100袋	140袋	—
14	其他	中药材	/	200克		—
		原料药、辅料	/	120克		10克/袋独立密封包装
备注	无					

表5-2 微生物限度检查、无菌检查抽样量参考表

一、微生物限度检查最少抽样量

剂型	合计（抽样量）	检验量	复检量	留样量	备注
片剂、胶囊剂、颗粒剂、丸剂、混悬剂、液体制剂及膜剂	10	2	4	4	1次检验量从2个最小包装取样（中药蜜丸需取4丸、膜剂4片），每个最小包装不能小于3g、3ml或25cm²。含动物组织（包括提取物）及动物类原药材粉（蜂蜜、王浆、动物角、阿胶除外）的口服制剂检验量需增加1倍

二、无菌检查最少抽样量

剂型	装量（V/M）	合计（抽样量）	检验量	复检量	留样量	备注
液体制剂（如注射液、眼用制剂）	<2ml	60	30	30	0	括号里的数为抗生素的量
	≥2ml	30	15	15	0	
	<50ml	18	9	9	0	
	≥50ml	6	3	3	0	
固体制剂（如粉针剂）	M<50mg	60	30	30	0	
	50mg ≤ M<5g	30	15	15	0	
	M ≥ 5g	30（18）	15（9）	15（9）	0	

注：①抽样量、检验量、复检量、留样量的单位为"个最小包装"；②以上数量不包含微生物限度检查、无菌检查方法学验证的量，如需要做方法学验证，取样量另计，还需3个批次的检品。

表5-3 细菌内毒素等药理检查项抽样量参考表

（按1∶0.5∶0.5封装）

规格	细菌内毒素（支）	溶血试验（支）	过敏试验（支）	降压物质（支）	异常毒性（支）
1毫升/支	4	4	30	16	16
2毫升/支	4	4	20	16	10
5毫升/支	4	4	10	8	4
10毫升/支	4	4	10	4	4
≥25毫升/支	4	4	10	4	4

抽样人实际工作中，有时存在因各种原因（如可疑药品抽样、涉刑案件抽样、快检不合格药品抽样等）药品样品数量不够全检量又确需抽样的情况。在此种情况下，需与

承检机构联系是否可以做部分检验，如可做部分检验，则根据检验机构要求的数量进行抽取。

（三）中药材及饮片的抽样方法

中药材及饮片的抽样是指从整批（件、包）药材或饮片中随机抽取一小部分，混合均匀后作为代表整批药材或饮片的样本。依据《中国药典》2025年版四部通则的要求，中药材及饮片的抽样方法主要有以下三个步骤。

1. **对样品外包装的检查** 抽取样品前，应核对品名、产地、规格等级及包件式样，检查包装的完整性、清洁程度以及有无水迹、霉变或其他物质污染等情况，详细记录。凡有异常情况的包件，应单独检验并拍照。

2. **取样数量的确定** 从同批药材和饮片包件中抽取供检验用样品的原则：总包件数不足5件的，逐件取样；5~99件，随机抽5件取样；100~1000件，按5%比例取样；超过1000件的，超过部分按1%比例取样；贵重药材和饮片，不论包件多少均逐件取样。

3. **取样操作** 每一包件至少在2~3个不同部位各取样品1份；包件大的应从10cm以下的深处在不同部位分别抽取；对破碎的、粉末状的或大小在1cm以下的药材和饮片，可用采样器（探子）抽取样品；对包件较大或个体较大的药材，可根据实际情况抽取有代表性的样品。每一包件的取样量：一般药材和饮片抽取100~500g；粉末状药材和饮片抽取25~50g；贵重药材和饮片抽取5~10g。将抽取的样品混匀，即为抽取样品总量。若抽取样品总量超过检验用量数倍时，可按四分法再取样，即将所有样品摊成正方形，依对角线划"×"，使分为四等份，取用对角两份；再如上操作，反复数次，直至最后剩余量能满足供检验用样品量。最终抽取的供检验用样品量，一般不得少于检验所需用量的3倍，即1/3供实验室分析用，另1/3供复核用，其余1/3留样保存。

在实际工作中，抽取中药材及饮片还应注意以下三点。

一是检查被抽样饮片所处环境是否符合要求，确定抽样饮片的品种批次，检查该批次饮片的包装情况，标签上的名称、批号、生产企业名称等内容是否清晰，标签和说明书内容是否符合要求，核实被抽取饮片的库存量。现场对被抽样饮片所在的仓库全貌、库区分布、货架放置、温湿度计（探头）及饮片实物等拍照、录像，以真实反映保存饮片的环境和状态。

二是尽量抽取独立包装的饮片，不要对饮片包装进行破坏取样。如果因独立包装的饮片数量不符合抽样要求，必须要打开包装取样的，要保持包装的完整及标签上内容的清晰，并将打开的包装与样品一起封样，同时对抽样、封样过程录像，防止被抽样相对人提出异议。

三是要求相对人依据《抽检管理办法》的要求，出具或提供以下相关文件或资料：被抽取单位为生产环节的，应索取饮片的批准证明文件、质量标准、批生产记录、药品出厂检验报告书、批生产量、库存量、销售量和销售记录等相关资料；被抽取单位为经营使用环节的，应索取饮片的进货凭证、发票或合同、调拨单、进货量、库存量、销售量和销售记录等相关资料。现场之所以要求上述文件或资料，主要是为了固定证据，为下一步处理做好准备。

四、抽样过程中常见问题

（一）注意研读药品抽检方案

药品抽检方案一般都详细规定了所抽取样品的品种、数量、剂型等要求。方案如有变动，增加新内容、新要求、新提示时，药品监管部门在抽样前一定要特别注意，充分理解并掌握方案的有关要求。如某省2024年省抽方案要求，抽取的样品应当在十个工作日内送达检验机构，对样品的送样时间明确了时限要求；组织抽样时，提出"应当结合工作需求平均分配各时间段任务量，避免突击集中抽样、送样"，防止检验机构不能按照检验规程要求的时限出具检验报告。

（二）注意抽取正确的样品

抽取样品时认真核对药品名称和剂型，避免主成份错误和剂型错误等。例如，应抽样品为"菊花"，错抽为"白菊花"；应抽样品为"醋酸氟轻松冰片乳膏"，错抽为"醋酸氟轻松乳膏"；应抽样品为"藿香正气口服液"，错抽为"藿香正气滴丸"等。再如，药品剂型方面，某药品检验机构承检的板蓝根品种，抽取的片剂要求中明确了抽取普通片剂、咀嚼片、泡腾片，而抽样人员抽取的"板蓝根含片"，虽然也是板蓝根品种，但剂型不符合要求，样品被退回。抽取的样品必须为已放行或验收入库的待销售（使用）的药品，对明确标识为待验产品或不符合规定（不合格）产品的，原则上不予抽取。

（三）注意药品抽样量的要求

在现场抽样过程中，抽样人员如遇到不满足抽样量要求的情形，应当立即与承检单位及时沟通，确定这种情况能否受理。例如，某品种抽样量要求180片，抽样人员抽取的样品100片/瓶，2瓶，分2份包装。这种情况样品的抽样总量满足，但不符合3份独立包装的封样要求，抽样人员应当立即与承检机构联系，确认是否满足检验要求，决定是否增加抽样量。

（四）注意封条的完好性、密封性、正确性

防止因封样不严，签封样品被他人调换。例如，未按规定进行封装，致使样品在传递至承检机构的过程中出现污染、破损等情况；用塑料袋封装样品，仅在开口处简单包裹，封样不完整，样品复验时被复验单位拒收；样品封签未完全覆盖容器（如抽样袋）开口，通过开口两端可在不破坏封签的情况下轻易取出样品。防止中药饮片采用纸袋包装封样，受到环境和运输储存条件的影响，导致某些项目（如水分）检验不合格而产生纠纷。防止封条品名、批号与抽样凭证或样品实物内容不符，甚至混批。例如，抽取的"复方丹参片"签封的样品中有两个批号；抽取的是"注射用乳糖酸红霉素"，样品封签上却标识为"乳糖酸红霉素"。

（五）注意防止液体样品破损

液体样品抽样，尤其是玻璃瓶装的大输液，因体积大、数量多，运输过程中极易破

损，造成样品被污染、检验数量不足的问题。例如，在邮寄玻璃包材的样品时应采取适宜的防护措施，增加防撞击装置，保证样品的完整性。

（六）注意及时处理网络平台样品信息

在线抽样样品实物的流转应和电子信息保持同步，抽样单位在抽取样品结束后要注意电子信息的及时处理，点击"寄送"或修改抽样信息，保证后续工作的顺利开展。

五、送样及收样要求

（一）送样要求

抽样单位应当按规定时限将样品、抽样记录及凭证等相关资料送达或寄送至承担检验任务的药品检验机构。抽取的样品应当按照其规定的贮藏条件进行储运，按照抽检计划的要求，在规定时限内送达检验机构，特殊管理药品的储运按照药品监管部门有关规定执行。

（二）收样要求

药品检验机构收样时，应当对送检样品的外观、状态、封签等可能影响检验结果的情况进行核对，并对药品抽样记录及凭证内容、药品封签签字盖章等内容进行核对，核对无误后予以签收。对需冷链保存等有特殊储运要求的样品，应当检查其储运全过程的温湿度记录，符合要求后方可签收。药品检验机构可拒绝接收的情形包括：样品外观发生破损、污染的；样品封签包装不完整或未在规定签封部位签封、可能影响样品公正性的；药品抽样记录及凭证填写信息不准确、不完整，或药品抽样记录及凭证标识与样品实物明显不符的；样品批号或品种混淆的；包装容器不符合规定、可能影响检验结果的；有证据证明储运条件不符合规定、可能影响样品质量的；样品数量明显不符合计划要求的；品种类别与当次抽查检验工作计划不符的；超过抽样工作规定时限的；其他可能影响样品质量和检验结果情形的。拒绝接收样品的，药品检验机构按照组织抽查检验工作的药品监管部门要求，向抽样单位说明理由，退回样品，并向组织抽查检验工作的药品监管部门报告。

第三节　检验不合格药品的处理

> ⑦ **问题**
>
> 　　药品检验报告书的不合格结论一般只有"不符合规定"的表述，如何根据检验项目和检验结果对相关药品进行"假药""劣药"的判定呢？

药品检验报告的结论分为"符合规定"与"不符合规定"。本节主要介绍的是抽样药品检验报告结论为"不符合规定"，即不合格检验报告的处理过程。

药品抽检结果的处理程序与时限应当依据《抽检管理办法》的要求与时限进行处理。

药品检验结果为"不符合规定"的处理，主要内容与程序是药品检验报告的送达、不合格药品的控制、不合格药品的核查、不合格原因的调查、生产经营不合格药品的处罚、不合格信息的报送与公示。

一、不合格药品的控制

药品监管部门在收到不合格报告后，必须立即对涉事的不合格药品依法采取控制措施，监督被抽样单位和标示药品上市许可持有人召回已销售的不符合规定药品，深入进行自查，开展偏差调查，进行风险评估，根据调查评估情况采取必要的风险控制措施，妥善控制药品安全风险。对不合格药品，药品监管部门应当根据不合格项目判定风险高低，一般采取查封、扣押等行政强制措施。对被抽样单位和标示药品上市许可持有人，依据《药品管理法》的规定，有证据证明可能存在安全隐患的，根据监督检查情况，应当采取限期整改，暂停生产、销售、使用、进口等措施。

二、不合格药品的核查

不合格药品的核查是对药品真伪进行确认，便于案件最终的定性，并及时掌握辖区内药品上市许可持有人的不合格信息，有针对性地组织后续的原因调查、风险控制，督促药品上市许可持有人落实主体责任，提高监管效能。被抽样单位和标示药品上市许可持有人收到不符合规定检验报告书后，应当对抽查检验情况予以确认。标示药品上市许可持有人否认为其生产的，应当出具充分准确的证明材料，标示药品上市许可持有人所在地省级药品监管部门应当组织调查核实，调查核实情况应当通报被抽样单位所在地省级药品监管部门。对查实确系假药的，两地药品监管部门应当相互配合，共同核查问题产品来源。对经检验不符合规定的药品，标示药品上市许可持有人所在地省级药品监管部门应当对企业的排查整改情况进行调查评估。

三、不合格原因的调查

药品上市许可持有人所在地药品监管部门应当对不合格情况逐一开展原因调查，督促企业自查，找出不合格原因并采取有效整改措施，消除隐患和风险。对药品存在严重质量风险或可能存在安全隐患的，应当实施药品召回。调查内容重点包括：生产工艺、原辅料、包装材料、批生产记录、生产设备状况、出厂检验标准与检验情况、储运配送方式与条件。

被抽样单位属药品经营、使用环节的，抽样单位在送达不合格检验报告时应立即开展调查核实等工作。调查的主要内容：该批次药品的供货方资质、进货合同、相关票据、质量检验报告、进销存数量、验收出入库记录、储运记录与保管情况。药品储运、保管情况是被抽样单位是否依法尽责保管药品的依据，应作为调查重点。对有证据证明质量问题是由生产环节导致的，应当通知被抽样单位所在地省级药品监管部门。对被抽样单位具有管辖权的药品监管部门根据通报情况，可酌情减轻或免除对被抽样单位经营、使用环节的处罚。

四、生产经营不合格药品的处罚

药品监管部门应当对不符合规定药品涉及的相关企业或单位依法进行调查处理，符合立案条件的按规定立案调查。

在非生产环节抽检不合格的，应当根据不合格项目和调查结果（药品上市许可持有人生产全过程的质量控制资料、留样检验结果、被抽样单位药品储运保存状况等），综合研判药品上市许可持有人是否对该不合格结果负有责任，依法处理。单纯依据非生产环节的不合格检验报告、未经研判和原因分析，不能直接追究药品上市许可持有人法律责任。

在经营、使用环节抽检不合格的，不能凭不合格检验报告直接对其上游供货方及下游经销或使用方追究法律责任，需要依据不合格项目和实际情况综合研判后采取相应措施。

依据《药品管理法》的规定，不合格药品依法定性为假药或者劣药的，按照《药品管理法》生产、销售、使用假药、劣药的有关罚则处罚。涉嫌犯罪的，依法移交司法机关处理。

案例

牛某某等生产、销售假药案

案件事实： 2018年上半年，被告人牛某某在得知九价人乳头瘤病毒疫苗（以下简称九价疫苗）畅销之后，遂寻找与正品类似的包装、耗材及相关工艺，准备生产假冒产品。2018年7月至10月，牛某某通过他人先后购买针管、推杆、皮塞、针头等物品共计4万余套，并订制假冒九价疫苗所需的包装盒、说明书、标签等物品共计4.1万余套。其间，牛某某与同案被告人张某某以向针管内灌装生理盐水的方式生产假冒九价疫苗，再通过商标粘贴、托盘塑封等工艺，共生产假冒九价疫苗2.3万支。牛某某、张某某通过多个医美类微信群等渠道，对外销售上述假冒九价疫苗9004支，销售金额达120余万元。经药品检验检测研究中心检验，抽样送检的假冒九价疫苗内，所含液体成份与生理盐水基本一致。

违法行为违反的法律条文： 《药品管理法》第九十八条第一款。

案件处理： 法院经审理认为，被告人牛某某、张某某共同生产、销售假疫苗的行为已构成生产、销售假药罪。牛某某、张某某生产、销售金额达120余万元，具有"其他特别严重情节"。生产、销售的假药属于注射剂疫苗，应当酌情从重处罚。在共同犯罪中，牛某某系主犯，张某某系从犯，对张某某予以从轻处罚。两名被告人均认罪认罚。据此，以生产、销售假药罪判处被告人牛某某有期徒刑15年，并处罚金人民币150万元；判处被告人张某某有期徒刑13年，并处罚金人民币100万元。

来源：最高人民法院发布药品安全典型案例（2022-04-28）

药品经营企业、使用单位有充分证据证明其不知道所销售或者使用的药品是假药、劣药的，药品监管部门经过调查核实，应当没收其销售或者使用的假药、劣药和违法所得，可以免除其他行政处罚。药品经营企业、使用单位同时具备进货渠道合法，提供的供货单位生产许可证或者经营许可证、营业执照、供货单位销售人员授权委托书、产品注册或者备案信息、产品合格证明、销售票据等证明真实合法；产品采购与收货记录、入库检查验收记录真实完整；产品的储存、养护、销售、使用、出库复核、运输未违反有关规定且有真实完整的记录情形的，一般应当认定为有"充分证据"。

五、不合格信息的报送与公示

抽样单位应当将不合格信息及时报送上级药品监管部门，特别是涉及辖区外药品上市许可持有人的，还应当及时书面告知药品上市许可持有人所在地药品监管部门，确保不合格产品的有效控制、不合格隐患与风险的及时排查与整改，及时追究相关责任方的法律责任。药品不合格信息对社会的发布，应当依据《抽检管理办法》的规定，由国家和省（区、市）药品监管部门实施，抽检单位应当对报送的信息准确性负责。

第六章　药品投诉举报处置

✎ 学习导航

1. 掌握药品投诉举报的概念。
2. 熟悉药品投诉举报的处置规定和程序。
3. 了解有关药品民事责任的规定。

药品投诉举报是药品安全社会共治的有效途径之一，因其救济性、便捷性、灵活性以及低成本的特征，成为法治国家建设中社会共治机制的重要组成部分。药品投诉举报一方面为安全用药合法权益受到侵害的公民、法人和其他组织提供救济或者获得赔偿支持，另一方面使社会监督信息得以反馈监管部门，助力惩治违法行为。

第一节　投诉的处置

⑦ 问题

药品投诉的定义是什么？依法处置投诉应当遵循哪些要求和程序？

目前各级药品监管部门执行的《市场监督管理投诉举报处理暂行办法》（市场监管总局令第20号），依据《中华人民共和国消费者权益保护法》（以下简称《消费者权益保护法》）、《中华人民共和国消费者权益保护法实施条例》（以下简称《消费者权益保护法实施条例》）相关规定，将投诉与举报分别界定，并设置了不同的处理要求、管辖和程序。

一、药品投诉的概念

药品投诉，是指消费者为用药需要购买、使用药品，认为其购买、使用的药品侵害其合法权益或存在违法情形，与药品生产经营者发生消费权益争议，请求药品监管部门解决该争议的行为。由此可见，药品投诉是基于消费者与药品生产经营者之间的纠纷关系而产生的行为，具有民事关系的属性。在药品投诉中，双方争议的对象是消费权益，而不是其他民事权利。药品监管部门在处置药品投诉时的职责是以解决争议为目的，进行居中调解，而非行使法律赋予的药品监管职能。如果药品监管部门通过受理、处置投诉发现了药品生产、经营、使用环节中的违法行为，从而启动了案件查办程序，投诉事项就成为了案件线索来源。

药品投诉来源于《消费者权益保护法》中投诉制度的设定，其中第七条规定，消费者在购买、使用商品和接受服务时享有人身、财产安全不受损害的权利；消费者有权要求经营者提供的商品和服务，符合保障人身、财产安全的要求。在消费者人身、财产安全受到损害时，消费者和生产经营者发生消费者权益争议，《消费者权益保护法》第三十九条规定了5种可以选择的解决途径：与经营者协商和解；请求消费者协会或者依法成立的其他调解组织调解；向有关行政部门投诉；根据与经营者达成的仲裁协议提请仲裁机构仲裁；向人民法院提起诉讼。药品作为市场上流通的商品，由其引发的消费权益争议，也要遵循《消费者权益保护法》相关规定。

二、投诉的处置

（一）投诉处置的受理要求

1. **管辖**　《消费者权益保护法》第三十七条第一款规定了消费者协会履行的公益性职责，其中之一就是"受理消费者的投诉，并对投诉事项进行调查、调解"。《消费者权益保护法实施条例》第二十六条第一款规定，消费者与经营者发生消费者权益争议的，可以向市场监管部门或者其他有关行政部门投诉。可见，对于消费者权益的投诉，可由公益性组织消费者协会受理或者由市场监管部门等行政部门受理。

从行政管理层级上看，国家药监局主管全国药品投诉处置工作，指导地方药品监管部门投诉处理工作；其他各级药品监管部门负责本行政区域内的投诉处理工作。上级药品监管部门认为有必要的，可以处理下级药品监管部门收到的投诉。下级药品监管部门认为需要由上级药品监管部门处理其收到的投诉的，可以报请上级药品监管部门决定。

从地域上看，被投诉人实际经营地或者住所地的县级药品监管部门负责处理投诉。这遵循了行政便捷原则，有利于行政机关迅速获取相关信息，切实推进投诉的处置。对电子商务平台经营者以及通过自建网站、其他网络服务销售药品的投诉，由其住所地县级药品监管部门负责处理。对平台内药品经营者的投诉，由其实际经营地或者平台经营者住所地县级药品监管部门负责处理。近年，对网络销售药品类的投诉数量明显增长，消费者既可以选择向销售药品的网店实际经营地（主要是市场主体登记地）的县级药品监管部门投诉，也可以选择向网店所在的网络平台经营者所在地（公司登记地）的县级药品监管部门投诉。

关于管辖争议，对同一消费者权益争议的投诉，两个以上药品监管部门均有处理权限的，由先收到投诉的部门处理。

需要注意的是，受理投诉和处理投诉是投诉处置中不同的环节。近年来，基于便捷和效率的考虑，多个省份都对投诉的渠道进行了整合，如12345、12315热线电话，药品投诉也被包含其内。因此药品投诉的受理可能是统一的机构或平台，也可能是省、市两级药品监管部门，但投诉的处理由县级药品监管部门负责。

2. **受理要求**　投诉人向药品监管部门提出投诉，应当通过公布的接收投诉举报的互联网、电话、传真、邮寄地址、窗口等渠道进行，并提供投诉人的姓名、电话号码、通讯地址，被投诉人的名称（姓名）、地址，以及具体的投诉请求和消费者权益争议事实。有时候，投诉人可以通过向行政机关负责人或者"局长信箱""局长热线"邮寄信件、在行政机关网站上留言、向信访机关提出信访等形式表达诉求。药品监管部门具体分析、甄别投诉人提出的诉求是否属于投诉的范畴。

投诉人采取非书面方式投诉的，药品监管部门工作人员应当记录规定的必要信息。投诉人为两人以上，基于同一消费者权益争议投诉同一药品生产经营企业的，经投诉人同意，药品监管部门可以按共同投诉处理，不能简单地直接合并。

具有处理权限的县级药品监管部门，应当自收到投诉之日起七个工作日内作出受理或者不予受理的决定，并告知投诉人。对不符合规定的投诉决定不予受理的，应当告知消费者不予受理的理由和其他解决争议的途径。《市场监督管理投诉举报处理暂行办法》规定了6种不予受理的情形，分别是投诉事项不属于市场监管部门职责，或者本行政机关不具有处理权限的；法院、仲裁机构、市场监管部门或者其他行政机关、消费者协会或者依法成立的其他调解组织已经受理或者处理过同一消费者权益争议的；不是为生活消费需要购买、使用商品或者接受服务，或者不能证明与被投诉人之间存在消费者权益争议的；除法律另有规定外，投诉人知道或者应当知道自己的权益受到被投诉人侵害之日起超过3年的；未依法提供相关材料的；以及法律、法规、规章规定不予受理的其他情形。

（二）调解的相关要求

具有处理权限的县级药品监管部门经药品投诉人和被投诉人同意，采用调解的方式处理投诉的，可以委托消费者协会或者依法成立的其他调解组织等单位代为调解。受委托单位在委托范围内以委托的市场监管部门名义进行调解，不得再委托其他组织或者个人。

调解可以采取现场调解方式，也可以采取互联网、电话、音频、视频等非现场调解方式。调解由药品监管部门或者其委托单位工作人员主持，可以根据需要邀请有关人员协助。调解人员是投诉人或者被投诉人的近亲属或者有其他利害关系，可能影响公正处理投诉的，应当回避。投诉人或者被投诉人对调解人员提出回避申请的，药品监管部门应当中止调解，并作出是否回避的决定。如果作出回避的决定，需要重新确定调解人员。

调解过程中可能出现需要进行检定、检验、检测、鉴定的情形。此时，应当由投诉人和被投诉人协商一致，共同委托具备相应条件的技术机构承担。除法律、法规另有规定外，检定、检验、检测、鉴定所需费用由投诉人和被投诉人协商一致承担。检定、检验、检测、鉴定所需时间不计算在调解期限内。依据《消费者权益保护法实施条例》第四十七条规定，因消费争议需要对商品或者服务质量进行鉴定、检测的，消费者和经营者可以协商确定鉴定、检测机构。无法协商一致的，受理消费者投诉的市场监管部门或者其他有关行政部门可以指定鉴定、检测机构。对于重大、复杂、涉及众多消费者合法权益的消费争议，可以由市场监管部门或者其他有关行政部门纳入抽查检验程序，委托具备相应资质的机构进行鉴定、检测。对于药品的投诉，也同样适用以上规定。

经现场调解达成调解协议的，药品监管部门应当制作调解书，但调解协议已经即时履行或者双方同意不制作调解书的除外。调解书由投诉人和被投诉人双方签字或者盖章，并加盖药品监管部门印章，交由投诉人和被投诉人，各执一份，药品监管部门留存一份归档。

在调解过程中，可能出现终止调解的情形：投诉人撤回投诉或者双方自行和解的；投诉人与被投诉人对委托承担检定、检验、检测、鉴定工作的技术机构或者费用承担无法协商一致的；投诉人或被投诉人无正当理由不参加调解，或者被投诉人明确拒绝调解的；经组织调解，投诉人或者被投诉人明确表示无法达成调解协议的；自投诉受理之日起六十日内投诉人和被投诉人未能达成调解协议的；药品监管部门受理投诉后，发现存在不应受理的情形的；法律、法规、规章规定的应当终止调解的其他情形。从上述规定可以推断出，调解应当在投诉受理之日起六十日内完成。

对消费者权益争议的调解，不免除药品生产经营者依法应当承担的其他法律责任。药品监管部门在调解中发现涉嫌违反药品安全监管法律、法规、规章线索的，应当自发现之日起十五个工作日内予以核查，并按照市场监管行政处罚有关规定予以处理。特殊情况下，核查时限可以延长十五个工作日。

（三）投诉告知程序与文书

投诉人向药品监管部门同时提出投诉和举报，或者提供的材料同时包含投诉和举报内容的，药品监管部门应当对投诉和举报予以分别处理，可以根据实际情况制作"投诉/举报分送情况告知书"，便于投诉人及时联系，维护自身合法权益。"投诉/举报分送情况告知书"中需要载明有处理权限的药品监管部门或其派出机构负责处理投诉/举报的工作人员及其联系电话。

> ### 案例
>
> #### 投诉举报分别处理案
>
> **案件事实：**某省级药品监管部门接到一封挂号邮寄的举报信，举报人通过网络平台购买了10支治疗湿疹的药膏，怀疑是劣药，要求药品监管部门依法对生产销售者予以查处，药品生产厂家要按照药膏货值金额10倍赔偿给举报人。该省级药品监管部门具体承办举报案件的机构调查核实后发现该药膏生产企业并不存在生产劣药行为，遂答复举报人处理结果。举报人向该省级药品监管部门同级人民政府申请行政复议。
>
> **违法行为违反的法律条文：**《市场监督管理投诉举报处理暂行办法》第七条。
>
> **案件处理：**同级人民政府行政复议审理机构认为，该省级药品监管部门没有告知举报人如何处置举报信中投诉的内容，也没有对投诉内容予以调解，属于行政行为瑕疵。行政复议审理机构向该省级药品监管部门发出行政复议建议书，指出举报人在举报信中提出了投诉的申请，行政机关应当依据职权予以处置；如收到投诉的行政机关没有处置权限，应当将投诉转给有权限处置的县级药品监管部门，或者告知举报人投诉的渠道、对象。

具有处理权限的药品监管部门，应当自收到投诉之日起七个工作日内作出受理或者不予受理的决定，可以制作投诉受理决定书或者投诉不予受理决定书，并送达投诉人。其中，投诉受理决定书应载明有处理权限的药品监管部门或者其派出机构负责处理投诉的工作人员及其联系电话；投诉不予受理决定书应说明不予受理的具体法定情形。

采取现场调解方式的，药品监管部门或者其委托单位应当提前告知投诉人和被投诉人调解的时间、地点、调解人员等。投诉调解通知书中时间和地点的表述应准确、清晰，并载明有处理权限的药品监管部门或者其派出机构主持调解的工作人员及其联系电话。

终止调解的，药品监管部门应当自作出终止调解决定之日起七个工作日内告知投诉人和被投诉人。投诉终止调解决定书应说明终止调解的具体的法定情形，一并送达投诉人和被投诉人。

上述各种投诉文书可以通过互联网、电话、短信、电子邮件、传真、信函等方式告知或送达。

第二节 举报的处理

> **? 问题**
>
> 药品举报的概念是什么？处理药品举报有哪些要求？举报奖励如何进行，应遵守哪些程序规定？

一、药品举报的概念

（一）举报的概念

药品举报，是公民、法人或者其他组织向药品监管部门反映药品生产、经营、使用环节中涉嫌违法的线索的行为。药品举报形成的关系双方，一方是公民、法人或者其他组织，另一方是药品监管部门。药品举报是药品监管部门行政处罚案件的线索来源之一。药品监管部门根据举报内容，行使法定药品监管职能，其目的是保护药品消费者的用药安全权益。药品监管部门对涉嫌违法的药品生产、经营、使用行为实施的检查、立案、处罚等行政行为，并不直接关系或者影响举报人的权利义务。

《药品管理法》第一百零六条第一款规定，药品监管部门应当公布本部门的电子邮件地址、电话，接受咨询、投诉、举报，并依法及时答复、核实、处理。这里设定了药品监管部门合法合理处置举报的义务，也是药品举报制度设定的法律依据。药品举报与药品投诉也常常同时出现、相提并论，但是两者完全不同，区别不仅在受理程序、处置措施等方面，其法源也不相同。行政法领域的投诉制度大多源自《消费者权益保护法》，而举报制度则源自不同行政监管领域的部门法。

（二）举报的相关要求

1. **对举报人的要求**　举报人应当在举报时向药品监管部门提供涉嫌违反药品安全监管法律、法规、规章的具体线索，对举报内容的真实性负责。举报人可以采取非书面方式进行举报，由药品监管部门工作人员记录。

2. **告知义务**　收到举报的药品监管部门不具备处理权限的，应当告知举报人直接向有处理权限的药品监管部门提出。依据《国务院关于加强食品等产品安全监督管理的特别规定》第十九条第二款规定，农业、卫生、质检、商务、工商、药品等监管部门应当公布本单位的电子邮件地址或者举报电话；对接到的举报，应当及时、完整地进行记录并妥善保存。举报的事项属于本部门职责的，应当受理，并依法进行核实、处理、答复；不属于本部门职责的，应当转交有权处理的部门，并告知举报人。《国务院办公厅关于深入推进跨部门综合监管的指导意见》（国办发〔2023〕1号）指出，各部门在工作中发现属于其他部门监管职责的违法违规行为，要及时将线索等推送给相关部门，相关部门要及时进行调查处理。

举报人实名举报的，有处理权限的药品监管部门应当自作出是否立案决定之日起五个工作日内告知举报人。

3. **保密义务**　药品监管部门应当对举报人的信息予以保密，不得将举报人个人信息、举报办理情况等泄露给被举报人或者与办理举报工作无关的人员。但是，举报人提供的材料同时包含投诉和举报内容，并且需要向被举报人提供组织调解所必需信息的除外。

药品监管部门对举报处理工作中获悉的国家秘密以及公开后可能危及国家安全、公共安全、经济安全、社会稳定的信息，应当严格保密。涉及商业秘密、个人隐私等信息，如果确需公开的，药品监管部门应当依照《中华人民共和国政府信息公开条例》等有关规定执行。

4. **处理要求**　药品监管部门应当按照市场监管行政处罚等有关规定处理举报。依据《市场监督管理行政处罚程序规定》第十八条第一款规定，药品监管部门对通过举报发现的违法行为线索，应当自发现线索或者收到材料之日起十五个工作日内予以核查，由药品监管部门负责人决定是否立案。

案例

处理举报案件超过法定时限被复议确定为程序瑕疵案

案件事实： 某省级药品监管部门的派出机构负责举报案件核实、查办，举报案件相关线索通过内部公文系统流转。7月1日（星期一），某省级药品监管部门签收了通过快递寄送的实名举报信件；7月4日（星期四），该派出机构在内部公文系统中签批了举报信的办理单，并指派执法人员具体办理。该派出机构以7月4日为起点时间，在第二十个工作日回复举报人不予立案的处理结果。

违法行为违反的法律条文：《市场监督管理投诉举报处理暂行办法》第三十一条、《市场监督管理行政处罚程序规定》第十八条第一款。

案件处理：举报的受理部门应该是市场监管部门（药品监管部门），而不是其内设机构或者派出机构，依法处理举报的时限应当以药品监管部门作为主体收到举报的时间为基准计算。某省级药品监管部门处理举报案件超过法定时限要求，在后续的行政复议中被确定为程序瑕疵。

二、举报的处理

（一）举报处理的管辖

从行政管理层级上看，国家药监局主管全国药品举报处理工作，指导地方药品监管部门举报处理工作；县级以上药品监管部门负责本行政区域内的举报处理工作。县级以上药品监管部门统一接收举报的工作机构，应当及时将举报分送有处理权限的下级或者同级药品监管部门相关机构处理。

从属地管辖上看，一般应依据《行政处罚法》规定的违法行为所在地管辖原则确定。执法实践中，网络销售药品和药品广告的管辖相对复杂一些。

（1）对电子商务平台经营者和通过自建网站、其他网络服务销售药品的电子商务经营者的举报，由其住所地药品监管部门处理。对电子商务平台内经营者的举报，由其实际经营地药品监管部门处理。电子商务平台经营者住所地药品监管部门先行收到举报的，也可以予以处理。

（2）对利用广播、电影、电视、报纸、期刊、互联网等大众传播媒介发布违法药品广告的举报，由广告发布者所在地药品监管部门处理。广告发布者所在地药品监管部门处理对异地广告主、广告经营者的举报有困难的，可以将对广告主、广告经营者的举报移送广告主、广告经营者所在地药品监管部门处理。对互联网药品广告的举报，广告主所在地、广告经营者所在地药品监管部门先行收到举报的，也可以予以处理。对广告主自行发布违法互联网药品广告的举报，由广告主所在地药品监管部门处理。

关于管辖争议，两个以上药品监管部门因处理权限发生争议的，应当自发生争议之日起七个工作日内协商解决；协商不成的，报请共同的上一级药品监管部门指定处理机关。同级药品监管部门相关机构收到分送的举报，但不具备处理权限的，应当及时反馈统一接收举报的工作机构，不得自行移送。

（二）举报处理结果告知与文书

举报人实名举报的，有处理权限的药品监管部门应当自作出是否立案决定之日起五个工作日内告知举报人，可以制作举报立案告知书或者举报不予立案告知书，通过互联网、电话、短信、电子邮件、传真、信函等方式告知。举报立案告知书或者举报不予立案告知书中应载明收到举报线索的时间和具体内容，并明确告知是否立案的处理结果。应当注意的是，举报立案告知书或举报不予立案告知书不属于行政处罚文书，对举报人的权利义务不产生影响，因而不需要告知举报人行政复议或者行政诉讼等救济渠道。

举报人在获得行政机关的举报处理结果反馈后，很可能会向相关机关提出行政复议申请或者行政诉讼，因此执法人员无论是以口头或是书面形式告知，都应严谨规范，以事实为依据，以法律为准绳。

三、举报奖励

（一）举报奖励相关规定

为了鼓励社会公众积极举报药品监管领域重大违法行为，推动社会共治，《药品管理法》中规定了举报奖励制度。《药品管理法》第一百零六条第一款规定，药品监管部门应当公布本部门的电子邮件地址、电话，接受咨询、投诉、举报，并依法及时答复、核实、处理。对查证属实的举报，依据有关规定给予举报人奖励。

1. **举报奖励的范围**　可以申请举报奖励的举报人应当为自然人。举报人举报重大违法行为，经查证属实结案后，给予相应奖励。重大违法行为是指涉嫌犯罪或者依法被处以责令停产停业、责令关闭、吊销（撤销）许可证件、较大数额罚没款等行政处罚的违法行为，如具有区域性、系统性风险的重大违法行为；具有较大社会影响，严重危害人民群众身体安全的重大违法行为；涉嫌犯罪移送司法机关被追究刑事责任的违法行为等。

但是，对于药品监管部门工作人员或者具有法定监督、报告义务人员的举报，侵权行为的被侵权方及其委托代理人或者利害关系人的举报，实施违法行为人的举报（内部举报人除外），有任何证据证明举报人因举报行为获得其他市场主体给予的任何形式的报酬、奖励的，以及其他不符合法律、法规规定的奖励情形，不予奖励。

药品研制、生产、经营企业和使用单位，网络药品交易第三方平台提供者以及其他组织的内部员工、相关知情人向药品监管部门举报药品质量安全重大违法行为的，属于内部举报人。对于内部举报人的奖励，可以适当提高奖励标准。

2. **奖励条件**　举报人获得举报奖励应当同时符合下列条件：有明确的被举报对象和具体违法事实或者违法犯罪线索并提供了关键证据；举报内容事先未被药品监管部门掌握；举报内容经药品监管部门查处结案并被行政处罚，或者依法移送司法机关被追究刑事责任。

3. **奖励实施原则**　同一案件由两个及以上举报人分别以同一线索举报的，奖励第一时间举报人；两个及以上举报人联名举报同一案件的，按同一案件进行举报奖励分配；举报人举报同一事项，不重复奖励；同一案件由两个及以上举报人分别举报的，奖励总金额不得超过对应奖励等级中最高标准；最终认定的违法事实与举报事项完全不一致的，不予奖励；最终认定的违法事实与举报事项部分一致的，只计算相一致部分的奖励金额；除举报事项外，还认定其他违法事实的，其他违法事实部分不计算奖励金额；上级药品监管部门受理的跨区域的举报，最终由两个或者两个以上药品监管部门分别调查处理的，负责调查处理的药品监管部门分别就本行政区域内的举报查实部分进行奖励。

4. **奖励标准** 举报奖励分为一级举报奖励、二级举报奖励、三级举报奖励等三个等级。对于有罚没款的案件，药品监管部门按照规定的标准计算奖励金额，并综合考虑涉案货值、社会影响程度等因素，确定最终奖励金额。每起案件的举报奖励金额上限为100万元。对药品、医疗器械质量安全内部举报人可加大奖励力度。

5. **监督管理** 举报人伪造材料、隐瞒事实，取得举报奖励，或者经药品监管部门查实不符合奖励条件的，药品监管部门有权收回奖励奖金。举报人故意捏造事实诬告他人，或者弄虚作假骗取奖金，依法承担相应责任；涉嫌犯罪的，依法追究刑事责任。

（二）举报奖励程序

1. **告知举报人** 负责举报调查办理、作出最终处理决定的药品监管部门在举报查处结案或者移送追究刑事责任后，对于符合规定奖励条件的，应当在十五个工作日内告知举报人。

2. **举报人申请** 举报奖励由举报人申请启动奖励程序。药品监管部门不能在未收到举报人申请的情况下，自行决定发放举报奖励或者分配奖励金额。

3. **作出奖励决定并告知** 举报奖励实施部门应当对举报奖励等级、奖励标准等予以认定，确定奖励金额，并将奖励决定告知举报人。

4. **领取奖金** 举报人应当在被告知奖励决定之日起三十个工作日内，由本人凭有效身份证明领取奖金。委托他人代领的，受托人须同时持有举报人授权委托书、举报人和受托人的有效身份证明。特殊情况可适当延长举报奖励领取期限，最长不得超过十个工作日。举报人无正当理由逾期未领取奖金的，视为主动放弃。

5. **异议复核** 举报人对奖励金额有异议的，可以在奖励决定告知之日起十个工作日内，向实施举报奖励的药品监管部门提出复核申请。

第三节　职业索赔行为的处置

近年来，以职业索赔为主要表现形式的私益性"职业索赔人"，利用惩罚性赔偿制度向企业索赔以获取利益，索赔不成则采用向相关监管部门投诉举报的方式对企业进一步实施"骚扰"，不仅严重影响社会诚信交易原则，而且滥用投诉举报、信息公开、复议诉讼等权利，大量挤占有限的行政资源和司法资源，社会公众对其态度也由最初的支持"打假"转变为深恶痛绝。据中国连锁经营协会统计，2023年共监测到2.4万个"职业索赔人"发起73万件索赔投诉。

一、职业索赔的概念

职业索赔，是指个人或者组织购买、消费问题商品或者服务后，利用惩罚性赔偿制度，通过协商、曝光、投诉、举报、诉讼等手段向生产经营者索取赔偿以获利的行为。在具体案件中，常常以"合理生活消费"作为区分职业索赔和正常索赔的关键因素。

职业索赔行为往往呈现如下特点。一是以"投诉举报"为名，行"索赔"之实。职业索赔已经呈现团队化、专业化、规模化的趋势，表面由一人购买药品，背后其实是团队通过分工协作关注市面流通的标签、说明书、执行标准存在理解差异、标注瑕疵的药品，批量购买，逐步向生产经营企业施压，迫使生产经营企业支付高额赔偿金。二是索赔手段多样化。为了获取更多利益，职业索赔人除了对购买的药品进行索赔外，还可能通过夹带、藏匿等违法手段进行恶意索赔。索赔不成，职业索赔人往往会采取投诉的手段，由行政机关介入进行调解；调解不成，职业索赔人会继续提出举报，并紧盯有关职能部门处理结果，从而向生产经营者施压；举报无果，职业索赔人大多会申请行政复议或者提起行政诉讼，这不仅让生产经营者焦头烂额，也挤占了大量监管资源。三是不良社会效果明显。不同于早年具有一定公益性的"职业打假"，职业索赔行为往往不涉及药品质量等深层次安全问题，已经背离了社会监督的初衷。

二、职业索赔处置的相关规定

（一）《消费者权益保护法实施条例》相关规定

2024年7月1日起施行的《消费者权益保护法实施条例》中，对职业索赔行为的规制作出规定。该条例第二十七条第二款指出，"投诉、举报应当遵守法律、法规和有关规定，不得利用投诉、举报牟取不正当利益，侵害经营者的合法权益，扰乱市场经济秩序。"其中的"不正当利益"与《消费者权益保护法》中立法主旨所保护的"消费者合法权益"相对应。

第四十九条第一款规定，经营者提供商品或者服务有欺诈行为的，消费者有权依据《消费者权益保护法》第五十五条第一款的规定要求经营者予以赔偿。但是，商品或者服务的标签标识、说明书、宣传材料等存在不影响商品或者服务质量且不会对消费者造成误导的瑕疵的除外。这一规定，将瑕疵类的情形排除在赔偿范围之外，药品生产、经营、使用环节中因标签、说明书、外包装、宣传材料引发的投诉举报将明显减少。

第四十九条第二款规定，通过夹带、掉包、造假、篡改商品生产日期、捏造事实等方式骗取经营者的赔偿或者对经营者进行敲诈勒索的，不适用《消费者权益保护法》第五十五条第一款的规定，依据《中华人民共和国治安管理处罚法》等有关法律、法规处理；构成犯罪的，依法追究刑事责任。上述规定从顶层设计上为打击牟利性职业索赔行为提供了法律依据。

> **案例**
>
> #### 任某某、某米业公司等产品责任纠纷案
>
> **案件事实：** 任某某分别于2023年11月30日和12月19日在某超市购买了2788元的某米业公司生产的"优品大米"。同时，任某某还在不同超市多次购买了某米业公司生产的大米。任某某认为某米业公司生产的"优品大米"包装上印有两个不同的生产日期，属于"篡改生产日期"，向某米业公司、某超市主张

10倍赔偿未果，于是以同样的理由向法院提起了数个赔偿诉讼案件。经法院审理查明，某米业公司生产的大米外包装上的生产日期是由某超市篡改。

案件处理： 法院认为，任某某在同一时间不同超市大量购买某米业公司生产的同类产品，其购买目的不是为了生活消费，任某某并非《消费者权益保护法》所保护的"消费者"。任某某"知假买假"的牟利手段，不仅不能实现对社会的积极意义，反而会造成错误的示范效应，扰乱市场秩序、司法秩序、社会道德秩序，不应得到保护。法院不支持任某某10倍赔偿要求，判决由某超市退还任某某购物款2788元。

（二）市场监管部门优化营商环境重点举措

2024年8月29日，市场监管总局发布《市场监管部门优化营商环境重点举措（2024年版）》，将依法规制职业索赔行为作为重要内容。文件强调，要依法规制职业索赔行为，对利用投诉举报牟取不正当利益、侵害经营者合法权益、扰乱市场经济秩序的，要从严审查，准确把握投诉受理范围、举报立案条件等。要结合违法行为性质、情节、社会危害程度，综合考虑影响法律实施效果的因素，科学确定处罚种类和幅度，坚持过罚相当原则和比例原则。

该文件规定，严格落实标签标识、说明书、宣传材料等瑕疵不适用惩罚性赔偿的规定，完善具体制度措施，细化列明不影响商品服务质量且不会对消费者造成误导的瑕疵范围。强化投诉举报大数据汇总分析，探索跨地域、跨领域通报协作、并案处理、并案告知等。

（三）《最高人民法院关于审理食品药品惩罚性赔偿纠纷案件适用法律若干问题的解释》相关规定

2024年8月22日起，《最高人民法院关于审理食品药品惩罚性赔偿纠纷案件适用法律若干问题的解释》（以下简称《问题解释》）开始施行。《问题解释》对保护普通消费者维权、退款和返还药品、代购人责任、标签说明书瑕疵认定、惩罚性赔偿责任竞合、生产经营假药劣药责任、惩罚性赔偿金基数认定、规制连续购买索赔和反复索赔、惩治违法索赔等作出规定。

购买者因个人或者家庭生活消费需要购买的药品是假药、劣药的，依据《药品管理法》第一百四十四条第三款规定，请求生产者或者经营者支付惩罚性赔偿金的，人民法院依法予以支持。对于社会关注的"知假买假"，即购买者明知所购买药品是假药、劣药仍然购买，购买后要求药品经营者返还价款的，《问题解释》中规定人民法院应当予以支持，但不支持惩罚性赔偿的要求。以代购为业的受托人"知假买假"，同样适用以上规定。对于"知假卖假"，即明知是假药、劣药仍然销售、使用的行为，药品购买者可以选择依照《药品管理法》或者《消费者权益保护法》相关规定起诉请求经营者承担惩罚性赔偿责任。

《问题解释》还具体规定了人民法院不支持购买者请求药品生产者或者经营者支付惩

罚性赔偿金的情形：一是药品生产者或者经营者不以营利为目的实施带有自救、互助性质的生产、销售少量药品行为，且未造成他人伤害后果；二是药品生产者或者经营者根据民间传统配方制售药品，数量不大，且未造成他人伤害后果；三是药品生产者或者经营者不以营利为目的实施带有自救、互助性质的进口少量境外合法上市药品行为。

人民法院在审理药品纠纷案件过程中，如果发现药品购买者恶意制造药品生产者或者经营者违法生产经营药品的假象，以投诉、起诉等方式相要挟，向药品生产者或者经营者索取赔偿金，涉嫌敲诈勒索的，应当及时将有关违法犯罪线索、材料移送公安机关。药品购买者行为侵害药品生产者或者经营者的名誉权等权利，药品生产者或者经营者可以请求药品购买者承担损害赔偿等民事责任。

案例

朱某超与郑州某医疗科技有限公司产品责任纠纷一审案

案件事实： 2023年12月13日，朱某超在某医疗科技有限公司开设的"某某医疗器械专营店"网店内购买了6件儿童泡澡药浴包（以下简称涉案商品），每件5盒（买三送二），共30盒，每件单价116.2元，朱某超共计支付货款697.2元，商品描述载明"儿童宝宝泡澡药浴包感冒咳嗽中膏药贴风寒流鼻涕止咳三九冬季ＹＮ"，涉案商品介绍中包含"药监局备案Ⅰ类械字号批文"图片，产品参数中载明"注册证号鄂荆门械备20220029"。朱某超收到商品后，通过标准信息公共服务平台查询显示涉案商品生产企业南阳市某某科技有限公司备案的儿童浴包产品分类为"个人卫生工具包/服装，行李及个人护理用品/个人护理用品/洗浴和身体用品"，与某医疗科技有限公司宣传页面载明的医疗器械备案号不一致。另查明，朱某超于同日在某医疗科技有限公司开设的另一网店购买与涉案商品相同的商品共计15盒。2023年12月13日，朱某超向有关市场监管部门进行投诉，但调解未果。庭审中，朱某超陈述其购买涉案商品是为了送给家人的孩子作为日常护理使用，要求依据《消费者权益保护法》第五十五条规定，退一赔三。

案件处理： 朱某超同一天在被告处购买涉案商品或相同的商品共计45盒，按照每盒12包计算为540包，按照每周两次的使用频率，可以使用五年多，该数量已远超生活消费的范围。朱某超大量购买上述商品在很大程度是出于通过诉讼手段等获取经济利益的目的，朱某超的行为明显具有牟利性，与一般常理性消费不符。另外，朱某超当庭陈述其购买前并未仔细浏览涉案商品的销售页面，对注意事项、使用方式均未注意，陈述其购买目的即为日常护理使用，涉案商品也确为日常护理用途，涉案商品页面载明的医疗器械备案或备案号等实际并未使朱某超产生误解。综上，朱某超有关本案适用惩罚性赔偿规则的主张不能成立，对其有关支付3倍赔偿的诉讼请求不予支持。

第七章 药品行政处罚

✏️ 学习导航

1. 掌握行政处罚的概念、基本原则、裁量规则以及文书的制作规范等相关知识。
2. 熟悉行政处罚的种类、行政处罚证据运用和法律适用。
3. 了解行政处罚管辖、药品行政处罚程序规定、药品行政处罚应注意的问题。

第一节 药品行政处罚概述

> ❓ **问题**
>
> 药品行政处罚必须遵循行政处罚的基本原则，如果背离这些基本原则，就会导致行政处罚偏离执法目的。那么，如何才能准确地实施行政处罚，从而实现执法目的呢？

《行政处罚法》是我国行政法律体系中的一部基本法律，规定了行政处罚的设定、实施机关、程序、执行等方面。行政处罚是指行政机关依法对违反行政管理秩序的公民、法人或者其他组织，以减损权益或者增加义务的方式予以惩戒的行为。

一、药品行政处罚的基本原则

我国行政处罚的基本原则也是药品行政处罚应当遵循的原则。依据《行政处罚法》，主要有如下几个原则。

（一）处罚法定原则

该原则是《行政处罚法》最重要的原则。处罚法定原则的要求：实施行政处罚的行政机关及其职权法定；行政处罚的种类法定；行政处罚的依据法定；受处罚的行为法定；行政处罚的程序法定。

（二）公正公开原则

公正被认为是执法者应具有的品质，意味着平等对待当事人各方，不偏袒任何人，平等和公正地适用法律。公开的具体要求：行政处罚的依据必须公开；实施行政处罚的工作人员必须表明身份；行政机关作出处罚前，必须向行政相对人告知处罚的事实、依据、理由；行政处罚的听证除法律有特别规定外，必须公开进行。

（三）过罚相当原则

《行政处罚法》规定，设定与实施行政处罚必须以事实为依据，与违法行为的事实、性质、情节以及社会危害程度相当。

（四）处罚与教育相结合原则

行政处罚的目的是纠正违法行为，对违法者和社会公众进行教育，提高其法治观念，使社会公众自觉遵守法律、维护法律。

案例

某中医诊所诉某区市场监管局行政处罚案

基本案情： 某中医诊所系个体工商户，经营范围为诊疗服务。2021年5月，某区市场监管局在该诊所现场检查中发现过期药品。该局作出行政处罚决定，认定该中医诊所构成使用劣药行为，违反药品使用管理的规定，决定对某中医诊所罚款9万元、没收价值45元过期劣药及警告。该诊所提起诉讼，请求撤销该处罚决定。

裁判结果： 某市场监管局及时调整了罚款数额，某中医诊所申请撤诉。

来源：山东法院2023年度十大典型行政案例（2024-09-13）

案例

西安某店诉某区市场监管局、某市市场监管局罚款、没收非法财物及行政复议案

基本案情： 2020年4月30日，被告某区市场监管局接到举报，于5月6日进行了现场调查，5月20日立案调查。经原告经营者辨认，举报人提供的"万艾可枸橼酸西地那非片"确为原告销售的产品，共计销售13盒、销售金额975元。经检验，涉案产品含枸橼酸西地那非100.3%，属于药品。被告作出行政处罚决定，认为"当事人在案发后能配合市场监管部门调查、积极向消费者退款，消除违法行为危害后果，且涉案产品未被服用，社会危害性较小"，依据《药品管理法》第一百一十五条、《关于规范市场监督管理行政处罚裁量权的指导意见》的规定，对原告未经许可经营药品的行为，决定没收违法销售的药品，并处以最低幅度的罚款150万元。原告向某市市场监管局提出行政复议申请，请求撤销某区市场监管局作出的行政处罚决定书。某市市场监管局作出维持某区市场监管局作出的具体行政行为的决定。

裁判结果：法院于2021年11月2日作出行政判决：一、变更被告某区市场监管局作出的行政处罚决定书"罚款150万元"为"罚款人民币5万元"；二、撤销被告某市市场监管局作出的行政复议决定书。

来源：人民法院案例库   入库编号：2024-12-3-001-009

以上两个法院判例均说明，药品监管部门实施行政处罚应当遵循行政处罚的基本原则，做到过罚相当，体现处罚与教育相结合原则。若机械执法，不能全面、准确把握行政处罚的基本原则，就会面临诉讼变更或败诉风险。

二、药品行政处罚种类

依据《行政处罚法》第九条规定，行政处罚的种类有以下七种。

（一）警告、通报批评

警告、通报批评是国家对行政违法行为人的谴责和告诫，是国家对行为人违法行为所作的正式否定评价。警告的制裁作用，主要是对当事人形成心理压力和不利的社会舆论环境。

（二）罚款

罚款是行政机关对行政违法行为人强制收取一定数量金钱，剥夺一定财产权利的制裁方法。

（三）没收违法所得、没收非法财物

没收违法所得，是行政机关将行政违法行为人占有的，通过违法途径和方法取得的财产收归国有的制裁方法；没收非法财物，是行政机关将行政违法行为人非法占有的财产和物品收归国有的制裁方法。

（四）限制开展生产经营活动、责令停产停业、责令关闭、限制从业

该种处罚是指行政机关强制命令行政违法行为人暂时或永久停止生产经营和其他业务活动的制裁方法。

（五）暂扣许可证件、降低资质等级、吊销许可证件

该种处罚是指行政机关暂时或永久撤销行政违法行为人拥有的国家准许其享有某些权利或者从事某些活动资格的许可证件，使其丧失权利和活动资格的制裁方法。

（六）行政拘留

行政拘留是公安机关对违反治安管理的人短期剥夺其人身自由的制裁方法。

依据《药品管理法》及其实施条例的规定，药品行政处罚的种类主要有警告，罚款，没收违法所得，责令停产停业，吊销药品批准证明文件、药品生产许可证、药品经营许可证或者医疗机构制剂许可证，吊销执业证书，职业禁止，拘留等。

> ### 案例
>
> #### 加格达奇区某门诊部违法购进药品案
>
> **案件事实：** 2023年10月，黑龙江省大兴安岭地区加格达奇区市场监管局根据线索对某门诊部现场检查，发现该诊所2021年至2022年期间，从不具有药品经营资格的企业非法购进药品（含需低温冷藏的胰岛素），且在运输和存储过程中未对需冷藏药品进行冷藏，货值金额9.46万元。
>
> **违法行为违反的法律条文：**《药品管理法》第五十五条。
>
> **案件处理：** 2023年12月，加格达奇区市场监管局依据《药品管理法》第一百二十九条规定，对该诊所处以没收违法所得9.46万元、罚款75.71万元的行政处罚。
>
> 来源：国家药监局公布的违法案件典型案例（2024-03-26）

三、药品行政处罚的管辖

依据《行政处罚法》，药品行政处罚的管辖主要有四种。

（一）地域管辖

地域管辖又称"区域管辖"，是指在同级行政处罚机关之间处理违法行为的分工和权限。《行政处罚法》第二十二条规定，行政处罚由违法行为发生地的行政机关管辖，法律、行政法规、部门规章另有规定的，从其规定。这一规定确定了行政处罚地域管辖的一般原则。违法行为发生地，包括违法行为的实施地、结果发生地和发现地等。目前，单行法律和行政法规对管辖原则的特殊规定主要有：由违法行为人所在地行政机关管辖；由最先查处的行政机关管辖。

（二）级别管辖

级别管辖，是指不同层级的行政机关在管辖和处理行政违法行为上的分工和权限。原则上，行政处罚案件由县级以上地方人民政府具有行政处罚权的行政机关管辖。

（三）指定管辖

指定管辖，是指两个或两个以上行政机关对管辖权发生争议时，由共同的上一级行政机关以决定的方式指定某一行政机关管辖。《市场监督管理行政处罚程序规定》第十二条、第十三条规定，对当事人的同一违法行为，两个以上市场监管部门均有管辖权的，由先行立案的市场监管部门管辖。对管辖权有争议的，应当协商解决；协商不成的，报请共同的上一级市场监管部门指定管辖。第十四条规定，市场监管部门发现所查处的案件不属于本部门管辖的，应当将案件移送有管辖权的市场监管部门。受移送的市场监管部门对管辖权有异议的，应当报请共同的上一级市场监管部门指定管辖，不得再自行移送。上一级市场监管部门接到管辖争议或者指定管辖请示后，应当在七个工作日内确定案件的管辖部门。

（四）管辖转移

《市场监督管理行政处罚程序规定》第十五条规定，上级市场监管部门认为必要时，可以直接查处下级市场监管部门管辖的案件，也可以将本部门管辖的案件交由下级市场监管部门管辖。法律、法规、规章明确规定案件应当由上级市场监管部门管辖的，上级市场监管部门不得将案件交由下级市场监管部门管辖。下级市场监管部门认为依法由其管辖的案件存在特殊原因，难以办理的，可以报请上一级市场监管部门管辖或者指定管辖。

四、证据收集

（一）证据的种类与收集方法

根据《行政诉讼法》《市场监督管理行政处罚程序规定》，药品行政处罚证据主要有八类，即书证、物证、视听资料、电子数据、证人证言、当事人的陈述、鉴定意见、勘验笔录或现场笔录。

1. 书证　书证是指以文字、图形等形式以证明案件事实情况的书面文件或物品。收集书证应当注意三点。一是应力求取得原件。如收集原件确有困难时，可以收集与原件核对无误的复印件、照片或节录本，但必须注明"与原件相同"等字样。二是应注明出处并加盖印章。收集由有关部门保管的书证原件的复制件、影印件或者抄录件的，一定要注明出处，并经该部门核对无异后加盖其印章。三是收集报表、图纸、科技文献等书证的，应当附有说明材料。

2. 物证　物证是指以自身存在的外部形态等存在状况和物质属性来证明待证事实的物品或痕迹。物证的收集方法主要包括四种。一是现场检查。通过现场检查，发现和提取一定的物证。二是查封、扣押。查封、扣押时必须履行合法的手续和程序。三是先行登记保存。在登记保存期间，当事人或者有关人员不得销毁或转移被保存的物品。四是抽样取证。指行政执法人员在收集证据的过程中，从总体物证中取出个别样品进行抽检、鉴定，确定该批物证是否存在法律上关联的证据。

3. 视听资料　视听资料是指以利用录音、录像、电子计算机及电磁设备等高科技方式贮存和反映的与案件有关的数据和资料来证明案件真实情况的一种证据，包括录像、录音、传真资料等。视听资料的收集应当注意以下几点。一是收集有关资料的原始载体。提供原始载体确有困难的，可以提供复制件。二是注明制作方法、制作时间、制作人和证明对象等。因为视听资料的复制不仅简单，而且复制件与原始载体很难区分，因此，为了保证视听资料的可靠性，不论是原始载体还是复制件，都要求注明制作方法、制作时间、制作人和证明对象等。三是声音资料应当附有该声音内容的文字记录。

4. 电子数据　电子数据是以数字化形式存储、处理、传输的，能够证明案件事实的数据。最高人民法院、最高人民检察院、公安部《关于办理刑事案件收集提取和审查判断电子数据若干问题的规定》（法发〔2016〕22号）第一条规定，电子数据包括但不限于下列信息、电子文件：网页、博客、微博、朋友圈、贴吧、网盘等网络平台发布的信息；手机短信、电子邮件、即时通信、通讯群组等网络应用服务的通信信息；用户注册信息、身份认证信息、电子交易记录、通信记录、登录日志等信息；文档、图片、音视频、数字证书、计算机程序等电子文件。执法人员应当收集电子数据的原始载体。收集原始载体有困难的，可以采用书式固定、拍照摄像、拷贝复制、委托分析方式取证，并应注明制作方法、制作时间、制作人和证明对象等。

5. **证人证言** 证人证言是指证人就其所知悉的案件情况所作的陈述。收集证人证言要注意以下几点。一是证人要具备资格。证人应当具备四个条件：证人所体验的应当是过去已发生的事实，由于案件是已经发生且不可复现的事实，所以证人具有不可替代性；证人应当是除当事人之外的第三人，当事人对案件情况的陈述不属于证人证言；证人应当就其知悉的事实进行陈述，只有自然人才具有证人资格；证人应能够辨别是非、正确表达，不能正确表达意志的人不能作证。二是写明证人的姓名、年龄、性别、职业、住址等基本情况，并附有居民身份证复印件等证明证人身份的文件。三是证人应签名，不能签名的，应当以盖章、按指纹等方式证明，并注明出具日期。四是询问证人时，应当告知其作伪证的法律责任。

6. **当事人的陈述** 当事人的陈述是指与案件本身有直接利害关系的当事人向行政执法机关作出的与案件有关的法律事实或证据事实的叙述。一般来说，当事人对案件事实有着最直接、全面、具体的了解，他们对有关案件事实的客观陈述有利于执法人员查明案件事实。但同时，由于案件处理结果与当事人的自身利益密切相关，所以，行政机关在采纳当事人的陈述时要做审慎的审核。

7. **鉴定意见** 鉴定意见是指鉴定人运用自己的专业知识和技能，对案件中所涉及的某些专业性问题进行分析、判断后所作出的结论性意见。例如鉴定书证的真伪、鉴定公文印章的真伪等。鉴定意见是意见证据，而不是案件事实本身。这也是鉴定意见与书证、物证、证人证言等最根本的区别。

8. **勘验笔录或现场笔录** 勘验笔录或现场笔录是执法人员对于现场、物证进行勘验或检查时，对勘验或检查过程、方法和结果所作出的文字记录。勘验或检查的目的是发现实物证据，并要了解实物证据被发现时所处的状态、位置、相互关系等情况。

（二）证据收集的一般要求

收集证据时，除了遵守各类证据的具体规定外，还应当做到以下几点。一是依法收集。法律、法规对调查收集证据在程序和方式上有严格要求。只有通过合法的程序和方式收集的证据才是合法证据。二是公正客观。公正要求行政机关在收集证据时要客观、全面，不偏不倚，既要收集对当事人不利的证据，也要收集对当事人有利的证据。三是及时准确。案件办理时应当尽快着手进行证据的收集，以免由于自然条件的变化、人为因素的影响或其他原因，造成证据灭失或难以寻找。四是全面深入。收集证据要深入，凡是与案件有关的一切单位和个人都应当调查、询问，对于各种形式的证据，都应当尽可能地收集。

> **案例**
>
> ### 违法事实不清、证据不足，不得给予行政处罚
>
> **基本案情：** 2019年10月，某市市场监管局对某医疗器械公司生产的有源器械高频电灼仪予以抽检，该医疗器械公司通过物流渠道寄送至检验机构。检验报告称：因样品在正常检验过程中无法正常使用（仅电源开关指示灯亮），综合结论为不合格。随后该医疗器械公司以产品在物流运输过程中存在未按包装标识搬运、储存，造成产品内部故障，导致开机后无法正常使用为由，提出申诉并提交了物流公司的相关说明。2020年1月，检验机构复函称：对于运输风险的评估是产品设计时就应当充分考虑的问题，理应作为医疗器械研发阶段的设计输入；本样品在寄送至检验机构时，包装已经在出厂包装强度的基础上做了进一步防护，因此不支持该医疗器械公司诉求。经查实，2019年9月，该医疗器械公司生产高频电灼仪1台，生产过程符合医疗器械生产质量管理规范的要求，该产品自检合格。2019年12月，该医疗器械公司收到检验报告书后，立即组织召开会议，分析原因，对包装工艺进行评审验证，修订了《产品包装规范》，并改进了外层包装材料。
>
> **案例分析：** 本案中，生产、运输是可能导致产品不合格的两个关键环节，行政机关在不能取得充分证据证明该医疗器械公司生产的有源器械高频电灼仪不合格是运输环节造成还是生产环节产生的情况下，应认定该医疗器械公司违法事实不成立。由于无充分证据证明该公司生产的有源器械高频电灼仪不合格是否因物流原因造成，按照《行政处罚法》第四十条"违法事实不清、证据不足的，不得给予行政处罚"之规定，对该医疗器械公司不得给予行政处罚。行政机关办理案件，首先应当查明事实，确定当事人是否具有违法行为，这是实施行政处罚的前提。

五、证据审查

（一）书证的审查判断

1. **审查内容**　审查书证的制作情况，查明制作人是否制作了该文件，对书证的制作过程进行审查；书证的获得情况；书证的内容与形式；书证与案件事实有无联系；书证本身所属的类型。

2. **审查方法**　审查判断书证既可以采用辨认的方法，也可以采取鉴定等方法。同时也要注意把书证同案内其他证据和案件情况联系起来进行比较分析，看其是否一致，能否相互印证，以辨别其真伪。

（二）物证的审查判断

1. **审查内容**　应注意审查物证是否伪造和有无发生变形、变色或变质的情况；与案件事实有无客观联系，如某种物证是否在案发现场等；物证的来源，查明物证是原物还

是同类物或复制品。

2. 审查方法 审查判断物证既可以采用将物证交由当事人、证人进行辨认的方法，也可以采用鉴定的方法，但最重要的还是把物证和全案其他证据联系起来进行对照分析，从中发现矛盾，并进一步认真查证，以消除矛盾、鉴别真伪。照片作为物证时，其拍摄时间、拍摄人员等可能出现争议，可以与现场检查笔录等证据材料进行核对、印证。

（三）电子数据证据的审查判断

电子数据证据应当着重审查下述内容。一是是否随原始存储介质移送。在原始存储介质无法封存、不便移动或者依法应当由有关部门保管、处理、返还时，提取、复制电子数据是否由二人以上进行，是否足以保证电子数据的完整性，有无提取、复制过程及原始存储介质存放地点的文字说明和签名。二是收集程序、方式是否符合法律及有关技术规范。经勘验、检查、搜查等侦查活动收集的电子数据，是否附有笔录、清单，并经侦查人员、电子数据持有人、见证人签名；没有持有人签名的，是否注明原因；远程调取境外或者异地的电子数据的，是否注明相关情况；对电子数据的规格、类别、文件格式等注明是否清楚。三是电子数据内容是否真实。有无删除、修改、增加等情形。四是电子数据与案件事实有无关联。五是与案件事实有关联的电子数据是否全面收集。如果对电子数据有疑问，应当进行鉴定或者检验；如果电子数据经审查无法确定真伪，或者制作、取得的时间、地点、方式等存疑，不能提供必要证明或者作出合理解释，则不得作为定案的根据。

知识链接

电子数据证据质证所依据的相关规定

1. 最高人民法院、最高人民检察院、公安部《关于办理刑事案件收集提取和审查判断电子数据若干问题的规定》（法发〔2016〕22号）

2.《公安机关办理刑事案件程序规定》（2012年修订）（公安部令第127号）

3. 最高人民法院《关于民事诉讼证据的若干规定》（2019年修订）（法释〔2019〕19号）

4. 市场监管总局《市场监督管理行政执法电子数据取证暂行规定》（国市监稽规〔2024〕4号）

六、事实认定

证据收集和证据审查的首要目的是认定事实。事实的存在及其正确认定，是违法行为能够成立的基本要件，是行政处罚正确性和合法性的前提和基础。事实不清是行政复议机关或者人民法院撤销行政处罚的根据。

案件办理要将违法主体、违法行为、违法情节、违法主观状态、违法所得、货值金额以及违法责任人员在违法期间从单位获取的收入调查清楚。

（一）违法主体

一是公民。公民是指具有某一国国籍，并根据该国法律规定享有权利和承担义务的人。《中华人民共和国民法典》规定，自然人从事工商业经营，经依法登记，为个体工商户。个体工商户可以起字号。个体工商户违反法律规定，执法办案法律文书中填写违法主体应该符合以下要求：如果个体工商户有字号的，先填写字号再填写经营者的姓名和身份证号码；如果没有字号的，填写经营者姓名和身份证号码。如果在现场发现实际经营者与药品经营许可证上登记的经营者（负责人）不同，应当查明是否存在出租、出借、买卖药品经营许可证等问题。二是法人。法人是具有民事权利能力和民事行为能力，依法独立享有民事权利和承担民事义务的组织。三是其他组织。其他组织是指合法成立、有一定的组织机构和财产，但又不具备法人资格的组织。

（二）违法行为

应当结合现场情况和掌握的线索、证据，从时间、地点、目的、手段、过程等几个方面确认违法行为。

（三）违法款项

查清违法所得以及货值金额，对于执法办案尤为重要。违法所得是指实施违法行为所取得的款项。依据《药品管理法》，货值金额以违法生产、销售药品的标价计算；没有标价的，按照同类药品的市场价格计算。

（四）违法责任人员

药品监管部门要依据《药品管理法》《疫苗管理法》等法律要求，严格执行违法行为"处罚到人"的规定。因此，查清药品违法案件中相关责任人员的职务、责任、收入、执业情况等，是实施"处罚到人"的前提。一是任职及责任情况。违法主体责任人包括法定代表人、主要负责人、直接负责的主管人员以及其他责任人员。因此除准确获取违法行为发生期间的法定代表人、主要负责人相关信息之外，还要查明具体实施违法行为的人员、授意（授权）人员、主管人员以及其他人员的责任。二是收入情况。应当查明违法行为发生期间自本单位所获收入。可通过劳务合同、工资发放记录、个人及单位银行卡流水等相关记录，综合判定有关责任人从该单位获取的收入。三是执业证书情况。依据《药品管理法》《疫苗管理法》的规定，对医疗机构、疾病预防控制机构、疫苗接种单位等药品使用单位具有医疗卫生人员执业资格的相关责任人，根据不同违法情形，可能采取暂停执业活动或吊销执业证书的处罚措施。因此，需要掌握相关责任人的医疗卫生人员执业证书情况。

第二节　药品行政处罚裁量

药品行政处罚裁量权是指药品监管部门实施行政处罚时，依据法律、法规、规章的规定，综合考虑违法行为的事实、性质、情节和社会危害程度等情形，决定是否给予行政处罚、给予行政处罚种类和幅度的权限。行政处罚裁量直接涉及到对违法行为当事人的惩罚力度,"过罚相当"是基本原则。处罚畸轻畸重都会偏离执法方向,畸重的处罚难以体现处罚与教育相结合的要求,畸轻的处罚又会放纵违法行为,同样难以实现立法目的。

一、药品行政处罚裁量的依据和裁量原则

2021年《行政处罚法》修订后,为建立健全行政裁量权基准制度,规范行使行政裁量权,更好保护市场主体和人民群众合法权益,切实维护公平竞争市场秩序,稳定市场预期,《国务院办公厅关于进一步规范行政裁量权基准制定和管理工作的意见》(国办发〔2022〕27号)要求各地区各部门按照要求,及时做好行政裁量权基准制定和管理工作。2022年10月,市场监管总局修订并印发的《关于规范市场监督管理行政处罚裁量权的指导意见》(国市监法规〔2022〕2号),增加了规范行政处罚裁量权基准制定和管理的相关规定,从制度层面推动行政处罚裁量适当,确保处罚裁量基准于法有据,积极回应社会关切,体现执法力度和温度的统一。

2023年,国务院办公厅印发了《提升行政执法质量三年行动计划(2023—2025年)》。2024年,国务院印发了《国务院关于进一步规范和监督罚款设定与实施的指导意见》(国发〔2024〕5号)。

为落实国务院有关文件和市场监管总局上述2号文件要求,国家药监局于2024年2月21日印发了《药品监督管理行政处罚裁量适用规则》(国药监法〔2024〕11号,以下简称《裁量规则》),自2024年8月1日起施行。

药品监管部门行使行政处罚裁量权,应当坚持合法裁量原则、程序正当原则、过罚相当原则、公平公正原则、处罚和教育相结合原则、综合裁量原则。

二、药品行政处罚裁量的情形

对当事人实施的药品、医疗器械、化妆品违法行为,按照违法行为的事实、性质、情节和社会危害程度,分别给予从重行政处罚、一般行政处罚、从轻或者减轻行政处罚、不予行政处罚。行使药品行政处罚裁量权,应当依据违法事实、性质、情节和社会危害程度等因素,并综合考虑下列情形:当事人的年龄、智力及精神健康状况;当事人的主观过错程度;违法行为的频次、区域、范围、时间;违法行为的具体方法、手段;涉案产品的风险性;违法所得或者非法财物的数量、金额;违法行为造成的损害后果以及社会影响;当事人对违法行为所采取的补救措施及效果;法律、法规、规章规定的其他情形。

(一)应当从重处罚的情形

以麻醉药品、精神药品、医疗用毒性药品、放射性药品、药品类易制毒化学品冒充其他药品,或者以其他药品冒充上述药品的;生产、销售、使用假药、劣药、不符合强制性标准或者不符合经注册的产品技术要求的第三类医疗器械,以孕产妇、儿童、危重病人为主要使用对象的;生产、销售、使用的生物制品、注射剂药品属于假药、劣药的;

生产、销售、使用假药、劣药，不符合强制性标准或者不符合经注册备案的产品技术要求的医疗器械，造成人身伤害后果的；生产、销售、使用假药、劣药，经处理后再犯的；生产、销售、使用不符合强制性标准或者经注册的产品技术要求的医疗器械，经处理后三年内再犯的；在自然灾害、事故灾难、公共卫生事件、社会安全事件等突发事件发生时期，生产、销售、使用用于应对突发事件的药品系假药、劣药，或者用于应对突发事件的医疗器械不符合强制性标准或者不符合经注册备案的产品技术要求的；因药品、医疗器械违法行为受过刑事处罚的；法律、法规、规章规定的其他应当从重行政处罚情形。

（二）可以从重处罚的情形

药品有效成份含量不符合规定，足以影响疗效的，或者药品检验无菌、热原（如细菌内毒素）、微生物限度、降压物质不符合规定的；涉案医疗器械属于植入类医疗器械的；生产、销售、使用的急救药品属于假药、劣药的；涉案产品主要使用对象为孕产妇、儿童或者其他特定人群的；生产经营未经注册或者备案的药品、医疗器械、化妆品或者未经许可从事生产经营活动，且涉案产品风险性高的；教唆、胁迫、诱骗他人实施违法行为的；明知属于违法产品仍销售、使用的；一年内因同一性质违法行为受过行政处罚的；违法行为持续六个月以上或者在两年内实施违法行为三次以上的；拒绝、逃避监督检查，伪造、销毁、隐匿有关证据材料，或者擅自动用查封、扣押、先行登记保存物品的；阻碍或者拒不配合行政执法人员依法执行公务或者对行政执法人员、举报人、证人、鉴定人打击报复的；被药品监管部门依法责令停止或者限期改正违法行为，继续实施违法行为的；其他可以从重行政处罚的情形。

需要注意的是，对上述第7、9、10、11项规定的情形，法律、法规、规章规定为应当单独进行处罚、应当从重处罚或者属于情节严重的，从其规定。当事人因第9项所涉行为已被行政处罚的，该行为不再作为从重行政处罚情节。如《药品管理法》第一百二十四条单独规定了编造生产、检验记录的法律责任；第一百二十三条单独规定了提供虚假的证明、数据、资料、样品或者采取其他手段骗取许可的法律责任。《医疗器械监督管理条例》第八十九条单独规定了医疗器械注册人、备案人、生产经营企业、使用单位对医疗器械不良事件监测技术机构、负责药品监管的部门、卫生主管部门开展的不良事件调查不予配合的法律责任；第八十三条规定了伪造、变造相关医疗器械许可证件的法律责任。《化妆品监督管理条例》第六十四条单独规定了在申请化妆品行政许可时提供虚假资料或者采取其他欺骗手段以及伪造、变造、出租、出借或者转让化妆品许可证件的法律责任；第六十五条单独规定了备案时提供虚假资料的法律责任；第七十四条单独规定了阻碍负责药品监管的部门工作人员依法执行职务，伪造、销毁、隐匿证据或者隐藏、转移、变卖、损毁依法查封、扣押的物品的法律责任。

（三）应当从轻或者减轻行政处罚的情形

已满十四周岁不满十八周岁的未成年人有违法行为的；主动消除或者减轻药品、医疗器械和化妆品违法行为危害后果的；受他人胁迫或者诱骗实施药品、医疗器械和化妆品违法行为的；主动供述药品监管部门尚未掌握的违法行为的；配合药品监管部门查处药品、医疗器械和化妆品违法行为有立功表现的，包括但不限于当事人揭发药品、医疗器械、化妆品监管领域其他重大违法行为或者提供查处药品、医疗器械、化妆品监管领域其他重大违法行为的关键线索或者证据，并经查证属实的；其他依法应当从轻或者减轻行政处罚的。

需要注意的是，上述重大违法行为是指涉嫌犯罪或者依法被处以责令停产停业、责令关闭、吊销许可证件、较大数额罚没款等行政处罚的违法行为。地方性法规或者地方政府规章对重大违法行为有具体规定的，从其规定。

（四）可以从轻或者减轻行政处罚的情形

尚未完全丧失辨认或者控制自己行为能力的精神病人、智力残疾人有违法行为的；积极配合药品监管部门调查并主动提供证据材料的；涉案产品尚未销售或者使用的；违法行为情节轻微，社会危害后果较小的；在共同违法行为中起次要或者辅助作用的；当事人因残疾或者重大疾病等原因生活确有困难的；其他依法可以从轻或者减轻行政处罚的。

（五）不予行政处罚的情形

不满十四周岁的未成年人有违法行为的，不予行政处罚，但应当责令监护人加以管教；精神病人、智力残疾人在不能辨认或者不能控制自己行为时有违法行为的，不予行政处罚，但应当责令其监护人严加看管和治疗；违法行为轻微并及时改正，没有造成危害后果的，不予行政处罚；当事人有证据足以证明没有主观过错的，不予行政处罚，法律、行政法规另有规定的从其规定；违法行为在二年内未被发现的，不再给予行政处罚，涉及公民生命健康安全且有危害后果的，上述期限延长至五年，法律另有规定的除外；依法应当不予行政处罚的其他情形。

此外，药品上市许可持有人、医疗器械注册人备案人、化妆品注册人备案人、生产企业生产依法获得批准或者备案的创新产品，并履行上市后研究和上市后评价等法定义务，当时科学技术水平尚不能发现产品存在质量安全缺陷的，不予行政处罚。经营、使用上述缺陷产品，不予行政处罚。但是发现缺陷后未履行依法召回产品义务和采取其他有效风险控制措施的除外。

案例

龙岩市某贸易有限公司未取得药品经营许可
从事药品经营活动案

案件事实： 2023 年 6 月 26 日，龙岩市市场监管局执法人员根据 12315 平台消费者举报，依法对被举报人龙岩市某贸易有限公司进行核查。经查，当事人未办理药品经营许可证，通过在某商城平台开办的网店销售"风油精"（国药准字 Z34020856），共有销售记录 4 条，销售货值金额共计人民币 262 元。

违法行为违反的法律条文：《药品管理法》第五十一条第一款。

案件处理：依据《行政处罚法》第三十三条第一款"违法行为轻微并及时改正，没有造成危害后果的，不予行政处罚"的规定，决定对当事人不予行政处罚。

来源：福建省药品监督管理局公布2024年第一批药品安全巩固提升行动典型案例（2024-04-17）

（六）可以不予行政处罚的情形

《行政处罚法》第三十三条第一款规定，初次违法且危害后果轻微并及时改正的，可以不予行政处罚。该规定包括初次违法、危害后果轻微、及时改正三个构成要件。按照《裁量规则》规定，国家药监局和省级药品监管部门可以依照有关规定制定免予行政处罚清单并动态调整。

初次违法，是指当事人5年内在其全部生产经营地域范围内第一次实施同一性质违法行为。但当事人被处罚5年以上职业禁止的除外。经询问当事人，并查询行政处罚案件信息等方式，未发现当事人5年内有同一性质违法行为的，可以认定为初次违法。同一性质违法行为是指适用相同的法律条款作出行政处罚决定的违法行为。

危害后果轻微，是指违法行为造成的损害后果较轻、较小，可以结合下列因素综合判定：危害程度较轻；危害范围较小；危害后果易于消除或者减轻；其他能够反映危害后果轻微的因素。

及时改正，是指当事人在药品监管部门尚未立案调查且责令改正之前主动改正。

（七）药品监管领域的特别规定

《行政处罚法》第三十三条第二款规定，当事人有证据足以证明没有主观过错的，不予行政处罚。法律、行政法规另有规定的，从其规定。在药品监管领域主要体现在以下规定中。

1.《药品管理法实施条例》第七十五条　药品经营企业、医疗机构未违反《药品管理法》和本条例的有关规定，并有充分证据证明其不知道所销售或者使用的药品是假药、劣药的，应当没收其销售或者使用的假药、劣药和违法所得；但是，可以免除其他行政处罚。

2.《医疗器械监督管理条例》第八十七条　医疗器械经营企业、使用单位履行了本条例规定的进货查验等义务，有充分证据证明其不知道所经营、使用的医疗器械为本条例第八十一条第一款第一项、第八十四条第一项、第八十六条第一项和第三项规定情形的医疗器械，并能如实说明其进货来源的，收缴其经营、使用的不符合法定要求的医疗器械，可以免除行政处罚。

3.《化妆品监督管理条例》第六十八条　化妆品经营者履行了本条例规定的进货查验记录等义务，有证据证明其不知道所采购的化妆品是不符合强制性国家标准、技术规范或者不符合化妆品注册、备案资料载明的技术要求的，收缴其经营的不符合强制性国家标准、技术规范或者不符合化妆品注册、备案资料载明的技术要求的化妆品，可以免除行政处罚。

依据《裁量规则》第十五条规定，药品经营企业、使用单位同时具备下列情形的，一般应当认定为符合《药品管理法实施条例》第七十五条规定的"充分证据"：进货渠道合法，提供的供货单位生产许可证或者经营许可证、营业执照、供货单位销售人员授权委托书、产品注册或者备案信息、产品合格证明、销售票据等证明真实合法；产品采购与收货记录、入库检查验收记录真实完整；产品的储存、养护、销售、使用、出库复核、运输未违反有关规定且有真实完整的记录。

案例

平潭某医药有限公司销售假药案

案件事实： 2024年6月，平潭市场监管局执法人员根据移送线索，对某医药有限公司开展检查。经查，当事人共购进标示广西某药业股份有限公司生产的"四味脾胃舒颗粒"药品2盒，截至现场检查，已售出1盒，涉案药品货值金额118.5元，销售金额60.5元。当事人经营涉案药品过程中，购进渠道合法，履行了进货查验义务。经向广西壮族自治区药监局柳州检查分局及西安市市场监管局发函协查，确认当事人购进的"四味脾胃舒颗粒"药品不是广西某药业股份有限公司生产。根据《药品领域涉嫌犯罪案件检验认定工作指南》第二十六条第三项规定，涉案药品应认定为假药。

违法行为违反的法律条文：《药品管理法》第九十八条第一款。

案件处理： 当事人已履行药品管理法律、法规规定的义务，有充分证据证明其不知道所销售的药品是假药，依据《药品管理法实施条例》第七十五条的规定，办案部门对当事人处以没收涉案药品、没收违法所得15.04元的行政处罚，免除其他行政处罚。

来源：福建省药品监督管理局公布2024年第三批药品安全巩固提升行动典型案例（2024-10-15）

（八）"情节严重"的判定

在药品领域相关立法的法律责任中，有很多对于"情节严重"情形承担更重责任的规定。如《药品管理法》第一百一十六条规定，生产、销售假药的，没收违法生产、销售的药品和违法所得，责令停产停业整顿，吊销药品批准证明文件，并处违法生产、销售的药品货值金额十五倍以上三十倍以下的罚款；货值金额不足十万元的，按十万元计算；情节严重的，吊销药品生产许可证、药品经营许可证或者医疗机构制剂许可证，十年内不受理其相应申请；药品上市许可持有人为境外企业的，十年内禁止其药品进口。关于"情节严重"情形，依据《裁量规则》规定，在药品、医疗器械领域，应按照以下规则判定。

除药品、医疗器械监管法律、法规、规章明确规定应当按照"情节严重"给予行政处罚的情形外，当事人有下列情形之一的，按照药品、医疗器械监管法律、法规、规章规定的"情节严重"给予行政处罚：药品生产中非法添加药物成份或者违法使用原料、辅料，造成严重后果的；医疗器械生产中非法添加药物成份或者非法添加已明确禁止添加的成份，造成严重后果的；药品上市许可持有人、医疗器械注册人备案人、生产企业、经营企业、使用单位发现其生产、销售、使用的产品存在安全隐患，可能对人体健康和生命安全造成损害，不履行通知、告知、召回、停止销售、报告等法定义务，造成严重后果的；生产、经营企业不建立或者不执行进货检查验收制度，从非法渠道购进不合格产品或原料，或者生产、销售已禁止销售的产品，造成严重后果的；故意隐瞒问题产品来源或者流向，导致无法追溯，造成严重后果的；提供虚假的证明、数据、资料、样品或者采取其他手段骗取药品、医疗器械许可或者备案，社会影响恶劣或者造成人身伤害后果的；在自然灾害、事故灾难、公共卫生事件、社会安全事件等突发事件期间，生产、销售专用于应对突发事件的药品、医疗器械不符合安全性、有效性强制标准的，或者违反相关管理规定实施违法行为且直接影响预防、处置突发事件的；因涉案行为构成犯罪被人民法院作出有罪判决的；其他违法行为，造成人身伤害、重大财产损失或者恶劣社会影响等严重后果的；其他属于"情节严重"的情形。

药品领域相关部门规章规定按照"情节严重"给予行政处罚的情形主要包括：《药品生产监督管理办法》第六十九条明确了属于《药品管理法》第一百二十六条规定的未遵守药品生产质量管理规范情节严重情形；《药品经营和使用质量监督管理办法》第六十九条明确了可以依据《药品管理法》第一百二十六条未遵守药品经营质量管理规范情节严重处罚的情形。

（九）综合裁量的具体操作要求

（1）当事人的违法行为具有从重行政处罚情形，且同时具有从轻或者减轻行政处罚情形的，应当结合案情综合裁量。

（2）当事人同时有多个违法行为的，应当分别裁量，合并处罚。

（3）当事人的同一个违法行为，不得给予两次以上罚款的行政处罚。同一个违法行为违反多个法律规范应当给予罚款处罚的，按照罚款数额高的规定处罚。

（4）对当事人的违法行为依法不予行政处罚的，药品监管部门应当对当事人通过劝导示范、警示告诫、约谈指导等方式进行教育。药品监管部门应当建立健全对当事人的事前指导、风险提示、告诫、约谈、回访等制度。

（5）药品监管部门对当事人作出不予行政处罚的，应当对涉案产品采取适当、必要的风险控制措施。

第三节　药品行政处罚程序

? 问题

　　行政执法过程中如果不注重程序合法，就会导致处罚无效。那么，药品行政处罚程序有哪些具体要求呢？

一、药品行政处罚程序

（一）简易程序

药品行政处罚简易程序一般又称为当场处罚程序，具有简便、快捷、省时、高效等特点。

1. 简易程序的适用范围 依据《行政处罚法》第五十一条规定，违法事实确凿并有法定依据，对自然人处以二百元以下、对法人或者其他组织处以三千元以下罚款或者警告的行政处罚的，可以当场作出行政处罚决定。法律另有规定的，从其规定。

2. 当场处罚与当场收缴罚款的关系 依据《行政处罚法》和《市场监督管理行政处罚程序规定》，以下几种情况可以当场处罚并收缴罚款：当场处以一百元以下罚款的；当场对自然人处以二百元以下、对法人或者其他组织处以三千元以下罚款，不当场收缴事后难以执行的；在边远、水上、交通不便地区，当事人向指定银行或者通过电子支付系统缴纳罚款确有困难，经当事人提出的。

（二）普通程序

药品行政处罚普通程序，是药品行政处罚中最完整、最广泛的法律程序，一般是对于事实比较复杂或者情节比较严重的违法行为，给予较重的行政处罚时所适用的程序。

1. 出示执法证件 《市场监督管理行政处罚程序规定》第二十二条规定，办案人员调查或者进行检查时不得少于两人，并应当向当事人或者有关人员出示执法证件。

2. 遵循法定程序 案件承办人员必须是两人以上，并且是有合法办案资格的人员，在进行案件调查时，对已有证据证明有违法行为的，应当出具责令改正通知书，责令当事人改正或者限期改正违法行为。

3. 经过集体讨论 对情节复杂或者重大违法行为给予较重的行政处罚，应当由药品监管部门负责人集体讨论决定。集体讨论决定的过程应当有书面记录。

4. 权利告知 在作出处罚的告知书上，应当明确告知当事人应有的权利，这也是药品行政处罚的必要程序。如果没有该告知程序，药品行政处罚不能成立，或者将导致在之后的行政诉讼中败诉。

（三）听证程序

药品行政处罚听证程序是指在作出药品行政处罚决定之前，依法由非本案件调查人员主持，听取当事人对药品行政处罚决定的事实、依据和拟作出的处罚决定进行的申辩和质证的程序。

1. 听证权利一定要事先告知，不履行告知程序，所作出的行政处罚无效 听证由当事人提出申请，可以是书面，也可以是口头。当事人口头提出时应当做好记录。听证由作出行政处罚决定的机关负责。

2. 听证程序不是一个独立的行政处罚程序，其作用是给当事人提供行使陈述、申辩权利的机会，具有范围的有限性 《行政处罚法》第六十三条对听证程序的启动作出明确规定，即行政机关拟作出下列六种行政处罚决定时，应当告知当事人有要求听证的权利，当事人要求听证的，行政机关应当组织听证：较大数额罚款；没收较大数额违法所得、没收较大价值非法财物；降低资质等级、吊销许可证件；责令停产停业、责令关闭、限制从业；其他较重的行政处罚；法律、法规、规章规定的其他情形。当事人不承担行政机关组织听证的费用。

二、药品行政处罚办案流程

（一）立案

依据《市场监督管理行政处罚程序规定》第十八条，药品监管部门对依据监督检查职权或者通过投诉、举报、其他部门移送、上级交办等途径发现的违法行为线索，应当自发现线索或者收到材料之日起十五个工作日内予以核查，由药品监管部门负责人决定是否立案；特殊情况下，经药品监管部门负责人批准，可以延长十五个工作日。法律、法规、规章另有规定的除外。需要注意的是，《药品管理法》第一百条第二款规定，对有证据证明可能危害人体健康的药品及其有关材料，药品监管部门可以查封、扣押，并在七日内作出行政处理决定；药品需要检验的，应当自检验报告书发出之日起十五日内作出行政处理决定。

依据《市场监督管理行政处罚程序规定》第十九条，经核查，符合下列条件的，应当立案：有证据初步证明存在违反药品监督管理法律、法规、规章的行为；依据药品监督管理法律、法规、规章应当给予行政处罚；属于本部门管辖；在给予行政处罚的法定期限内。决定立案的，应当填写立案审批表，由办案机构负责人指定两名以上具有行政执法资格的办案人员负责调查处理。

案例

某医疗器械有限公司生产未经注册的第二类、第三类医疗器械案

案件事实： 2023年10月19日，药品监管局根据举报线索，对某医疗器械有限公司进行现场检查。经查，当事人生产未取得医疗器械注册证的第二类、第三类医疗器械。

违法行为违反的法律条文：《医疗器械监督管理条例》第十三条第一款。

案件处理： 药品监管局依据《医疗器械监督管理条例》第八十一条第一款第一项规定，对当事人处以没收个性化基台22个、钛柱19个、钛合金专用切削液2桶，罚款3750950元的行政处罚。

来源： 内蒙古自治区药品监督管理局行政处罚决定书（内药监处罚〔2024〕202号）

（二）调查取证

1. 调查要求 进行案件调查时，执法人员不得少于两人，并应当出示执法证件。首次向案件当事人收集、调取证据的，应当告知其有申请办案人员回避的权利。被调查人或者有关人员应当如实回答询问并协助、配合调查，及时提供依法应当保存的票据、凭证、记录等相关材料，不得阻挠、干扰案件的调查。办案过程中涉及国家秘密、商业秘密和个人隐私的，执法人员应当保守秘密。

2. 制作笔录 进行现场调查，应当制作笔录。笔录应当注明执法人员身份、证件名称、证件编号及调查目的。办案人员可以询问当事人及其他有关单位和个人。询问应当个别进行并制作笔录。询问笔录应当交被询问人核对；对阅读有困难的，应当向其宣读。笔录如有差错、遗漏，应当允许其更正或者补充。涂改部分应当由被询问人签名、盖章或者以其他方式确认。经核对无误后，由被询问人在笔录上逐页签名、盖章或者以其他方式确认。办案人员应当在笔录上签名。

3. 证据搜集 一是要调取原物、原件。调取原件、原物确有困难的，可以由提交证据的单位或者个人在复制品上签字或者加盖公章，并注明"此件由×××提供，经核对与原件（物）相同"的字样或者文字说明。二是境外证据要说明来源。三是要做好证据保存。在证据可能灭失或者以后难以取得的情况下，经分管负责人批准，可以先行登记保存，并向当事人出具先行登记保存物品通知书。

依据《市场监督管理行政处罚程序规定》第三十五条，对于先行登记保存的证据，应当在七个工作日内采取以下措施：根据情况及时采取记录、复制、拍照、录像等证据保全措施；需要检测、检验、检疫、鉴定的，送交检测、检验、检疫、鉴定；依据有关法律、法规规定可以采取查封、扣押等行政强制措施的，决定采取行政强制措施；违法事实成立，应当予以没收的，作出行政处罚决定，没收违法物品；违法事实不成立，或者违法事实成立但依法不应当予以查封、扣押或者没收的，决定解除先行登记保存措施。逾期未采取相关措施的，先行登记保存措施自动解除。

4. 中止调查和终止调查 依据《市场监督管理行政处罚程序规定》第四十六条，经药品监管部门负责人批准，下列情形应中止案件调查：行政处罚决定须以相关案件的裁判结果或者其他行政决定为依据，而相关案件尚未审结或者其他行政决定尚未作出的；涉及法律适用等问题，需要送请有权机关作出解释或者确认的；因不可抗力致使案件暂时无法调查的；因当事人下落不明致使案件暂时无法调查的；其他应当中止调查的情形。需注意的是，中止调查的原因消除后，应当立即恢复案件调查。另外，因涉嫌违法的自然人死亡或者法人、其他组织终止，并且无权利义务承受人等原因，致使案件调查无法继续进行的，经药品监管部门负责人批准，案件终止调查。

5. 强制措施 一是查封、扣押。案件调查时，经分管负责人批准可以依法采取查封、扣押等行政强制措施，执法人员应当向当事人出具查封、扣押决定书。情况紧急，需要当场采取查封、扣押措施的，执法人员应当在查封、扣押后24小时内向分管负责人报告，并补办批准手续。分管负责人认为不应当采取行政强制措施的，应当立即解除。二是记录保存。实施查封、扣押时，应当通知当事人到场，并在现场笔录中对采取的相关措施情况予以记载。对查封、扣押的场所、设施或者财物，应当使用盖有本部门公章的封条就地或者异地封存，当事人不得擅自启封。三是查封、扣押期限。查封、扣押的期限不得超过三十日；情况复杂的，经药品监管部门分管负责人批准，可以延长，但是延长期限不得超过三十日。法律、行政法规另有规定的除外。作出延长查封、扣押期限决定后应当及时填写查封、扣押延期通知书，书面告知当事人，并说明理由。物品需要进行检验、检测、检疫或者鉴定的，应当填写检验（检测、检疫、鉴定）告知书。查封、扣押的期间不包括检验、检测、检疫或者鉴定的期间。

6. 其他相关要求 一是签字盖章。执法人员在调查取证过程中，要求当事人在笔录或者其他材料上签名、盖章或者以其他方式确认，当事人拒绝到场，拒绝签名、盖章或者以其他方式确认，或者无法找到当事人的，应当由两名执法人员在笔录或者其他材料上注明原因，并邀请有关人员作为见证人签字或者盖章，也可以采取录音、录像等方式记录。二是抽样检验。执法人员调查违法事实，需要抽取样品检验的，应当按照有关规定抽取样品。检验机构应当在规定时限内及时进行检验。三是调查终结报告。案件调查终结后，案件承办人应当撰写调查终结报告，简易程序除外。调查终结报告内容包括：当事人基本情况、案由、违法事实及证据、调查经过等；拟给予行政处罚的，还应当包括所适用的依据及处罚建议。四是责令改正违法行为。案件调查时，对已有证据证明有违法行为的，应当出具责令改正通知书，责令当事人改正或者限期改正违法行为。

（三）作出处罚决定

1. 案件合议 承办人提交案件调查终结报告后，药品监管部门办案机构可以组织三名以上有关人员对违法行为的事实、性质、情节、社会危害程度、办案程序、处罚意见等进行合议。合议应当根据认定的事实，提出予以处罚、补充证据、重新调查、撤销案件或者其他处理意见。需说明的是，该环节属于办案机构的内部程序，不是法定程序。是否需要合议，由办案机构自主决定。

2. 事先告知 药品监管部门在作出处罚决定前应当填写行政处罚事先告知书，告知当事人违法事实、处罚的理由和依据，以及当事人依法享有的陈述、申辩权。药品监管部门应当充分听取当事人的陈述和申辩。当事人提出的事实、理由或者证据经复核成立的，应当采纳。药品监管部门不得因当事人申辩而加重处罚。

3. 组织听证 当事人要求听证的，应当按照法定程序组织听证。较大数额罚款、没收较大数额财物的标准，依据《市场监督管理行政处罚听证暂行办法》（市场监管总局令第3号）第五条规定执行。

4. 审核 经法制审核后，拟作出的行政处罚决定应当报药品监管部门负责人审查。药品监管部门根据不同情况，分别作出如下决定：确有应受行政处罚的违法行为的，根据情节轻重及具体情况，作出行政处罚决定；违法行为轻微，依法可以不予行政处罚的，不予行政处罚；违法事实不能成立的，不得给予行政处罚；违法行为已构成犯罪的，移送公安机关。

5. 集体讨论 对情节复杂或者重大违法行为给予较重的行政处罚，应当由药品监管部门负责人集体讨论决定。集体讨论决定的过程应当有书面记录。重大、复杂案件标准由各地药品监管部门根据实际确定。

6. 作出处罚 药品监管部门作出行政处罚决定，应当制作行政处罚决定书。行政处罚决定书应当载明下列事项：当事人的姓名或者名称、地址；违反法律、法规或者规章的事实和证据；当事人陈述、申辩的采纳情况及理由；行政处罚的内容和依据；行政处罚的履行方式和期限；不服行政处罚决定，申请行政复议或者提起行政诉讼的途径和期限；作出行政处罚决定的药品监管部门名称和作出决定的日期。行政处罚决定中涉及没收药品或者其他有关物品的，还应当附没收物品凭证。行政处罚决定书应当盖有作出行政处罚决定的药品监管部门的公章。

> ### 知识链接
>
> #### 查封、扣押与先行登记保存的区别
>
> 1. **性质不同** 查封、扣押属于行政强制措施，是行政机关为了预防、制止或控制危害社会行为的发生，依法采取的对有关对象的财产和行为自由加以暂时性限制，使其保持一定状态的手段。先行登记保存是行政机关在行政处罚过程中的一种证据保全手段，它只是具体行政行为中的一个环节。
>
> 2. **实施条件不同** 查封、扣押必须在有证据证明当事人的违法行为涉嫌违反相关法律法规、规定的情况下才能实施；先行登记保存只要在相关证据可能灭失或者以后难以取得的情况下都可以实施。
>
> 3. **法律后果不同** 查封、扣押是独立的具体行政行为，行政相对人可由此直接提起行政诉讼或者申请行政复议、国家赔偿。而先行登记保存不是独立的具体行政行为，当事人不能由此提起行政诉讼或者申请行政复议。
>
> 4. **适用条件不同** 查封、扣押是在调查取证阶段采取的行政强制措施，其强制对象是与违法行为有关的财物。先行登记保存是在证据可能永远不复存在，或者虽然事实上存在但以后难以再取得时使用的证据保全手段。其实施对象为证据，而非与违法行为有关的财物。
>
> 5. **时限不同** 查封、扣押的期限不得超过三十日；情况复杂的，经行政机关负责人批准，可以延长，但是延长期限不得超过三十日。法律、行政法规另有规定的除外。对先行登记保存的证据应当在七个工作日内作出处理决定，对不符合立案条件的，应立即解除；但对有可能危害人体健康的药品和相关材料，应进一步取证并作出查封或扣押的决定。

三、药品行政处罚法制审核

（一）药品行政处罚法制审核依据

药品行政处罚法制审核制度是《市场监督管理行政处罚程序规定》确立的，这既是保障药品行政处罚客观公正的重要手段，也是法制机构履行监督职责的重要依据。依据《市场监督管理行政处罚程序规定》第四十九条，办案机构应当将调查终结报告连同案件材料，交由药品监管部门审核机构进行审核。法制审核由药品监管部门法制机构或者

其他机构负责实施。药品监管部门中初次从事行政处罚决定法制审核的人员，应当通过国家统一法律职业资格考试取得法律职业资格。

（二）药品行政处罚法制审核范围

依据《市场监督管理行政处罚程序规定》第五十条，对情节复杂或者重大违法行为给予行政处罚的下列案件，在药品监管部门负责人作出行政处罚的决定之前，应当由从事行政处罚决定法制审核的人员进行法制审核；未经法制审核或者审核未通过的，不得作出决定：涉及重大公共利益的；直接关系当事人或者第三人重大权益，经过听证程序的；案件情况疑难复杂、涉及多个法律关系的；法律、法规规定应当进行法制审核的其他情形的案件。直接关系当事人或者第三人重大权益，经过听证程序的案件，在听证程序结束后进行法制审核。县级以上药品监管部门可以对情节复杂或者重大违法行为给予行政处罚的法制审核案件范围作出具体规定。

（三）药品行政处罚法制审核内容

依据《市场监督管理行政处罚程序规定》第五十三条，审核的主要内容包括：是否具有管辖权，当事人的基本情况是否清楚，案件事实是否清楚、证据是否充分，定性是否准确，适用依据是否正确，程序是否合法，处理是否适当七个方面。

第五十四条规定，审核机构对案件进行审核，区别不同情况提出书面意见和建议：对事实清楚、证据充分、定性准确、适用依据正确、程序合法、处理适当的案件，同意案件处理意见；对定性不准、适用依据错误、程序不合法、处理不当的案件，建议纠正；对事实不清、证据不足的案件，建议补充调查；认为有必要提出的其他意见和建议。

另外，《市场监督管理行政处罚程序规定》第五十二条规定，除适用法制审核以外的适用普通程序的案件，应当进行案件审核。案件审核由药品监管部门办案机构或者其他机构负责实施。药品监管部门派出机构以自己的名义实施行政处罚的案件，由派出机构负责案件审核。案件审核的内容与法制审核基本一致，可参照执行。案件审核是办案机构内部监督的重要手段，其范围比法制审核宽。案件审核人员应当具备较高的法律素养和严谨的工作态度。

四、药品行政处罚应当注意的问题

药品监管部门每年都会组织案卷评查和执法监督活动，通过评查和执法监督会发现许多问题，这些问题也是药品行政处罚常见的问题，下面对这些问题作了较为细致的梳理归纳，作为警示，避免办案人员重蹈覆辙。

（一）事实认定方面

1. 调查取证不充分　在案件查处中，大多数案件仅有一份询问笔录，忽视对行政相对人主体身份的确认，在卷宗中无被处罚对象的营业执照复印件、法定代表人或者负责人及被委托人的证明材料，导致案件定性缺少关键证据，难以形成完整的证据链。

2. 取证过程不规范　询问笔录、现场笔录等文书应当两人签字，却只有一人签字，或者一人签字，另一人代签。搜集的证据未作必要的说明，难以起到证据的作用。间接证据没有提供者的签字、盖章认可。照片类证据没有文字说明，孤立的照片证明力较弱。

3. 不注意取证　现场笔录无现场感，未记录现场环境。必要时应当用摄像、照片固定现场证据，作为佐证。

4. 办案不深入　对案件的来龙去脉未作深入的调查，有浅尝辄止、避重就轻之嫌。如执法人员对某公司销售的标示某制药公司生产的参苓白术丸进行了现场检查并制作了现场检查笔录，但案卷中未见对于后续该产品是否处理、如何处理等相关调查处置情况。

5. 案件事实的认定与最终作出的处罚决定存在矛盾　如调查终结报告中认定的事实是当事人进货查验记录不完整，处罚时却以当事人履行了进货查验等义务，有充分证据证明其不知道所经营的为不符合标准的医疗器械为由，免除了行政处罚。

6. 对案件事实认定的证据和理由不充分　如对涉案药品是假药还是劣药的认定，其检验报告结论不能准确判定属于假药或劣药的哪一种具体情形，调查终结报告等材料中也未对认定假药或劣药的理由作出说明。

7. 违法事实表述不清楚　没有将违法时间、地点、涉案货值、违法所得等要素全面表述，也没有紧扣违法行为构成要件进行描述。如某公司未按规定建立并执行医疗器械进货查验记录、擅自设立医疗器械库房案中，未对涉案医疗器械的类别予以明确，但处罚依据的法律条款仅针对第三类医疗器械。

（二）案件证据方面

1. 证据收集不充分　如对调取的证据未开展上下游追溯调查，不能形成完整的证据链。对证据中出现的多处涂改、涉案物品单价前后不一致等未写明原因，也未展开全面调查。提取的复印件证据缺少当事人确认意见和执法人员签字。

2. 证据提取不规范　如证据未注明与原件一致、证据出处或出证时间等内容，照片证据未注明制作人、制作时间、拍摄地点等相关信息。又如企业提供的购进记录等证据资料没有加盖企业的公章，现场笔录、当事人提供的证据等材料签字人员身份不明，无法确认所收集证据的真实性、合法性。

3. 证据形式单一　如在认定货值金额和违法所得时过分依赖当事人陈述，甚至仅凭询问笔录中当事人的陈述即作出认定，没有得到其他有效证据予以补强，证明力不足。

4. 应当入卷的证据未入卷　如某公司生产劣药案，行政处罚决定书中表述收到过当事人的申辩报告并进行了复核，但相关证据未入卷。现场笔录中记载了对现场拍照录像，但拍照录像的视听资料未附到案卷中。

（三）执法程序方面

1. 案件办理程序不规范　一是滥用简易程序。有的执法人员为图方便、走捷径，对不适用简易程序的案件实施当场处罚。二是忽视样品抽样程序。药品抽样记录及凭证未填写，未当场签封、签字。三是办案有缺陷。责令限期改正必须有合理期限和到期限后的及时复查记录，该记录应当作为案卷的附件。四是发现违法行为线索十五个工作日内未立案，或者超期立案未办理延长审批。五是对经过法制审核的案件，未经部门负责人集体讨论，就作出处罚决定。

2. 查封、扣押不规范　一是涉案物品由先行登记保存转为查封、扣押等行政强制措施的，对不需要解除先行登记保存措施的予以解除；扣押期限超期。二是未严格依照法定程序实施查封、扣押等强制措施，如查封、扣押后未在法定期限内作出处理决定，查封、扣押超过法定期限，未在查封、扣押期限届满前办理延期手续，解封后物品去向不明。

3. 集体讨论不规范　如部门负责人集体讨论记录中出席人员与实际参加人员不一致；以会议纪要形式记录集体讨论过程，减轻处罚案件没有减轻处罚的具体讨论内容；案件集体讨论时仅表示"同意""无其他意见"，致该程序流于形式。

4. 行政处罚决定履行不到位　如吊销药品经营许可证的决定，应当向审批部门通报，由其依法注销证件，但在案卷中没有体现出吊销证件的履行情况；同意当事人延期付款后，未制发延期缴纳罚款通知书。

（四）法律适用方面

1. 适用法律不规范　依据的法律条文仅标示到条，未具体到款和项，未引用具体的法律条文内容。案件存在两种违法行为，行政处罚决定书中没有对两个违法行为分别裁量、合并处罚，导致案件处罚结果表述不清；案件应给予警告处罚的只下达了责令改正通知书。

2. 适用法律不准确　对在案件办理过程中或违法行为在实施期间跨越新旧《药品管理法》《医疗器械监督管理条例》等情形，在新旧法律、法规选择适用方面，说理性不足。如某诊所使用过期医疗器械案，因立案时新修订的《医疗器械监督管理条例》已经实施，应在行政处罚决定书中将新旧法的选择适用情况进行说理。又如某药店购销药品没有真实完整的购销记录案，违法行为跨越新旧法，但在说理部分却忽略了新旧法的选择适用问题。

（五）其他问题

案卷归档时未按照规定的顺序归档，正副卷文书分类不准确，封面没有写案卷号、归档号等信息。案件在追溯通报上存在问题，没有将查处的外地或其他部门有管辖权的案件违法线索及时进行移送或通报。文书装订不规范，如文书装订顺序混乱、目录与文书不对应、案卷未标注页码或页码标注不规范等。文书不齐全，如检验报告等证据材料未放入正卷；案件交办函、检验报告证据材料等是复印件，原件未入卷；文书中没有没收物品清单、召回处理等材料。

🗂 **案例**

武汉某医药有限公司销售假药案

案件事实： 2023年9月，湖北省武汉市黄陂区市场监管局根据有关线索，对武汉某医药有限公司涉嫌销售假药案进行立案调查。经查，2018年11月至2023年4月，武汉某医药有限公司从非法渠道购进并销售非法添加"西地那非"成份的涉案产品，经武汉市市场监管局认定为假药。

违法行为违反的法律条文：《药品管理法》第九十八条第一款。

案件处理： 2024年1月，武汉市黄陂区市场监管局依据《药品管理法》第一百一十六条、第一百一十八条第一款规定，对该公司处以吊销药品经营许可证、罚款255万元的行政处罚；对该公司法定代表人杨某某处以终身禁止从事药品生产经营活动的行政处罚。

来源：国家药监局公布4起药品违法案件典型案例（2025-01-10）

五、药品行政处罚的履行

药品行政处罚的履行要掌握以下要点。

（一）延期或者分期履行

行政处罚决定书送达后，当事人应当在处罚决定的期限内予以履行。《市场监督管理行政处罚程序规定》第七十四条规定，当事人确有经济困难，需要延期或者分期缴纳罚款的，应当提出书面申请。经药品监管部门负责人批准，同意当事人暂缓或者分期缴纳罚款的，药品监管部门应当书面告知当事人暂缓或者分期的期限。药品监管部门批准延期、分期缴纳罚款的，申请人民法院强制执行的期限，自暂缓或者分期缴纳罚款期限结束之日起计算。

（二）不停止执行

当事人对行政处罚决定不服，申请行政复议或者提起行政诉讼的，行政处罚不停止执行，但行政复议或者行政诉讼期间决定或者裁定停止执行的除外。

1. 罚缴分离　除按规定当场收缴的罚款外，执法人员不得自行收缴罚没款。在边远、水上、交通不便地区，药品监管部门及其执法人员依照规定作出处罚决定后，当事人向指定的银行缴纳罚款确有困难的，经当事人提出，执法人员可以当场收缴罚款，但必须向当事人出具国务院财政部门或者省、自治区、直辖市财政部门统一制发的专用票据。

2. 强制执行　当事人逾期不缴纳罚款的，药品监管部门可以每日按罚款数额的百分之三加处罚款，但加处罚款的总数额不得超过原罚款数额。申请人民法院强制执行前应当填写行政处罚决定履行催告书，书面催告当事人履行义务，告知履行义务的期限、方式和依法享有的陈述、申辩权。当事人进行陈述、申辩的，应当对当事人提出的事实、理由和证据进行记录、复核，并制作陈述申辩笔录、陈述申辩复核意见书。当事人提出的事实、理由或者证据成立的，药品监管部门应当采纳。当事人在法定期限内不申请行政复议或者提起行政诉讼，又不履行行政处罚决定，且在收到催告书十个工作日后仍不履行行政处罚决定的，药品监管部门可以在期限届满之日起三个月内依法申请人民法院强制执行。

六、药品行政处罚文书

行政处罚主体是否适格、事实是否确凿、适法是否正确、程序是否合法、制作是否规范是判定一个行政处罚能否成立的基本要件，也是行政处罚文书制作的基本标准。

（一）药品行政处罚文书的分类

根据不同的标准，可以将药品行政处罚文书分为不同的类型。

1. 根据文书制作主体分类 根据文书制作主体不同可以分为以个人名义制作的文书和以机关名义制作的文书。以个人名义制作，是指行政执法人员以个人名义制作并对文书的真实性、准确性、正确性负责，如询问笔录。以机关名义制作，指行政机关执法人员以机关名义制作法律文书，由该机关对文书的真实性、准确性、正确性承担法律责任，如行政处罚决定书。

2. 根据制作主体级别分类 根据制作主体级别不同可以分为上级机关制作的文书和下级机关制作的文书。上级机关制作的文书，是指上级机关针对下级机关提请而依据相应职权所作出的文书，如吊销药品生产许可证的行政处罚文书。下级机关制作的文书，是指下级机关在其行政处罚权限范围内所作出的行政处罚文书。

3. 根据文书内容分类 根据文书内容不同可以分为描述事实的文书和表示意思的文书。描述事实的文书，是指制作人只对其看见的、了解的、掌握的事实进行客观的记录，不添加任何个人意思，不作任何主观评价的文书，如现场笔录。表示意思的文书，是指制作人根据对事实情况的掌握与判断，依据法律规定作出处理决定的文书，如行政处罚决定书。

另外，根据文书制作形式不同，可以分为填写式文书、书写式文书和笔录式文书。根据文书使用范围不同，可以分为内部使用的文书和外部使用的文书等。

（二）药品行政处罚文书的制作要求

药品行政处罚文书是药品监管部门及其执法人员按照法定的执法程序制作的，反映执法活动全过程的法律文件。执法人员在日常执法工作中的不规范行为很可能引起行政复议或者行政诉讼，行政处罚文书中的任何一点纰漏都可能导致诉讼风险。具体文书制作，可以参考市场监管总局发布的《市场监督管理行政处罚文书格式范本》及其使用指南。下面主要阐述药品行政处罚文书制作应着重把握的要点。

1. 主体必须适格

（1）被处罚主体要认定清楚 首先，在处罚决定书中，被处罚主体资格应认定正确，即被处罚主体符合公民、法人或者其他组织的认定要求。其次，被处罚主体在主要法律文书中应前后一致，被处罚主体的名称必须使用全称。

（2）实施处罚主体资格适当 一是实施行政处罚的部门具备行政处罚的主体资格并符合法定权限。行政处罚权是法律授予行政机关的一项职权。在我国，《药品管理法》授权药品监管部门行使药品监管的行政处罚权，其他单位或个人，如药品检验机构、药品监督员则不能作为处罚主体对违反《药品管理法》及相关法律、法规、规章的公民、法人或其他组织实施行政处罚。二是印章使用符合《行政处罚法》的规定和有关法律文件的要求。对外文书所使用的印鉴应为法律授权实施行政处罚的行政机关的公章。

2. 认定事实准确

（1）违法事实与主要情节的认定和表述必须清楚、准确　行政机关在实施行政处罚前，必须查明事实。只有查明事实，才能正确认定事实。而事实的认定应当体现在具体的执法文书中。任何一份执法文书都有其内在的主旨，如询问笔录是执法人员进行案件调查的记录，它客观反映执法人员所询问的问题和被调查人对问题的回答；行政处罚决定书的主旨是行政处罚的意思表示，它反映了执法机关对行政相对人违法行为的认定及处理意见。

（2）违法事实和主要情节应有相关证据证明　证据指在诉讼上用以认定事实的一般资料，包括书证、物证、视听资料、电子数据、证人证言、当事人的陈述、鉴定结论、勘验笔录和现场笔录等。若无充分且有效的相关证据，违法事实不能在执法文书中加以认定。

（3）叙述事实应当因果明确、详略得当、重点突出　在叙述事实时不能任意推断、臆测、夸大事实、牵强附会。要保证事实的真实性、事实要素（包括主体、时间、地点、标的物的数量、规格、货值、违法所得等）的完整性，特别是关键情节应交代清楚，叙述要具体。

3. 正确适用法律

（1）准确引用法律条文　应适用甲法的，不能适用乙法；应适用甲法律条文的，不能适用乙法律条文。条、款、项的引用必须完整，其内容应准确无误。例如，《药品管理法》第九十八条第二款、第三款关于假药和劣药的规定，是对假药和劣药概念内涵的阐述，属于法律概念的解释，应在违法事实的认定中表述，但实践中由于执法人员认识上的偏差，往往将其引为违反的法律条款。

（2）不能漏用依据　实践中最常见的就是从轻、减轻处罚中漏用《行政处罚法》第三十二条，不予处罚中漏用《行政处罚法》第三十三条。

（3）使用全称　除内部文书外，所适用的法律、法规、规章必须写全称，不能使用简称，如《药品管理法》不能简写成《药法》等。

（4）无规定不处罚　不应给予行政处罚的，不能引用法律、法规实施行政处罚。不能对法律条文进行任何臆断、曲解。法律、法规、规章没有规定的，不能比照处罚。裁量也必须有法定事由，要保证事实、理由、结论的一致性。

4. 符合法定程序

行政处罚是否符合法定程序，是其能否产生法律效力的必备条件。执法文书制作应主要考虑以下几方面。一是注意先后顺序。先调查取证后作出处罚决定，时间顺序不能颠倒。认定事实必须是在执法文书形成之前，而不是在文书形成甚至生效之后完成。二是保障当事人权利。决定处罚前应向当事人履行告知义务并认真听取当事人的陈述、申辩。三是不能遗漏听证。符合听证要求的应履行听证程序，有法定前置程序的应先履行该程序。四是送达应保留证据。行政处罚文书一定要有送达证据，无证据可能导致处罚无效。

5. 符合制作规范

（1）正确选用文书　每个文书的制作都有明确的目的，如行政处罚决定书是向被处罚人表明对其做出的处罚的内容及理由、依据；询问笔录是把当事人和其他有关人员提供的与案件有关的情况如实记录下来，使之成为认定事实和进行处理的依据；现场笔录则是把执法人员在现场检查中发现的有关情况做如实记录。询问笔录和现场笔录两者的作用不同，不能互相代替，应当避免混用。

（2）保证文书有效　一是文书结构应当固定。一般而言，文书都是由首部、正文、尾部三部分组成。如现场笔录的首部是对被检查的对象，检查的时间、地点以及检查人等情况的表述；正文是对检查情况的记述；尾部是有关人员的签字及文书的成文时间等。作为主要证据使用的现场笔录、询问笔录等，必须交由当事人签署意见并签名或按指纹，涂改处必须由当事人按指纹。二是文书的事项应当完备。不同的文书有不同的事项要求，有些事项是必备事项，绝对不能缺少。如行政处罚决定书除表明行政相对人违法事实、违反的法律规定以及处罚决定以外，还应当告知行政相对人所享有的申请复议和提起诉讼权利，以及逾期不执行处罚决定应缴纳滞纳金的法律义务。三是行政处罚决定书一经送达，即具有法定执行效力，执法部门和行政相对人都必须严格执行。如果执法部门在发出该文书后，发现确有错误的，必须正式发文将原文书收回或终止其效力，再制作新的处罚文书。

（3）规范制作文书　行政处罚决定书应充分说理。内容上，有关主体称谓应当一致。称谓，是指文书中所涉及的主体以及物品名称。为了使文书简明，称谓可以用代词代替。但是所使用的代词应当规范，且前后一致，不能混淆或者随意改变。如询问笔录中，对行政相对人，不能时而用第一人称"我"，时而用第三人称"他"；不能时而用企业名称，时而又称其为"当事人"。语言上应注意以下几点：一是叙事清楚，言简意赅；二是修辞准确，句子结构完整，表述规范，标点符号正确；三是用词规范，不能用方言土语，不能用"上下""左右"等模糊语言，不能用简化字，不能用生僻词语，不得自造字、词，不得渲染夸张；四是逻辑严谨，推理正确，前后观点一致；五是数字要准确，并使用法定计量单位。

案例

因文书制作不严谨致使认定事实不清楚从而导致处罚败诉案

基本案情： 2016年8月9日，诸暨市市场监管局以某大药房未按规定实施《药品经营质量管理规范》，违反了《药品管理法》第十六条第一款的规定为由，对某大药房作出停止经营3天和罚款6000元的处罚。某大药房提起诉讼，请求法院判决撤销行政处罚决定。

裁判结果： 本案中，被告行政处罚决定书中查明的事实为"原告存在处方药'痛定风胶囊'与非处方药'维生素E软胶囊'混放、营业员张某某未佩戴工作牌"。其中，行政处罚决定书中的处方药"痛定风胶囊"并不存在，经查明应为"痛风定胶囊"。被告在行政处罚决定书中的药名表述错误导致了认定事实有误。而关于张某某有无佩戴工作牌这一事实是否清楚，法院认为，在被告提供的2016年7月13日检查时拍摄并经张某某签字确认的现场照片中可以看到，张某某当时未佩戴工作牌。但是被告在询问笔录及行政处罚决定书中混用工作人员、营业员与营业人员的概念，说明在执法过程中对事实认定不严谨、不清楚。最终，诸暨市市场监管局作出的行政处罚决定因事实不清被依法撤销。

知识链接

市场监督管理行政处罚文书格式范本（2021年修订版）

扫描二维码获取完整格式范本

市场监督管理行政处罚文书格式范本使用指南（2021年修订版）

扫描二维码获取完整使用指南

第八章　危害药品安全犯罪与行刑衔接

✏️ **学习导航**

1. 掌握移送涉嫌犯罪案件的条件、程序与要求。
2. 熟悉药品监管行政执法与司法衔接的工作内容。
3. 了解危害药品安全犯罪的种类和构成。

2019年《药品管理法》对假药定义进行了修改，特别是删除了"按假药论处"的表述。2020年全国人大常委会审议通过了《中华人民共和国刑法修正案（十一）》，增加了妨害药品管理罪。2022年最高人民法院、最高人民检察院修订了《最高人民法院 最高人民检察院关于办理危害药品安全刑事案件适用法律若干问题的解释》（高检发释字〔2022〕1号，以下简称《解释》）。2022年，国家药监局、市场监管总局、公安部、最高人民法院、最高人民检察院联合印发了《药品行政执法与刑事司法衔接工作办法》（国药监法〔2022〕41号）。熟练掌握上述法律、司法解释以及规范性文件的变化，对于做好危害药品安全犯罪行刑衔接工作至关重要。

第一节　危害药品安全犯罪

❓ **问题**

危害药品安全主要涉及哪些犯罪种类？如何界定生产、销售、提供假药、劣药行为？如何认定共犯、主观故意、单位犯罪？如何理解刑事处罚原则及出罪特例？

一、危害药品安全犯罪种类

（一）生产、销售、提供假药罪

《药品管理法》第九十八条第二款明确规定了假药情形。《刑法》第一百四十一条对生产、销售、提供假药罪作出规定。生产、销售、提供假药罪属于行为犯，对于生产、销售、提供假药的行为，原则上都应当追究刑事责任。

1. 假药的认定情形

（1）药品所含成份与国家药品标准规定的成份不符　一般是指不含或者超出国家药品标准、省级药品监管部门核准的医疗机构制剂标准规定的主要成份，也可指生物制品未产生应有的生物活性或者效价的情形。为达到成品检验合格的非法目的，中药生产过程中非法添加化学药品，即使成品检验合格，有充分证据的，也可以按此项规定认定为假药。

案例

张某松等生产、销售假药案

基本案情： 2016年11月至2017年1月，被告人张某松、张某林兄弟二人为非法获利，在广东省广州市将购买的裸瓶"冻干粉"改换包装后假冒不同品牌肉毒素（注射用A型肉毒毒素），以每支15元的价格多次向袁某兰（另案处理）等人销售共计13060支。案发后，公安机关从被告人处扣押涉案产品共计25090支。经查，被告人生产、销售金额共计57万余元。经中国食品药品检定研究院检验，涉案产品均未检出A型肉毒毒素成份。

裁判结果： 陕西省渭南市临渭区人民法院、渭南市中级人民法院经审理认为，被告人张某松、张某林违反药品管理法规，生产、销售假药，情节特别严重，其行为均已构成生产、销售假药罪。据此，以生产、销售假药罪判处被告人张某松有期徒刑12年，并处罚金人民币70万元；判处被告人张某林有期徒刑11年，并处罚金人民币50万元。

来源：最高人民法院发布危害药品安全犯罪典型案例（2023-09-18）

（2）以非药品冒充药品　一是利用标签、说明书和外包装标识适应症、功能主治、预防疾病、药用疗效等内容，足以使他人将未经相关部门批准不具有疾病预防、诊断、治疗功能的物质误以为是药品的。如以糊精、苦味剂、压片冒充阿司匹林，使用辣椒油等非药品生产黄道益活络油等药品。二是使用非药用化工原料加工、包装成药品，标识为合法上市药品或者以其他方式足以使他人误以为该产品具有合法上市药品的适应症或功能主治的。如用工业氧气冒充医用氧气等行为；使用"替尼"类非药品用化工原料灌装或压片后，包装为境外合法上市的抗癌药进行销售；使用非药用丁卡因、利多卡因等具有麻醉功效的药品物质灌装，印制与境外合法上市药品相似的外包装、说明书，声称为从境外进口的药品进行销售。

案例

黄某霖等生产、销售假药案

基本案情： 2019年12月起，被告人黄某霖通过网络从广东、江苏等地购买生产设备及药水、空瓶、瓶盖、标签等原材料，雇佣卢某荣、柯某来、章某辉、章某花、林某娟（均另案处理）等人在福建省莆田市使用辣椒油、热感剂等非药品灌装生产假冒黄道益活络油、双飞人药水、无比滴液体，后通过电商平台以明显低于正品的价格销售牟利，销售金额共计639万余元，获利40余万元。

2019年12月至2020年5月，被告人柯某云明知被告人黄某霖生产、销售假药，仍与黄某霖共同灌装、贴标、包装黄道益活络油，用自己的身份信息注册网店并负责客服工作，提供以自己身份信息注册的支付宝账号用于黄某霖购买原料以及销售假药收款，销售金额共计308万余元。

裁判结果：福建省莆田市秀屿区人民法院、莆田市中级人民法院经审理认为，被告人黄某霖、柯某云生产、销售假药，情节特别严重，其行为均已构成生产、销售假药罪。柯某云在与黄某霖的共同犯罪中起次要和辅助作用，系从犯，结合其情节和作用，依法予以减轻处罚。黄某霖、柯某云均认罪认罚。据此，以生产、销售假药罪判处被告人黄某霖有期徒刑12年，并处罚金人民币1100万元；判处被告人柯某云有期徒刑3年，并处罚金人民币50万元。

来源：最高人民法院发布危害药品安全犯罪典型案例（2023-09-18）

（3）以他种药品冒充此种药品　一是标签、说明书等标识使用其他种类药品的名称、批准文号、上市许可持有人或者生产企业名称，冒充此种药品。如以维生素E胶囊冒充丁苯酞胶囊。二是药品成份与其标签、说明书等标识的成份不符。如以化学合成胰岛素冒充生物制剂胰岛素；在中药中掺入了化学药，并冒充纯中药。

案例

高某等生产、销售假药案

基本案情：2018年至2020年9月，被告人高某为获取非法利益，在未取得药品生产许可证、药品经营许可证的情况下，在其住所内，用中药材首乌、甘草、大茴和西药溴己新、土霉素片、复方甘草片、磷酸氢钙咀嚼片、醋酸泼尼松、马来酸氯苯那敏等按照一定比例混合研磨成粉，并雇佣被告人李某将药粉分包、包装为成品。高某使用"特效咳喘灵"的假药名，编造该药粉为"祖传秘方""纯中药成份"，主治咳嗽、肺结核、哮喘、支气管炎，并以每包25元至40元的价格对外销售，销售金额共计186万余元。李某还从高某处低价购买上述假药并加价销售给被告人黄某等人。

裁判结果：法院经审理认为，被告人高某等人生产、销售假药的行为构成生产、销售假药罪。高某生产、销售金额达186万元，具有"其他特别严重情节"。据此，以生产、销售假药罪判处被告人高某有期徒刑10年9个月，并处罚金人民币372万元。其余被告人分别被判处1年6个月至10年3个月有期徒刑，并处罚金。

来源：最高人民法院发布药品安全典型案例（2022-04-28）

（4）变质的药品　一般是指药品颜色、气、味明显变异，根据药品检验结论，认定药品的本质发生变化且严重影响药品安全性、有效性的情形。

（5）药品所标明的适应症或者功能主治超出规定范围　一般是指外包装、说明书等标识超出国家标准或者经核准的药品质量标准规定的适应症或者功能主治的情形。

（6）保健食品、化妆品、消毒产品等宣称药品疗效等内容超出规定范围　保健食品、化妆品、消毒产品等宣称适应症或者功能主治、预防疾病或者药用疗效等内容超出法律、行政法规规定的，除有证据证明产品文号明显为编造或者虚假的，应当先向标识文号的主管部门请求协助核实。经核实，涉案产品文号真实的，按程序移交相关主管部门依法处理；文号不实（含冒用他人文号）的，根据案件查实证据，如通过标识、标签、说明书等宣称，并结合案发当时买卖双方对涉案产品认知、买方购买需求、卖方销售方式等实际情况，综合判断涉案产品属于食品、化妆品、消毒产品还是药品。涉案产品应当按照药品管理的，可以依法判定为假药。

案例

未某等生产、销售假药案

基本案情： 2019年1月至2021年5月，被告人未某、桑某全、袁某文共同出资成立杨马湖生物科技有限公司，在未取得药品相关批准证明文件的情况下生产牙科类药品。三名被告人按照配方（水、亮蓝素、冰片、薄荷香精、乙醇、发泡剂）调制含漱液，并将药品"浓替硝唑含漱液"的名称、适应症、药理作用、用法用量、作用类别（明确标明"口腔科类非处方药品"）等信息标识在其生产的"天天™浓替硝唑含漱液"内外包装及说明书上，使用编造的"豫卫消证字（2017）第0158号"卫生许可证号和已注销的"天驰生物科技（濮阳）有限公司"及该公司地址作为厂名、厂址。涉案含漱液通过网店被销往安徽等全国各地，销售金额共计49万余元。经安徽省芜湖市食品药品检验中心检验，涉案含漱液中不含药品成份。

裁判结果： 法院经审理认为，被告人未某、桑某全、袁某文生产、销售假药，情节特别严重，其行为均已构成生产、销售假药罪。袁某文具有自首情节，依法可以从轻或者减轻处罚。未某、桑某全具有坦白情节，依法可以从轻处罚。三名被告人均自愿认罪认罚。据此，以生产、销售假药罪判处被告人未某有期徒刑6年6个月，并处罚金人民币34万元；判处被告人桑某全有期徒刑6年6个月，并处罚金人民币33万元；判处被告人袁某文有期徒刑6年，并处罚金人民币33万元。

来源：最高人民法院发布危害药品安全犯罪典型案例（2023-09-18）

2. 生产、销售、提供假药罪的刑罚

《刑法》第一百四十一条规定，生产、销售假药的，处三年以下有期徒刑或者拘役，并处罚金；对人体健康造成严重危害或者有其他严重情节的，处三年以上十年以下有期徒刑，并处罚金；致人死亡或者有其他特别严重情节的，处十年以上有期徒刑、无期徒刑或者死刑，并处罚金或者没收财产。药品使用单位的人员明知是假药而提供给他人使

用的，依照前款的规定处罚。

《解释》分别对生产、销售、提供假药罪中的"对人体健康造成严重危害""其他严重情节"和"其他特别严重情节"作出规定。

第二条规定，具有下列情形之一的，应当认定为《刑法》第一百四十一条规定的"对人体健康造成严重危害"：造成轻伤或者重伤的；造成轻度残疾或者中度残疾的；造成器官组织损伤导致一般功能障碍或者严重功能障碍的；其他对人体健康造成严重危害的情形。

第三条规定，具有下列情形之一的，应当认定为《刑法》第一百四十一条规定的"其他严重情节"：引发较大突发公共卫生事件的；生产、销售、提供假药的金额二十万元以上不满五十万元的；生产、销售、提供假药的金额十万元以上不满二十万元，并具有《解释》第一条规定情形之一的；根据生产、销售、提供的时间、数量、假药种类、对人体健康危害程度等，应当认定为情节严重的。

第四条规定，具有下列情形之一的，应当认定为《刑法》第一百四十一条规定的"其他特别严重情节"：致人重度残疾以上的；造成三人以上重伤、中度残疾或者器官组织损伤导致严重功能障碍的；造成五人以上轻度残疾或者器官组织损伤导致一般功能障碍的；造成十人以上轻伤的；引发重大、特别重大突发公共卫生事件的；生产、销售、提供假药的金额五十万元以上的；生产、销售、提供假药的金额二十万元以上不满五十万元，并具有《解释》第一条规定情形之一的；根据生产、销售、提供的时间、数量、假药种类、对人体健康危害程度等，应当认定为情节特别严重的。

（二）生产、销售、提供劣药罪

《药品管理法》第九十八条第三款明确规定了劣药情形。《刑法》第一百四十二条对生产、销售劣药罪作出规定。生产、销售、提供劣药罪属于结果犯，需要有实际的危害后果才构成犯罪。

1. 劣药的认定情形

药品成份的含量不符合国家药品标准，一般是指药品所含成份的含量、生物活性/效价不符合国家药品标准规定的情形；被污染的药品，一般是指重金属及有害元素、细菌内毒素、农药残留、有机溶剂残留等不符合国家药品标准的情形；未标明或者更改有效期的药品；未注明或者更改产品批号的药品；超过有效期的药品；擅自添加防腐剂、辅料的药品；其他不符合药品标准的药品，一般是指药品标准中装量差异、可见异物、水分、融化性、有关物质、pH值、灰分等项目不符合国家药品标准或者经核准的药品质量标准规定。

2. 生产、销售、提供劣药罪的刑罚

《刑法》第一百四十二条规定，生产、销售劣药，对人体健康造成严重危害的，处3年以上10年以下有期徒刑，并处罚金；后果特别严重的，处10年以上有期徒刑或者无期徒刑，并处罚金或者没收财产。药品使用单位的人员明知是劣药而提供给他人使用的，依照前款的规定处罚。

《解释》分别对生产、销售、提供劣药罪中的"对人体健康造成严重危害"和"后果特别严重"作出规定。

按照《解释》第二条、第五条规定，具有下列情形之一的，应当认定为《刑法》第一百四十二条规定的"对人体健康造成严重危害"：造成轻伤或者重伤的；造成轻度残疾或者中度残疾的；造成器官组织损伤导致一般功能障碍或者严重功能障碍的；其他对人体健康造成严重危害的情形。

按照《解释》第四条、第五条规定，具有下列情形之一的，应当认定为《刑法》第一百四十二条规定的"后果特别严重"：致人死亡；致人重度残疾以上的；造成三人以上重伤、中度残疾或者器官组织损伤导致严重功能障碍的；造成五人以上轻度残疾或者器官组织损伤导致一般功能障碍的；造成十人以上轻伤的；引发重大、特别重大突发公共卫生事件的。

（三）妨害药品管理罪

《药品管理法》第一百二十四条规定了妨害药品管理的法律责任。妨害药品管理罪是危险犯，需要"足以严重危害人体健康"才构成犯罪。

《刑法》第一百四十二条之一规定，违反药品管理法规，有下列情形之一，足以严重危害人体健康的，处3年以下有期徒刑或者拘役，并处或者单处罚金；对人体健康造成严重危害或者有其他严重情节的，处3年以上7年以下有期徒刑，并处罚金：生产、销售国务院药品监管部门禁止使用的药品的；未取得药品相关批准证明文件生产、进口药品或者明知是上述药品而销售的；药品申请注册中提供虚假的证明、数据、资料、样品或者采取其他欺骗手段的；编造生产、检验记录的。构成妨害药品管理罪，同时又构成生产、销售、提供假药罪，生产、销售、提供劣药罪或者其他犯罪的，依据处罚较重的规定定罪处罚。

妨害药品管理罪"足以严重危害人体健康的"认定包括下列情形。

（1）生产、销售国务院药品监管部门禁止使用的药品，综合生产、销售的时间、数量、禁止使用原因等情节，认为具有严重危害人体健康的现实危险的。

（2）未取得药品相关批准证明文件生产药品或者明知是上述药品而销售，涉案药品属于《解释》第一条第一项至第三项规定情形的。

（3）未取得药品相关批准证明文件生产药品或者明知是上述药品而销售，涉案药品的适应症、功能主治或者成份不明的。药品的适应症，功能主治或者成份不明。一般是指在外包装、说明书、互联网平台上，或者以口头兜售等方式营销时，未标明、随意编造适应症、功能主治，如"包治百病"，以药品名义对外销售的。如一种药品标识能够治疗癌症、心脏病、痛风等多种疾病。

（4）未取得药品相关批准证明文件生产药品或者明知是上述药品而销售，涉案药品没有国家药品标准，且无核准的药品质量标准，但检出化学药成份的。此种情形中，认定化学药成份，一般应当依照国家药品标准、经核准的药品质量标准或者经批准的药品补充检验方法，以及境外药品监管部门或者权利人颁布的标准、相关证明或者披露的信息；对于甘油、维生素等极少数与食品、食品添加剂发生重合的化学药成份，以及可能存在原料含有、包装物带入、企业共线生产过程中污染等情形的，应当结合化学药成份检出的含量等因素予以综合考虑；符合上述无标准检出化学药成份的情形，但存在中药中掺入化学药冒充中药或者以化学药冒充纯中药等情形的，应当认定为假药。

（5）未取得药品相关批准证明文件进口药品或者明知是上述药品而销售，涉案药品在境外也未合法上市的。对于涉案药品是否在境外合法上市，应当根据境外药品监管部门或者权利人的证明等证据，结合犯罪嫌疑人、被告人及其辩护人提供的证据材料综合审查，依法作出认定。

对于在相关国家或者地区药品监管部门官方指定查询渠道无法查询到上市许可的药品，涉案人员也无法提供涉案产品在境外合法上市的证据材料的，公安机关可以对相关网页进行截图，聘请有资质的单位对网页截图进行翻译，也可以调取权利人提供的未上市证明材料，必要时可以通过外交、司法协助、跨国执法合作等途径协助调查认定药品境外上市情况。上述材料可以作为涉案药品在境外未合法上市的书证，经人民检察院审查、人民法院庭审质证采纳后，可以作为定罪量刑的依据。有其他证据证明已经合法上市的除外。

📋 案例

朱某华妨害药品管理案

基本案情： 2021年12月，被告人朱某华与上线商家"小丸子"（身份不明）商定，由"小丸子"通过快递将各类韩国品牌A型肉毒素产品发货至朱某华的租住房，"小丸子"与国内买家谈好价格并收款后，再由朱某华通过快递发货，"小丸子"每月支付朱某华工资5000元。此外，朱某华还向"小丸子"购买各类韩国品牌A型肉毒素产品，自行销售牟利。2022年3月8日，浙江省诸暨市市场监管局进行执法检查，在朱某华租住房内查获各类韩国品牌A型肉毒素产品3000余盒（瓶）。朱某华通过协助"小丸子"销售或个人销售获利共计10万元。经韩国大检察厅国际合作专员办公室申请韩国食品药品安全处调查后确定，朱某华销售的A型肉毒素产品在韩国未合法上市。案发后，朱某华退缴违法所得10万元。

裁判结果： 浙江省诸暨市人民法院于2022年12月8日以（2022）浙0681刑初1076号刑事判决，认定被告人朱某华犯妨害药品管理罪，判处有期徒刑1年，并处罚金人民币10万元。宣判后，朱某华在法定期限内没有上诉、抗诉。判决已发生法律效力。

来源：人民法院案例库　入库编号：2024-02-1-070-001

（6）在药物非临床研究或者药物临床试验过程中故意使用虚假试验用药品，或者瞒报与药物临床试验用药品相关的严重不良事件的。

（7）故意损毁原始药物非临床研究数据或者药物临床试验数据，或者编造受试动物信息、受试者信息、主要试验过程记录、研究数据、检测数据等药物非临床研究数据或者药物临床试验数据，影响药品的安全性、有效性和质量可控性的。

经药品监管部门认定或者组织3名以上药品审评审批专家、科研院校专家等专业人员论证，可以判定存在损毁、编造非临床研究或临床实验等有关数据，影响药品的安全性、有效性、质量可控性。

（8）编造生产、检验记录，影响药品的安全性、有效性和质量可控性的。经药品监管部门认定或者组织3名以上药品质量核查专家、科研院校专家等专业人员论证，可以判定编造生产、检验记录的行为导致关键生产过程、质量检验失控，影响药品安全性、有效性和质量可控性。

（9）其他足以严重危害人体健康的情形。一般由药品监管部门根据公安机关提供的在案证据，征询有关部门意见，或者组织相关领域具备中级职称以上的专业人员进行论证后，出具论证意见，必要时可向上级药品监管部门请示。如未按照要求进行冷链运输的境外合法上市九价宫颈癌疫苗、肉毒毒素注射剂，经组织专家论证会评估，综合涉案采购、运输、储存、接种等行为，认定符合"足以严重危害人体健康"。

（四）生产、销售伪劣产品罪

《刑法》第一百四十条规定，生产者、销售者在产品中掺杂、掺假，以假充真，以次充好或者以不合格产品冒充合格产品，销售金额五万元以上不满二十万元的，处二年以下有期徒刑或者拘役，并处或者单处销售金额百分之五十以上二倍以下罚金；销售金额二十万元以上不满五十万元的，处二年以上七年以下有期徒刑，并处销售金额百分之五十以上二倍以下罚金；销售金额五十万元以上不满二百万元的，处七年以上有期徒刑，并处销售金额百分之五十以上二倍以下罚金；销售金额二百万元以上的，处十五年有期徒刑或者无期徒刑，并处销售金额百分之五十以上二倍以下罚金或者没收财产。

1. 生产、销售伪劣产品罪立案追诉标准

《最高人民检察院 公安部关于公安机关管辖的刑事案件立案追诉标准的规定（一）》第十六条规定，生产者、销售者在产品中掺杂、掺假，以假充真，以次充好或者以不合格产品冒充合格产品，涉嫌下列情形之一的，应予立案追诉：伪劣产品销售金额五万元以上的；伪劣产品尚未销售，货值金额十五万元以上的；伪劣产品销售金额不满五万元，但将已销售金额乘以三倍后，与尚未销售的伪劣产品货值金额合计十五万元以上的。

2. 对生产、销售伪劣商品行为的法律条文适用原则

生产、销售《刑法》第一百四十一条至第一百四十八条所列产品，不构成各该条规定的犯罪，但是销售金额在五万元以上的，依据《刑法》第一百四十条规定处罚。生产、销售《刑法》第一百四十一条至第一百四十八条所列产品，构成各该条规定的犯罪，同时又构成《刑法》第一百四十条规定之罪的，依据处罚较重规定处罚。

《解释》第十一条明确，以提供给他人生产、销售、提供药品为目的，违反国家规定，生产、销售不符合药用要求的原料、辅料，符合《刑法》第一百四十条规定的，以生产、销售伪劣产品罪从重处罚；同时构成其他犯罪的，依据处罚较重的规定定罪处罚。之所以规定以生产、销售伪劣产品罪从重处罚，主要考虑为所涉行为与一般伪劣产品犯罪不同，药品安全涉及千家万户，社会危害更为严重。

案例

闫某销售伪劣产品案

基本案情：2020年4月至2021年5月，被告人闫某任某街道社区卫生服务中心计划免疫科科长，负责四价人乳头瘤病毒疫苗（俗称四价宫颈癌疫苗）的销售、接种和管理工作。闫某为获取非法利益，将由其本人负责销售、接种的450支四价人乳头瘤病毒疫苗（只能供给150名受种者受种，每名受种者受种3支、每支0.5ml）以抽取原液的方式，将1支足量疫苗拆分成2~4支疫苗，拆分后的疫苗每支约0.1ml。之后，闫某以每人2448元的价格将拆分后的四价人乳头瘤病毒疫苗销售给306名受种者，销售金额共计74万余元。闫某将非法收取的疫苗款用于偿还贷款及日常花销。案发后，闫某上缴违法所得70余万元。

裁判结果：吉林省敦化市人民法院经审理认为，被告人闫某以非法获利为目的，将四价人乳头瘤病毒疫苗进行拆分，以不合格疫苗冒充合格疫苗销售给受种者，销售金额达74万余元，其行为已构成销售伪劣产品罪。闫某具有坦白情节，认罪认罚，并主动上缴部分违法所得。据此，以销售伪劣产品罪判处被告人闫某有期徒刑8年4个月，并处罚金人民币50万元。

来源：最高人民法院发布危害药品安全犯罪典型案例（2023-09-18）

（五）药品领域虚假广告罪

该罪在《刑法》第二百二十二条有明确规定，广告主、广告经营者、广告发布者违反国家规定，利用广告对商品或者服务作虚假宣传，情节严重的，处2年以下有期徒刑或者拘役，并处或者单处罚金。

《最高人民检察院 公安部关于公安机关管辖的刑事案件立案追诉标准的规定（二）》规定，广告主、广告经营者、广告发布者违反国家规定，利用广告对商品或者服务作虚假宣传，涉嫌下列情形之一的，应予立案追诉：违法所得数额在十万元以上的；给单个消费者造成直接经济损失数额在五万元以上的，或者给多个消费者造成直接经济损失数额累计在二十万元以上的；假借预防、控制突发事件的名义，利用广告作虚假宣传，致使多人上当受骗，违法所得数额在三万元以上的；虽未达到上述数额标准，但两年内因利用广告作虚假宣传，受过行政处罚二次以上，又利用广告作虚假宣传的；造成人身伤残的；其他情节严重的情形。

案例

虚假广告罪案例

基本案情：2011年3月31日，被告人曹某某在北京市房山区注册成立北京某网络文化传播有限公司（以下简称某公司）。2013年年底至2014年10月期间，罗某（已判刑）通过被告人某公司业务员仇某发布虚假的"风湿骨痛胶囊"药品广告。被告人曹某某、仇某为了获取利益，未严格按照《中华人民共和国广告法》关于药品广告审查的规定对罗某提供的药品广告进行审查，致使该药品广告通过手机凤凰网等网络平台予以发布，导致罗某通过网络平台发布的虚假广告向数千人销售假冒的"风湿骨痛胶囊"药品，销售收入达500余万元。某公司从中收取罗某支付的广告费用150余万元。

裁判结果：一、被告人曹某某犯虚假广告罪，判处有期徒刑6个月，并处罚金人民币8万元；二、被告人仇某犯虚假广告罪，判处有期徒刑6个月，缓刑1年，并处罚金人民币4万元；三、对被告人曹某某退回的赃款人民币150万元予以没收，上缴国库。

二、生产、销售、提供行为的界定

（一）生产的界定

《解释》第六条规定，以生产、销售、提供假药为目的，合成、精制、提取、储存、加工炮制药品原料，或者在将药品原料、辅料、包装材料制成成品过程中，进行配料、混合、制剂、储存、包装的，应当认定为《刑法》第一百四十一条规定的"生产"。对于印制包装材料、标签、说明书的行为，如果是生产行为人同时实施的附随行为，应当一并纳入"生产"；如果属于其他人为生产药品者实施的行为，则属于帮助行为，应当按照关于共同犯罪的规定予以处理。

（二）销售和提供的界定

《解释》第六条以是否"有偿"作为"提供"与"销售"的区分标准：药品使用单位及其工作人员明知是假药而有偿提供给他人使用的，应当认定为《刑法》第一百四十一条规定的"销售"；无偿提供给他人使用的，应当认定为《刑法》第一百四十一条规定的"提供"。

三、共犯、主观故意、单位犯罪的认定

（一）共犯的认定

《解释》第九条规定，明知他人实施危害药品安全犯罪，而有下列情形之一的，以共同犯罪论处：提供资金、贷款、账号、发票、证明、许可证件的；提供生产、经营场所、设备或者运输、储存、保管、邮寄、销售渠道等便利条件的；提供生产技术或者原料、辅料、包装材料、标签、说明书的；提供虚假药物非临床研究报告、药物临床试验报告及相关材料的；提供广告宣传的；提供其他帮助的。

> **案例**
>
> ### 杨某某、金某某销售假药案
>
> **基本案情：** 2019年初至2020年1月，被告人杨某某为牟取非法利益，在不具备药品经营资质的情况下，以明显低于市场价的价格从非正规渠道购入处方药"波利维"硫酸氢氯吡格雷片、"立普妥"阿托伐他汀钙片，并通过网络渠道加价对外出售至上海、湖北、山东等全国多地。期间，被告人金某某明知上述药品来源不明，可能系假药的情况，仍利用身为快递员的从业优势，帮助被告人杨某某从事药品打包、收发、寄送等工作，并从中额外获利。2020年1月8日，被告人杨某某、金某某被民警抓获，民警从被告人金某某处查获尚未寄出的"波利维"硫酸氢氯吡格雷片225盒、"立普妥"阿托伐他汀钙片382盒。经上海市食品药品检验所检验，涉案"波利维"硫酸氢氯吡格雷片未检出硫酸氢氯吡格雷成份，涉案"立普妥"阿托伐他汀钙片未检出阿托伐他汀钙成份。
>
> **裁判结果：** 2020年5月9日，上海铁路运输检察院以被告人杨某某、金某某犯销售假药罪提起公诉。2020年5月27日，上海铁路运输法院作出一审判决，被告人杨某某犯销售假药罪被判处有期徒刑2年，并处罚金人民币4千元；被告人金某某犯销售假药罪被判处拘役4个月，缓刑4个月，并处罚金人民币4千元。判决宣告后，两名被告人均未上诉，判决已生效。
>
> 来源：最高检发布检察机关依法惩治危害药品安全犯罪典型案例（2022-03-04）

（二）主观故意的认定

《解释》第十条规定，办理生产、销售、提供假药、生产、销售、提供劣药、妨害药品管理等刑事案件，应当结合行为人的从业经历、认知能力、药品质量、进货渠道和价格、销售渠道和价格以及生产、销售方式等事实综合判断认定行为人的主观故意。具有下列情形之一的，可以认定行为人有实施相关犯罪的主观故意，但有证据证明确实不具有故意的除外：药品价格明显异于市场价格的；向不具有资质的生产者、销售者购买药品，且不能提供合法有效的来历证明的；逃避、抗拒监督检查的；转移、隐匿、销毁涉案药品、进销货记录的；曾因实施危害药品安全违法犯罪行为受过处罚，又实施同类行为的；其他足以认定行为人主观故意的情形。

（三）单位犯罪的认定

《刑法》第一百五十条规定，单位犯第一百四十条至第一百四十八条规定之罪的，对单位判处罚金，并对其直接负责的主管人员和其他直接责任人员，依据各该条规定处罚。《解释》第十七条也作出相应规定，单位犯生产、销售、提供假药罪的，对单位判处罚金，并对直接负责的主管人员和其他直接责任人员，依照自然人犯罪的定罪量刑标准处罚。

案例

北京某肿瘤药品有限公司销售假药案

基本案情： 2018年8月，被告单位北京某肿瘤药品有限公司通过非正规渠道低价采购药品"日达仙（注射用胸腺法新）"。被告人卢某、赵某、张某作为该公司直接负责的主管人员，被告人吴某、汪某作为公司负责销售的直接责任人员，在明知上述药品没有合法手续，系从非法渠道采购且采购价格低于正常价格的情况下，仍然以该单位的名义于2018年9月7日、11日在北京市东城区分两次向被害人吴某某销售上述"日达仙（注射用胸腺法新）"共8盒，销售金额共计9600元。

裁判结果： 法院经审理认为，被告单位北京某肿瘤药品有限公司销售假药的行为已构成销售假药罪。被告人卢某、赵某、张某作为该公司销售假药的直接负责的主管人员，被告人吴某、汪某作为该公司销售假药的其他直接责任人员，均构成销售假药罪。因涉案药品属于注射剂药品，应当酌情从重处罚。鉴于卢某、赵某有自首情节，且各被告人自愿认罪、悔罪，可依法从轻处罚。据此，以销售假药罪判处被告单位北京某肿瘤药品有限公司罚金人民币5万元，并对卢某等被告人均判处有期徒刑9个月15天，并处罚金人民币1万元。

来源：最高人民法院发布药品安全典型案例（2022-04-28）

四、刑事处罚原则及不应当认定为犯罪的情形

（一）刑事处罚原则

《解释》第十六条规定，对于犯生产、销售、提供假药罪，生产、销售、提供劣药罪，妨害药品管理罪的，应当依照《刑法》规定的条件，严格缓刑、免予刑事处罚的适用。对于被判处刑罚的，可以根据犯罪情况和预防再犯罪的需要，依法宣告职业禁止或者禁止令。《药品管理法》等法律、行政法规另有规定的，从其规定。对于被不起诉或者免予刑事处罚的行为人，需要给予行政处罚、政务处分或者其他处分的，依法移送有关主管机关处理。

（二）不应当认定为犯罪的情形

《解释》第十八条规定，根据民间传统配方私自加工药品或者销售上述药品，数量不大，且未造成他人伤害后果或者延误诊治的，不以营利为目的实施带有自救、互助性质的生产、进口、销售药品的行为，不应当认定为犯罪。对于是否属于民间传统配方难以确定的，根据地市级以上药品监管部门或者有关部门出具的认定意见，结合其他证据作出认定。

认定是否属于"民间传统配方"，可以参照"中医药传统知识"的相关标准。不符合

"中医药传统知识"的相关标准，借祖传秘方等名义私自配制药品销售的，一般不认定为"民间传统配方"。

第二节　药品涉嫌犯罪案件移送

? 问题

药品涉嫌犯罪案件移送的条件有哪些？移送的程序和要求有哪些？

一、移送条件与依据

《行政执法机关移送涉嫌犯罪案件的规定》规定，行政执法机关在依法查处违法行为过程中，发现违法事实涉及的金额、违法事实的情节、违法事实造成的后果等，依据《刑法》关于破坏社会主义市场经济秩序罪、妨害社会管理秩序罪等规定和最高人民法院、最高人民检察院关于破坏社会主义市场经济秩序罪、妨害社会管理秩序罪等司法解释以及最高人民检察院、公安部关于经济犯罪案件的追诉标准等规定，涉嫌构成犯罪，依法需要追究刑事责任的，必须依照本规定向公安机关移送。

《国家药监局 市场监管总局 公安部 最高人民法院 最高人民检察院关于印发药品行政执法与刑事司法衔接工作办法的通知》（国药监法〔2022〕41号，以下简称《药品行刑衔接工作办法》）规定，药品监管部门在依法查办案件过程中，发现违法事实涉及的金额、情节、造成的后果，根据法律、司法解释、立案追诉标准等规定，涉嫌构成犯罪，依法需要追究刑事责任的，应当依照本办法向公安机关移送。

二、移送程序与要求

（一）移送前准备

依据《行政执法机关移送涉嫌犯罪案件的规定》，药品监管部门在向公安机关移送涉嫌犯罪案件之前，应当做好以下准备工作。

1. **妥善保存证据**　药品监管部门在查处药品违法行为过程中，必须妥善保存所收集的与违法行为有关的证据。对查获的涉案物品，应当如实填写涉案物品清单，并按照国家有关规定予以处理。对易腐烂、变质等不宜或者不易保管的涉案物品，应当采取必要措施，留取证据；对需要进行检验、鉴定的涉案物品，应当由法定检验、鉴定机构进行检验、鉴定，并出具检验报告或者鉴定结论。

2. **出具书面报告**　药品监管部门对应当向公安机关移送的涉嫌犯罪案件，应当立即指定2名或者2名以上行政执法人员组成专案组专门负责，核实情况后提出移送涉嫌犯罪案件的书面报告，报经本机关主要负责人或者主持工作的负责人审批。

3. **批准移送**　药品监管部门正职负责人或者主持工作的负责人应当自接到报告之日

起3日内作出批准移送或者不批准移送的决定。决定批准的，应当在24小时内向同级公安机关移送；决定不批准的，应当将不予批准的理由记录在案。

（二）案件移送要求

1. **移送时限**　经药品监管部门负责人决定批准移送的涉嫌犯罪案件，应当在24小时内向同级公安机关移送。强调及时移送主要是防止行为人逃跑、自杀、毁灭证据等。如果由于不及时移送发生上述现象，相关责任人员应当承担相应责任。

2. **移送材料**　行政执法机关移送的涉嫌犯罪案件，应附有下列材料，并将案件移送书抄送同级人民检察院：涉嫌犯罪案件的移送书，载明移送机关名称、违法行为涉嫌犯罪罪名、案件主办人及联系电话等；案件移送书应当附移送材料清单，并加盖移送机关公章；涉嫌犯罪案件情况的调查报告，载明案件来源，查获情况，犯罪嫌疑人基本情况，涉嫌犯罪的事实、证据和法律依据，处理建议等；涉案物品清单，载明涉案物品的名称、数量、特征、存放地等事项，并附采取行政强制措施、表明涉案物品来源的相关材料；对需要检验检测的，附检验检测机构出具的检验结论及检验检测机构资质证明；现场笔录、询问笔录、认定意见等其他有关涉嫌犯罪的材料。有鉴定意见的，应附鉴定意见。对有关违法行为已经作出行政处罚决定的，还应当附行政处罚决定书和相关执行情况。对材料不全的，应当在接受案件的24小时内书面告知移送的行政执法机关在3日内补全。但不得以材料不全为由，不接受移送案件。

（三）案件移送与行政处罚

药品监管部门对于不追究刑事责任的案件，应当依法作出行政处罚或者其他处理。药品监管部门向公安机关移送涉嫌犯罪案件前，已经作出的警告、责令停产停业、暂扣或者吊销许可证件、责令关闭、限制从业等行政处罚决定，不停止执行。未作出行政处罚决定的，原则上应当在公安机关决定不予立案或者撤销案件、人民检察院作出不起诉决定、人民法院作出无罪或者免予刑事处罚判决后，再决定是否给予行政处罚，但依法需要给予警告、通报批评、限制开展生产经营活动、责令停产停业、责令关闭、限制从业、暂扣或者吊销许可证件行政处罚的除外。已经作出罚款行政处罚并已全部或者部分执行的，人民法院在判处罚金时，在罚金数额范围内对已经执行的罚款进行折抵。违法行为构成犯罪，人民法院判处拘役或者有期徒刑时，公安机关已经给予当事人行政拘留并执行完毕的，应当依法折抵相应刑期。药品监管部门作出移送决定之日起，涉嫌犯罪案件的移送办理时间，不计入行政处罚期限。

（四）案件移送监督

1. **对药品监管部门不依法移送案件的监督**　行政执法机关对应当向公安机关移送的涉嫌犯罪案件，不得以行政处罚代替移送，并且应当接受人民检察院和监察机关依法实施的监督。《药品行刑衔接工作办法》规定，人民检察院发现药品监管部门不依法移送涉嫌犯罪案件的，应当向药品监管部门提出检察意见并抄送同级司法行政机关。药品监管部门应当自收到检察意见之日起3日内将案件移送公安机关，并将案件移送书抄送人民检察院。

2. **对公安机关不予立案的监督**   公安机关对药品监管部门移送的涉嫌犯罪案件，应当自接受案件之日起3日内作出立案或者不立案的决定；案件较为复杂的，应当在10日内作出决定；案情重大、疑难、复杂或者跨区域的，经县级以上公安机关负责人批准，应当在30日内决定是否立案；特殊情况下，受案单位报经上一级公安机关批准，可以再延长30日作出决定。接受案件后对属于公安机关管辖但不属于本公安机关管辖的案件，应当在24小时内移送有管辖权的公安机关，并书面通知移送机关，抄送同级人民检察院。对不属于公安机关管辖的，应当在24小时内退回移送机关，并书面说明理由。

药品监管部门接到公安机关不予立案的通知书后，认为依法应当由公安机关决定立案的，可以自接到不予立案通知书之日起3日内，提请作出不予立案决定的公安机关复议，也可以建议人民检察院依法进行立案监督。药品监管部门建议人民检察院进行立案监督的案件，应当提供立案监督建议书、相关案件材料，并附公安机关不予立案、立案后撤销案件决定及说明理由的材料，复议维持不予立案决定的材料或者公安机关逾期未作出是否立案决定的材料。人民检察院认为需要补充材料的，药品监管部门应当及时提供。

第三节　涉嫌犯罪案件行刑衔接

> **? 问题**
>
> 　　涉案药品检验应注意哪些问题？出具认定意见有哪些要求？涉案物品移交与保存应注意哪些问题？药品监管部门与司法机关在药品监管及打击违法犯罪方面应当做好哪些协作配合工作？

一、涉案药品检验与认定

（一）涉案药品检验

《药品行刑衔接工作办法》规定，公安机关、人民检察院、人民法院办理危害药品安全犯罪案件，商请药品监管部门提供检验结论、认定意见协助的，药品监管部门应当按照公安机关、人民检察院、人民法院刑事案件办理的法定时限要求积极协助，及时提供检验结论、认定意见，并承担相关费用。

（二）质量检验结论分类

质量检验结论一般分为检验报告书和检验意见书。一般情况下，药品检验机构应当根据国家药品标准、经国务院药品监管部门核准的药品质量标准、省级中药标准、省级药品监管部门核准的医疗机构制剂标准或者经国务院药品监管部门批准的药品补充检验方法对涉嫌犯罪案件物品进行实验室检验，对结果进行判定，并出具检验报告书。对无法按照上述标准检验、涉嫌含有化学药成份等非法添加物的涉案物品，药品检验机构可以按规定向国务院药品监管部门申请药品补充检验方法，根据批准的方法进行检验，并出具检验报告书。必要时，可以采用通过确认验证的其他检验方法进行检验，并根据检验数据出具检验意见书。

（三）检验机构

地方各级药品监管部门应当及时向公安机关、人民检察院、人民法院通报药品检验检测机构名单、检验检测资质及项目等信息。药品监管部门设置或者确定的药品检验机构无法满足涉案物品检验需求的，公安机关可以委托其他具备检验条件的单位进行检验。

（四）沟通机制

1. **年度需求沟通**　省级公安机关商请同级药品监管部门对本行政区域内公安机关年度涉案药品检验需求作出预判，并提出检验项目及批次计划数量的书面建议。

2. **确定检验机构沟通**　公安机关商请药品监管部门对涉案物品进行检验的，原则上向地市级药品监管部门提出协助检验需求。公安机关应当与药品监管部门进行充分沟通后，出具商请协助检验函等制式书面文件，明确检验项目需求。情况紧急的，公安机关可以口头商请药品监管部门先予协调确定药品检验机构，并在3个工作日内补发书面商请协助检验函。对于扣押数量较大、种类较多以及对抽样有特殊要求的药品，公安机关可以商请药品监管部门派员协助进行现场抽样，药品监管部门应当派员协助。

3. **送检前沟通**　公安机关应当在送检前与药品检验机构对涉案物品储存和运输条件进行沟通，委派2名以上工作人员送交检品并同时提交以下物品、材料：所在单位介绍信；符合检验要求的签封样品；检验委托书，并在委托书中明确检验要求，同时载明询（讯）问笔录、犯罪嫌疑人供述和辩解、证人证言、现场勘验笔录、视听资料、电子数据等公安机关掌握的证据材料中有助于进行检验的内容；涉及外文包装、标签、说明书的，应当提供原件及具有资质的翻译机构提供的中文翻译件；其他有助于开展检验的证据材料。

（五）无法检验情形

药品监管部门收到商请协助检验函后，应当在3个工作日内确定药品检验机构及送检方式，并告知公安机关和药品检验机构。必要时向上级药品监管部门请求协助确定药品检验机构。药品检验机构收到送检样品后，按照规定进行核对，履行交接手续。具有下列情形之一的，药品检验机构应当出具书面说明，注明无法检验的理由：样品数量不能满足检验要求的；样品缺乏检验标准（含补充检验标准）、方法或者不具备检验条件的；样品外观发生破损、污染，可能影响检验结果的；样品的抽样签封未起到防拆封作用，可能影响样品代表性的；样品抽样记录及凭证填写信息不准确、不完整，或者与样品实物明显不符的；其他不符合实验室检验标准，无法开展检验的情形。药品监管部门收到药品检验机构的书面说明后，3个工作日内书面反馈提出需求的公安机关。

（六）检验结论与时限

药品检验机构畅通涉嫌犯罪案件物品检验绿色通道，对涉嫌犯罪案件检验工作给予优先保障。对不具备部分检验项目资质和能力的，承检的药品检验机构可以将该检验项目委托具备资质和能力的其他检验机构，并综合所有项目的检验结果出具最终检验结论。对依据国家药品标准、经国务院药品监管部门核准的药品质量标准或者经国务院药品监管部门批准的药品补充检验方法的检验，一般应当自收到样品之日起20个工作日内出具检验报告书。对依据通过验证确认的检验方法进行检验检测的，药品检验机构一般应当自检验方法验证确认后40个工作日内出具检验意见书。因缺少标准物质、耗材、试剂等客观因素确需延期，或者属于生物制品等因特殊技术原因无法按时完成检验的，应当报告交办检验工作的药品监管部门。无法进行检验的，应当及时通知委托单位。药品检验机构在检验报告书（意见书）签发后，及时上报药品监管部门，由药品监管部门送达委托的公安机关。

二、涉案药品认定

（一）认定基本要求

1. **内部工作机制** 省级及地市级的药品监管部门应当建立本部门出具认定意见的内部工作机制，可以依托地方政府药品安全工作议事协调机构成立专家库等专业咨询机构，确定专家库人员名单、专业领域等内容，确保科学、合法、有效地出具认定意见。公安机关委托药品监管部门对涉案物品进行认定的，应当出具商请协助文书。地市级药品监管部门承担认定工作，并出具认定意见；必要时，由上级药品监管部门出具认定意见。直辖市的认定层级由该市药品监管部门确定。

2. **所需证据材料** 公安机关委托药品监管部门对涉案物品进行认定的，应当向药品监管部门提交相互印证的证据材料，一般包括以下内容：涉案物品来源的相关材料，如物品生产、销售、进口的有关情况；涉案物品的基本信息，如物品名称、规格、批号、有效期、执行标准等信息；涉案物品的实物（含成品、半成品、原料），或者包装、标签、说明书、宣传材料；涉及外文包装、标签、说明书的，应当提供原件及具有资质的翻译机构提供的中文翻译件；涉案物品检验结论；涉案物品标示的药品上市许可持有人、生产企业或者履行药品上市许可持有人义务的企业出具的辨认、鉴别、鉴定意见；与涉案物品认定有关的询（讯）问笔录、犯罪嫌疑人供述和辩解、证人证言、现场勘验笔录和视听资料、电子数据等材料。其中不宜直接提交的，可以由公安机关在商请协助文书中载明相关内容；其他有助于开展认定的证据材料。

3. **认定时限要求** 药品监管部门应当及时依法出具认定意见。对于是否属于假药、劣药等问题的认定，在依法可以不经质量检验的情况下，药品监管部门接到公安机关提供的现场查获的物证，证人证言，犯罪嫌疑人供述和辩解，勘验、检查、辨认、侦查实验等笔录、视听资料、电子数据等完整的证据材料后，一般在10个工作日内出具认定意见。对于药品监管部门负责的且难以确定的"足以严重危害人体健康"和是否属于"民间传统配方"的认定，接到公安机关提出的书面需求后，药品监管部门一般在20个工作日内出具认定意见。检验的时间不计算在内。对于疑难、复杂案件，需要组织专家研究或者请示上级药品监管部门的，组织检验、专家论证或者请示的时间不计算在内。

4. 争议解决途径 公安机关、药品监管部门对于是否出具认定意见或者认定结论意见不一致的，可以由药品监管部门请示上级部门决定，也可以同时由公安机关提请上级公安机关商请同级药品监管部门做出批复。省级及地市级药品监管部门在出具认定意见过程中，结合《药品管理法》、在案证据，发现涉案产品不符合药品定义或者不按照药品管理的，应当出具情况说明，必要时可向上级药品监管部门请示。

（二）认定结论格式

药品监管部门依据检验检测报告，结合专家意见等相关材料得出认定意见的，应当包括认定依据、理由、结论。按照以下格式出具结论：

①假药案件，结论中应当写明"经认定，……为假药"；

②劣药案件，结论中应当写明"经认定，……为劣药"；

③妨害药品管理案件，对属于"足以严重危害人体健康"的，结论中应当写明"经认定，当事人实施……的行为，足以严重危害人体健康"；

④其他案件也应当写明认定涉嫌犯罪应具备的结论性意见，对于依据《药品管理法》第九十八条第二款第二项"以非药品冒充药品或者以他种药品冒充此种药品"出具的认定意见，结论中应当写明具体属于以非药品冒充药品还是属于以他种药品冒充此种药品。

三、涉案物品的移交与保存

（一）涉案物品的移交

药品监管部门应当自接到公安机关立案通知书之日起3日内，将涉案物品以及与案件有关的其他材料移交公安机关，并办理交接手续。对于已采取查封、扣押等行政强制措施的涉案物品，药品监管部门于交接之日起解除查封、扣押，由公安机关重新对涉案物品履行查封、扣押手续。

（二）涉案物品的保存

公安机关办理药品监管部门移送的涉嫌犯罪案件和自行立案侦查的案件时，因客观条件限制，或者涉案物品对保管条件、保管场所有特殊要求，或者涉案物品需要无害化处理的，在采取必要措施固定留取证据后，可以委托药品监管部门代为保管和处置。公安机关应当与药品监管部门签订委托保管协议，并附有公安机关查封、扣押涉案物品的清单。药品监管部门应当配合公安机关、人民检察院、人民法院在办案过程中对涉案物品的调取、使用及检验检测等工作。药品监管部门不具备保管条件的，应当出具书面说明，推荐具备保管条件的第三方机构代为保管。涉案物品相关保管、处置等费用有困难的，由药品监管部门会同公安机关等部门报请本级人民政府解决。

四、协作配合

（一）建立机制

各级药品监管部门、公安机关、人民检察院应当定期召开联席会议，推动建立地区间、部门间药品案件查办联动机制，通报案件办理工作情况，研究解决办案协作、涉案物品处置等重大问题。

（二）咨询答复

药品监管部门、公安机关、人民检察院、人民法院应当建立双向案件咨询制度。药品监管部门对重大、疑难、复杂案件，可以就刑事案件立案追诉标准、证据固定和保全等问题咨询公安机关、人民检察院；公安机关、人民检察院、人民法院可以就案件办理中的专业性问题咨询药品监管部门。受咨询的机关应当认真研究，及时答复；书面咨询的，应当书面答复。药品监管部门具有药品认定、管理专业优势，司法机关具有证据认定、罪与非罪判定优势，相互之间会经常发生专业问题咨询。加强这方面的配合和支持有利于及时、准确打击药品违法犯罪行为。

（三）情况通报

药品监管部门在日常工作中发现违反药品领域法律、法规行为，明显涉嫌犯罪的，应当立即以书面形式向同级公安机关和人民检察院通报。公安机关应当及时进行审查，必要时，经办案部门负责人批准，可以进行调查核实。调查核实过程中，公安机关可以依照有关法律和规定采取询问、查询、勘验、鉴定和调取证据材料等不限制被调查对象人身、财产权利的措施。对符合立案条件的，公安机关应当及时依法立案侦查。药品监管部门对明显涉嫌犯罪的案件，在查处、移送过程中，发现行为人可能存在逃匿或者转移、灭失、销毁证据等情形的，应当及时通报公安机关，由公安机关协助采取紧急措施，必要时双方协同加快移送进度，依法采取紧急措施予以处置。各级药品监管部门对日常监管、监督抽检、风险监测和处理投诉举报中发现的涉及药品刑事犯罪的重要违法信息，应当及时通报同级公安机关和人民检察院；公安机关应当将侦办案件中发现的重大药品安全风险信息通报同级药品监管部门。公安机关在侦查药品犯罪案件中，已查明涉案药品流向的，应当及时通报同级药品监管部门依法采取控制措施，并提供必要的协助。

（四）案件互移

为使行政执法与刑事司法有效衔接，加大打击药品安全违法犯罪力度，药品监管部门在案件查办过程中发现涉嫌犯罪的，应当及时移送公安机关。公安机关对发现的药品违法行为，经审查没有犯罪事实，或者立案侦查后认为犯罪事实显著轻微、不需要追究刑事责任，但依法应当予以行政处罚的，应当将案件及相关证据材料移交药品监管部门。药品监管部门应当自收到材料之日起15日内予以核查，按照行政处罚程序作出立案、不立案、移送案件决定的，应当自作出决定之日起3日内书面通知公安机关，并抄送同级人民检察院。人民检察院对作出不起诉决定的案件，认为依法应当给予行政处罚的，应当将案件及相关证据材料移交药品监管部门处理，并提出检察意见。药品监管部门应当自收到检察意见书之日起2个月内向人民检察院通报处理情况或者结果。人民法院对作出无罪或者免予刑事处罚判决的案件，认为依法应当给予行政处罚的，应当将案件及相关证据材料移交药品监管部门处理，并可以提出司法建议。

（五）信息共享

各级药品监管部门、公安机关、人民检察院应当通过行政执法与刑事司法衔接信息共享平台，逐步实现涉嫌犯罪案件的网上移送、网上受理、网上监督。已经接入信息共享平台的药品监管部门、公安机关、人民检察院，应当在作出相关决定之日起7日内分别录入下列信息：适用普通程序的药品违法案件行政处罚、案件移送、提请复议和建议人民检察院进行立案监督的信息；移送涉嫌犯罪案件的立案、复议、人民检察院监督立案后的处理情况，以及提请批准逮捕、移送审查起诉的信息；监督移送、监督立案以及批准逮捕、提起公诉的信息。尚未建成信息共享平台的药品监管部门、公安机关、人民检察院，应当自作出相关决定后及时向其他部门通报上述规定的信息。有关信息涉及国家秘密、工作秘密的，可免予录入、共享，或者在录入、共享时作脱密处理。各级药品监管部门、公安机关、人民检察院应当对信息共享平台录入的案件信息及时汇总、分析，定期对平台运行情况总结通报。

（六）联合督办

药品监管部门、公安机关和人民检察院应当加强对重大案件的联合督办工作。国家药监局、公安部、最高人民检察院可以对下列重大案件实行联合督办：在全国范围内有重大影响的案件；引发公共安全事件，对公民生命健康、财产造成特别重大损害、损失的案件；跨地区，案情复杂、涉案金额特别巨大的案件；其他有必要联合督办的重大案件。

附录

药品监管主要法律、法规、规章目录

本附录列出的主要药品监管法律、法规、规章共计57部。其中，法律3部，行政法规12部，部门规章42部。

一、法律（3部）

1. 《中华人民共和国药品管理法》（中华人民共和国主席令第三十一号）
2. 《中华人民共和国疫苗管理法》（中华人民共和国主席令第三十号）
3. 《中华人民共和国中医药法》（中华人民共和国主席令第五十九号）

二、行政法规（12部）

1. 《中华人民共和国药品管理法实施条例》（中华人民共和国国务院令第360号）
2. 《血液制品管理条例》（中华人民共和国国务院令第208号）
3. 《中药品种保护条例》（中华人民共和国国务院令第106号）
4. 《化妆品监督管理条例》（中华人民共和国国务院令第727号）
5. 《医疗器械监督管理条例》（中华人民共和国国务院令第739号）
6. 《麻醉药品和精神药品管理条例》（中华人民共和国国务院令第442号）
7. 《放射性药品管理办法》（中华人民共和国国务院令第25号）
8. 《医疗用毒性药品管理办法》（中华人民共和国国务院令第23号）
9. 《野生药材资源保护管理条例》（中华人民共和国国务院发布）
10. 《反兴奋剂条例》（中华人民共和国国务院令第398号）
11. 《易制毒化学品管理条例》（中华人民共和国国务院令第445号）
12. 《国务院关于加强食品等产品安全监督管理的特别规定》（中华人民共和国国务院令第503号）

三、部门规章（42部）

1. 《医疗器械不良事件监测和再评价管理办法》（国家市场监督管理总局 中华人民共和国国家卫生健康委员会令第1号）
2. 《进口药材管理办法》（国家市场监督管理总局令第9号）
3. 《药品注册管理办法》（国家市场监督管理总局令第27号）
4. 《药品生产监督管理办法》（国家市场监督管理总局令第28号）
5. 《生物制品批签发管理办法》（国家市场监督管理总局令第33号）

6.《化妆品注册备案管理办法》(国家市场监督管理总局令第35号)

7.《化妆品生产经营监督管理办法》(国家市场监督管理总局令第46号)

8.《医疗器械注册与备案管理办法》(国家市场监督管理总局令第47号)

9.《体外诊断试剂注册与备案管理办法》(国家市场监督管理总局令第48号)

10.《药品网络销售监督管理办法》(国家市场监督管理总局令第58号)

11.《牙膏监督管理办法》(国家市场监督管理总局令第71号)

12.《医疗器械生产监督管理办法》(国家市场监督管理总局令第53号)

13.《医疗器械经营监督管理办法》(国家市场监督管理总局令第54号)

14.《药品经营和使用质量监督管理办法》(国家市场监督管理总局令第84号)

15.《医疗器械说明书和标签管理规定》(国家食品药品监督管理总局令第6号)

16.《蛋白同化制剂和肽类激素进出口管理办法》(国家食品药品监督管理总局　中华人民共和国海关总署　国家体育总局令第9号)

17.《药品经营质量管理规范》(国家食品药品监督管理总局令第13号)

18.《药品医疗器械飞行检查办法》(国家食品药品监督管理总局令第14号)

19.《医疗器械分类规则》(国家食品药品监督管理总局令第15号)

20.《医疗器械使用质量监督管理办法》(国家食品药品监督管理总局令第18号)

21.《医疗器械通用名称命名规则》(国家食品药品监督管理总局令第19号)

22.《医疗器械召回管理办法》(国家食品药品监督管理总局令第29号)

23.《国家食品药品监督管理总局关于修改〈药品经营质量管理规范〉的决定》(国家食品药品监督管理总局令第28号)

24.《国家食品药品监督管理总局关于调整部分药品行政审批事项审批程序的决定》(国家食品药品监督管理总局令第31号)

25.《国家食品药品监督管理总局关于调整部分医疗器械行政审批事项审批程序的决定》(国家食品药品监督管理总局令第32号)

26.《医疗器械标准管理办法》(国家食品药品监督管理总局令第33号)

27.《药物非临床研究质量管理规范》(国家食品药品监督管理总局令第34号)

28.《国家食品药品监督管理总局关于调整进口药品注册管理有关事项的决定》(国家食品药品监督管理总局令第35号)

29.《国家食品药品监督管理总局关于修改部分规章的决定》(国家食品药品监督管理总局令第37号)

30.《医疗器械网络销售监督管理办法》(国家食品药品监督管理总局令第38号)

31.《药品类易制毒化学品管理办法》(中华人民共和国卫生部令第72号)

32.《药品生产质量管理规范(2010年修订)》(中华人民共和国卫生部令第79号)

33.《药品不良反应报告和监测管理办法》(中华人民共和国卫生部令第81号)

34.《药品进口管理办法》(国家食品药品监督管理局　中华人民共和国海关总署令第4号)

35.《医疗机构制剂配制监督管理办法(试行)》(国家食品药品监督管理局令第18号)

36.《医疗机构制剂注册管理办法(试行)》(国家食品药品监督管理局令第20号)

37.《国家食品药品监督管理局药品特别审批程序》（国家食品药品监督管理局令第21号）

38.《药品说明书和标签管理规定》（国家食品药品监督管理局令第24号）

39.《处方药与非处方药分类管理办法（试行）》（国家药品监督管理局令第10号）

40.《医疗器械生产企业质量体系考核办法》（国家药品监督管理局令第22号）

41.《医疗机构制剂配制质量管理规范（试行）》（国家药品监督管理局令第27号）

42.《化妆品标识管理规定》（中华人民共和国国家质量监督检验检疫总局令第100号）